Naegele · Lese-Rechtschreib-Schwierigkeiten

Ingrid M. Naegele

Lese-Rechtschreib-Schwierigkeiten

Vorbeugen – Verstehen – Helfen

Ein Elternhandbuch

Mit einem Vorwort von Dieter Haarmann

Beltz Verlag · Weinheim und Basel

Über die Autorin:

Ingrid M. Naegele, Jg. 1940, Dipl.-Päd., Leiterin des Instituts für Lernförderung in Frankfurt a.M., einer kinder- und lerntherapeutischen
Einrichtung.

Die Deutsche Bibliothek – CIP-Einheitsaufnahme

Naegele, Ingrid M.:
Lese-Rechtschreib-Schwierigkeiten : Vorbeugen – Verstehen –
Helfen ; ein Elternhandbuch / Ingrid M. Naegele. Mit einem
Vorw. von Dieter Haarmann. – Weinheim ; Basel : Beltz, 1995
    ISBN 3-407-85705-5

Lektorat: Peter E. Kalb

© 1995 Beltz Verlag · Weinheim und Basel
Herstellung: Klaus Kaltenberg
Satz (DTP): Satz- und Reprotechnik GmbH, Hemsbach
Druck: Druckhaus »Thomas Müntzer«, Bad Langensalza (Thüringen)
Fotos: Ingrid M. Naegele
Umschlaggestaltung: Atelier Adolf Bachmann, Reischach
Printed in Germany

ISBN 3-407-85705-5

Inhaltsverzeichnis

Ein Vorwort zum Elternhandbuch LRS

LRS — diese drei Buchstaben sind für viele Kinder, Jugendliche, Eltern und auch Lehrerinnen und Lehrer zu einer Art Schreckensformel geworden.

LRS — das ist die Abkürzung für *Lese-Rechtschreib-Schwierigkeiten*, *Lese-Rechtschreib-Schwäche* oder auch *Lese-Rechtschreib-Störungen*. Zumindest signalisiert dieses Kürzel massiven Ärger mit der Schule: verhaute Diktate, schlechte Noten in Deutsch, häusliche Auseinandersetzungen, Verlust des Selbstbewußtseins und der Lernfreude, Sitzenbleiben, Nachhilfe, Schulangst bis zur Schulverweigerung. Und, wenn nicht das Richtige dagegen getan wird, folgt im schlimmeren Fall irreparables Schulversagen: Scheitern beim Übergang in die gewünschte mittlere oder höhere Schule, Scheitern beim Schulabschluß (auch in der Hauptschule), Scheitern in der Berufsausbildung und im Berufsleben, wenn nicht schon vorher eine Überweisung in die Sonderschule droht.

LRS — dazu sagte man früher »Legasthenie«. Das klang zwar auch bedrohlich, dafür aber medizinisch und verhieß Heilung nach Regeln ärztlicher Kunst. Diese Hoffnung erwies sich leider als trügerisch. Freilich: Geschäftstüchtige Zeitgenossen behaupten heute noch, gegen das Übel LRS Wundermethoden gefunden zu haben. Sie lassen sich zwar bei hilfesuchenden, ahnungslosen Eltern gewinnbringend vermarkten, nützen den Kindern aber kaum in der erhofften Weise.

LRS sind ein viel zu kompliziertes Problem, als daß wir sie auf *einen* Nenner bringen könnten; ihre Wurzeln sind zu vielfältig und verflochten, als daß wir *einen* Verursacher dingfest machen könnten; und die Möglichkeiten der Vorbeugung wie der Therapie sind zu differenziert und müssen zu sehr auf das einzelne Kind abgestimmt werden, als daß wir sie auf *eine* Allheilmethode festlegen könnten. Wer dies annimmt, macht sich und anderen etwas vor. Das muß man wissen, will man nicht falschen Propheten auf den Leim gehen.

LRS haben in den seltensten Fällen etwas mit einer organischen Erkrankung oder einer angeborenen Schädigung zu tun. Dies wenigstens ist von der Forschung mit Sicherheit festgestellt worden. Deshalb wird in der Folge auch nur von Lese-Rechtschreib-Schwierigkeiten die Rede sein, wenn auch dieser Begriff gegenüber »Legasthenie« oder »Lese-Rechtschreib-Schwäche« arg umständlich klingen mag. Immerhin läßt dieser Ausdruck offen, *wer* hier die Schwierigkeiten hat: die Kinder mit dem Erlernen oder die Schule mit dem Vermitteln von Lesen und Rechtschreiben. Denn noch etwas hat sich herausgestellt.

LRS sind nicht nur ein Problem der Kinder, sondern auch eines der Schule. Oft versagt sie und nicht das Kind. Aber LRS werden zum beherrschbaren Problem, wenn man sich die – auf andere Weise einfache – Tatsache vergegenwärtigt, daß Kinder sehr verschiedenartige Wesen sind: ausgesprochene Individualisten und nicht über einen Leisten zu schlagen oder über einen Kamm zu scheren.

Im Fernsehen haben wir inzwischen Dutzende von Programmen für jeden Geschmack, nur in der Schule sollen die Kinder lediglich über *einen* Kanal lernen – im Gleichschritt. An dieser Einsicht hat auch jede Maßnahme gegen Lese- und Rechtschreibschwierigkeiten anzusetzen: Jedes Kind ist anders, jedes Kind lernt anders, jedes Kind reagiert anders.

LRS verlieren so ihre Schrecken. Man kann nämlich etwas dagegen tun, wenn man von den vielfältigen Verursachungsmöglichkeiten weiß, wenn man die zahlreichen zur Verfügung stehenden Hilfsmittel und -maßnahmen kennt und wenn man das notwendige Maß an Verständnis, Geduld und Liebe für das Kind aufbringt. Von zwei Seiten kann man das Übel angehen: einmal *in der Schule* und den mit ihr zusammenarbeitenden Institutionen und *zu Hause* mit Hilfe von Eltern, Geschwistern, Verwandten, Bekannten und Freunden. Beide Seiten, Schule und Elternhaus, haben sich dabei als Partner zu verstehen, die im Interesse und zum Wohle des Kindes (und nicht rechthaberisch zur eigenen Profilierung) zusammenarbeiten. Und wenn trotzdem gelegentlich Mißverständnisse, Reibereien und Konflikte auftauchen, sind sie zu bewältigen, wenn man auf beiden Seiten über das Problem Bescheid weiß. Lehrer/innen wissen auch nicht immer alles oder gar alles besser; für sie könnte dieses Elternhandbuch ebenso nützlich sein.

● Das Problem ist zunächst einmal als *subjektive Notlage* ernst zu nehmen, als bedrückende persönliche Sorge der Eltern – meist der Mutter

– und Angst, seelische Belastung des Kindes – aber nie ohne berechtigte Hoffnung bei kundiger Hilfe (Teil I).

● Da *Vorbeugen* besser als Heilen ist, drängt sich die Frage auf, wie Lese- und Rechtschreibschwierigkeiten zu vermeiden sind (Teil II, Kapitel 1), auf welche »Signale«, auf welche Besonderheiten der Entwicklung des Kindes man achten sollte (Teil II, Kapitel 2). Etwas theoretisches Grundwissen über das LRS-Problem hilft dabei (Teil II, Kapitel 3).

● Wenn sich trotzdem massive Schwierigkeiten beim Lesen- und Rechtschreibenlernen im Unterricht zeigen, ist es keineswegs zu spät. Die Eltern und ihr Kind haben *rechtlichen Anspruch* auf Hilfe und Förderung durch die Schule wie durch soziale Einrichtungen. Niemand wird allein gelassen, man muß nur seine Rechte kennen (Teil II, Kapitel 4).

● Wie ist nun dem Kind konkret zu helfen? Es gibt *häusliche Förder- und Übungsmöglichkeiten*, die sinn- und vor allem maßvoll anzuwenden sind; blinder Eifer schadet auch hier nur, sogar das Üben hat seine »Naturgesetze«, ohne deren Beachtung alle Anstrengung nutzlos bliebe (Teil III, Kapitel 5).

● Und es gibt grundlegende Formen des Lernens von Anfang an, die sich zu Hause wie in der Schule bewährt haben: vor allem das so wirkungsvolle *Lernen im Spiel*, das ganz vom Kind ausgeht, es ganz erfaßt und erfüllt (Teil III, Kapitel 6), und das Lernen durch sachgerechtes Tun (»learning by doing«), das *aktive Lesen- und Schreibenlernen* an interessanten und für das Kind wichtigen Texten anstelle von »Trockenskiübungen« an inhaltsleeren Formen, Buchstaben oder Silben (Teil III, Kapitel 7 und 8). Lesen lernt man halt nur durch Lesen, Schreiben nur durch Schreiben.

● Entscheidend wichtig für das Kind ist, daß es aus anregenden, sachbezogenen und fesselnden Lernaktivitäten verläßliche *Arbeitstechniken* und *-verfahren* entwickelt, ein sicheres »Know-how« des Lernens, das in Fleisch und Blut übergeht und jederzeit zur Verfügung steht, zum Beispiel beim Vokabellernen für den Fremdsprachenunterricht (Teil III, Kapitel 9), beim Gedicht- und Einmaleinslernen, beim Einprägen schwieriger Wörter oder allen möglichen Lernanforderungen und -aufgaben überhaupt (Teil III, Kapitel 10).

● Zu den erwähnten Übungsgesetzen gehört, daß Üben, Lernen und Arbeiten unter Verkrampfung, ständigem Druck, permanenter Angst vor Versagen oder Strafe mehr schadet als nützt, daß vielmehr jede Lernanstrengung, jede Anspannung ihren Ausgleich finden muß in

Entspannung, Ruhe, Lockerung und Stille. Für entsprechende Übungen gibt es Tips und Anregungen (Teil III, Kapitel 11).

● Und wenn alles nicht hilft, wenn häusliche Hilfe und schulische Förderung versagen, muß die Fachfrau, der Fachmann zu Rate gezogen und möglicherweise eine *Therapie* vereinbart werden. Therapien und Therapeuten bzw. Therapeutinnen gibt es viele, doch nicht alle sind solide und verläßlich bzw. nicht jede Therapie ist für jedes Kind die passende. Leicht fällt eine verängstigte Mutter, ein besorgter Vater auf vielversprechende Anzeigen oder Anpreisungen herein. Also gilt es sorgfältig aus dem professionellen Förder- und Therapieangebot *auszuwählen*. Hierzu gibt es erprobte Maßstäbe und Kriterien, Auskunftsstellen und Literatur, ebenso unverbindliche Aussagen über die zu erwartenden *Kosten* und die Möglichkeiten ihrer *Erstattung* (Teil IV, Kapitel 12). Denn am Geld darf die Hilfe nicht scheitern!

● Was man schwarz auf weiß besitzt ...: Im Anhang dieses Elternhandbuchs schließlich finden sich zum schnellen Nachschlagen Erläuterungen der nicht immer ganz einsichtigen *Fachausdrücke*, Auflösungen der aufgeführten *Tests*, die *amtlichen Richtlinien* der Kultusministerkonferenz zur Förderung von Kindern mit Lese- und Rechtschreib-Schwierigkeiten (viele Schulleiter/innen und Lehrer/innen kennen sie gar nicht!), Lese- und Literaturhinweise sowie Anschriften von Stellen und Institutionen, an die man sich wenden kann (Teil V).

LRS – was sich als so kompliziert herausstellte, wird nun doch wieder einfach, wenn man es durchschaut und in den Griff bekommt. Dazu verhilft dieses Elternhandbuch zum LRS-Problem. Es wurde erarbeitet, angewandt und erprobt von einer erfahrenen Diplompädagogin (und Mutter von vier Kindern) während langjähriger Tätigkeit in der Schule, in der wissenschaftlichen Forschung, in der Lehreraus- und -fortbildung und nicht zuletzt in eigener Privatpraxis. Ingrid M. Naegele kann Eltern helfen. Sie hat es selbst immer wieder erfahren und vermitteln können. Wer auf ihren Rat, wer auf ihren Elternhandbuch hört, der könnte aus den drei Schreckensbuchstaben LRS neue und hoffnungsvolle Bedeutung für sein Kind gewinnen:

> **LRS** = Langsam Reift Sicherheit
> beim Lesen und Rechtschreiben.

Dieter Haarmann

14

Einleitung

Für wen ist dieser Ratgeber gedacht?

Einige Fragen vorweg:

- Hat Ihre Tochter oder hat Ihr Sohn Schwierigkeiten beim Lesenlernen?
- Wird mal von rechts gelesen, mal von links, werden Buchstaben verwechselt oder nicht wiedererkannt?
- Versteht Ihr Kind nicht, was es gelesen hat?
- Weigert es sich, freiwillig oder mit Ihnen zu lesen?
- Ist die Schrift krakelig und unleserlich?
- Macht es beim Schreiben viele Fehler?
- Sind die Lehrer besorgt über die schwachen Leistungen im Fach Deutsch?
- Kann sich Ihr Kind nur schwer konzentrieren?
- Gibt es Kontaktprobleme mit Gleichaltrigen?
- Ermüdet es leicht?
- Versucht Ihr Kind Hausaufgaben aus dem Weg zu gehen, oder trödelt viel zu lange rum?
- Schafft Ihr Kind seine Hausaufgaben nur mit Ihrer Unterstützung?

Treffen auf Ihr Kind mehrere dieser Fragen zu, dann können Ihnen die Ratschläge dieses Buches sicherlich helfen, die auf langjähriger Erfahrung mit Kindern als Mutter, Lehrende und Forschende und jetzt als Therapeutin fußen.

Zeigt Ihre Tochter oder Ihr Sohn zusätzlich mehrere der folgenden Verhaltensweisen, so sollten Sie die Alarmzeichen sehr ernst nehmen, die Hinweise in den einzelnen Kapiteln beachten und professionelle Hilfe aufsuchen:

- Haben zusätzliches häusliches Üben und Nachhilfe bislang die Situation eher verschlimmert?
- Reagiert Ihr Kind leicht gereizt, aggressiv, oder zieht es sich zurück?
- Fühlt es sich von Mitschülern wegen seiner Probleme ausgegrenzt?
- Fürchtet es sich vor bestimmten Lehrern/Lehrerinnen?
- Möchte es am liebsten überhaupt nicht mehr zur Schule gehen?
- Hat es bereits eine Klasse wiederholt und weiterhin Probleme?
- Klagt Ihr Sohn oder Ihre Tochter über Bauch-, Kopfschmerzen oder sonstige Beschwerden und Ängste oder macht wieder ins Bett?
- Kaut es an den Fingernägeln oder hat Ticks entwickelt?

Ausgangspunkt dieses Handbuchs ist die Hilflosigkeit und Verwirrung vieler Eltern, Kinder – und auch einer ganzen Reihe von Lehrerinnen und Lehrern – im Dickicht widersprüchlicher Theorien gegenüber den Problemen beim Lesen – und und vor allem dem »Schulkreuz« Rechtschreibenlernen, wie es Konrad Duden einmal genannt hat. Es schmerzt, mit ansehen zu müssen, welche Odyssee betroffene Eltern oft schon mit ihren Kindern auf der Suche nach Hilfe hinter sich haben und wie sie darunter leiden, von Schule und Gesellschaft häufig im Stich gelassen zu werden.

Hier soll dieses Handbuch helfen, das bereits zwei Vorläufer hat, die inzwischen vergriffen sind. Unter den Titeln »Schulversagen in Lesen und Rechtschreiben – Ursachen, Auswirkungen, Abhilfen« und »Häusliche Hilfen bei Lese- und Rechtschreib-Schwierigkeiten« sind 1991 und 1992 zwei Elternratgeber in der gleichen Reihe erschienen. Beide Bände standen in enger Beziehung, behandelten aber unterschiedliche Schwerpunkte von LRS.

Auf vielfachen Wunsch habe ich nun für die aktualisierte Neuauflage beide Bände zusammengefaßt, ergänzt und überarbeitet. Dabei habe ich Anregungen von Leserinnen und Lesern, Kolleginnen und Kollegen und neue Erfahrungen mit den Kindern und ihren Eltern in meiner Praxis aufgenommen. Mit ihnen und von ihnen lerne ich täglich Neues und freue mich, wie sie Zuversicht und Selbstvertrauen in ihre eigenen Fähigkeiten entwickeln. Einige Namen wurden geändert. Mein besonderer Dank gilt Hans Brügelmann, Dieter Haarmann, Else Müller und Renate Valtin für ihre Beiträge – und meinem Mann Klaus.

Welches Anliegen hat dieses Buch?

Dieses Handbuch wendet sich an alle, Eltern, Großeltern oder Lehrkräfte, die von LRS betroffenen Kindern und Jugendlichen helfen wollen. Er ist kein Trainingsprogramm. Er ist keine Alternative zu Förderunterricht oder einer Therapie. Was es will, ist:

- *sensibilisieren* für die Unterschiedlichkeit der kindlichen schriftsprachlichen Lernprozesse,
- *informieren* über das Entstehen und Verfestigen von Lese-Rechtschreib-Schwierigkeiten (im folgenden oft als LRS abgekürzt),
- *beraten* über schulische und außerschulische Förderung,
- *helfen* durch sinnvolle Anregungen und Unterstützung, damit das Verfestigen und Ausweiten der Lese-, Schreib- und Rechtschreibprobleme auf andere Lernbereiche verhindert und die Entwicklung des Selbstwertgefühls und der Lernmotivation nicht beeinträchtigt wird.

Alle Kinder sind von Natur aus neugierig und möchten diese Welt für sich entdecken. Sie wollen auch lesen, schreiben und rechnen lernen – nur forcieren Erwachsene dies manchmal zu früh, stellen Anforderungen, die die Kinder noch nicht erfüllen können und blockieren damit ihre Lernfähigkeit.

Manche Kinder – und es scheinen immer mehr zu werden – können die Erwartungen und Ansprüche, die Eltern, Erzieher, Lehrer und Gesellschaft an sie stellen, nicht erfüllen.

Eltern spüren oft frühzeitig, daß ihr Kind noch Zeit braucht, bestimmte Lernschritte noch nicht leisten kann. Sie suchen Rat, leiden mit ihrem Kind und verlassen sich auf die Aussagen von sogenannten Experten. Wenn Kinder am Schulanfang mehr und besseren Unterricht und fachlich kompetente, Kinder liebende Lehrerinnen und Lehrer hätten und Eltern mehr Geduld und Vertrauen in die Lernbereitschaft ihrer Kinder aufbrächten, müßten nicht so viele Kinder Lern- und Verhaltensauffälligkeiten entwickeln.

Eltern meinen es in der Regel gut und wollen das Beste. Manchmal überfordern sie dabei ihr Kind, wie Jans Mutter, die ihrem vierjährigen Sohn besonders gute Startchancen geben wollte, einem Frühleseratgeber vertraute und enttäuscht war, daß ihr Training bei ihm nicht fruchtete. Jetzt macht sie sich Vorwürfe, weil er mit acht Jahren noch immer keinen Zugang bekommt und therapeutische Hilfe braucht. Ähnlich ging es dem Vater, der mit seinen Kindern aufgrund eigener traumatischer Schulerlebnisse regelmäßig Diktate übte, damit jedoch seine Beziehung zu ihnen belastete, woraufhin wegen des ausbleibenden Schulerfolgs das Familienleben in Mitleidenschaft gezogen war.

In den vergangenen Jahren ist zwar die Erforschung der Ursachen und Auswirkungen von Lese-Rechtschreib-Schwierigkeiten fortgeschritten, dabei hat sich ganz klar gezeigt, daß es nicht eine für alle Betroffenen gültige »Medizin«, d.h. ein auf alle übertragbares Behandlungskonzept geben kann. Jedes Kind ist einzigartig, wie Dieter Haarmann es im Vorwort formuliert hat, dem ich herzlich für seine Unterstützung danke.

Hüten Sie sich vor Versprechungen auf rasche Heilung, wie sie immer wieder in Presse und Fernsehen auftauchen. Kaum je halten sie ernsthafter Untersuchung auf Effektivität stand. Diese »Wunderkuren« reichen von Pillen, Vitaminen, bestimmten Diäten über Neurolinguistisches Programmieren (NLP), Augentraining, spezielle Brillen, bestimmte homöopathische Mittel bis zu Bewegungstraining, wie z.B. Edu-Kinestetik. Es fällt Eltern von LRS-Kindern nicht leicht, akzeptieren zu müssen, daß es eben kein Schnellverfahren gibt, um die Probleme verschwinden zu lassen. Eltern müssen verstehen, daß der Weg Zeit, Anstrengung und Geduld kostet, dafür aber das Glück und die Zukunft ihres Kindes sichert.

> Wenn es einem Schüler schlecht geht, dann sollen Eltern (Lehrer) den Schüler nicht unter Druck setzen, weil der Schüler sonst überhaupt nicht mehr lernen will und alles falsch macht. Staffdessen wäre es besser, wenn man den Schüler in Ruhe und mit Pausen lernen läßt und ihm das Gefühl gibt, daß jeder mal einen Fehler machen kann.

Sirius, der zwölfjährige Verfasser dieses Rats an Eltern, litt jahrelang unter seinen massiven Lese- und Rechtschreibproblemen und stand kurz vor dem psychischen und schulischen Zusammenbruch. Seine Schwierigkeiten im Lesen und Schreiben hatten zu allgemeinen Versagensängsten und Konzentrationsstörungen geführt; er hielt sich für dumm und unfähig. Nach 1½ Jahren Therapie war er nicht wiederzuerkennen: ein selbstsicherer, erfolgreicher Schüler, der inzwischen kurz vor dem Abitur am humanistischen Gymnasium steht. Wenn's drauf ankommt, kann er heute fast fehlerfrei schreiben, aber »jeder kann ja mal einen Fehler machen«. Er wird uns noch mehrmals begegnen, und ein Gespräch mit ihm über seine Therapie beschließt diesen Band.

Wetten, daß Sie Fehler machen!

Die meisten Erwachsenen sind überzeugt, daß sie keine Probleme beim Lesen haben und die deutsche Orthographie beherrschen. Sie glauben daher, daß sie wissen, wie ihr Kind zu lernen habe. Tatsächlich erfordert das Lehren von Lesen und Schreiben aber eine kompetente Ausbildung in Theorie, Methodik und Didaktik des Schriftspracherwerbs und viel Einfühlungsvermögen in die unterschiedlichen kindlichen Denkvorgänge.

Dabei ist es so einfach, auch perfekte Leser und Schreiber aufs Glatteis zu führen. Versuchen Sie doch einmal, folgenden Satz in einer Ihnen unbekannten »Geheimschrift« zu lesen:

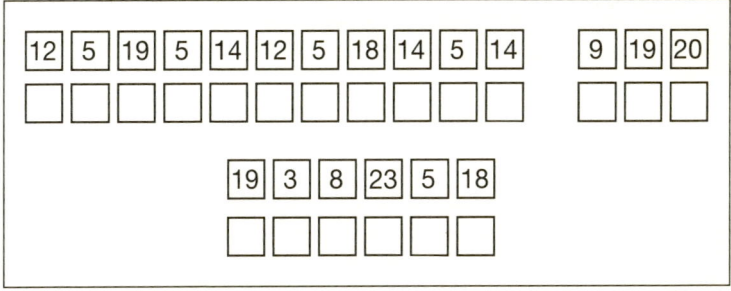

Auflösung S. 235

Sie stutzen, weil Sie die »Buchstaben« nicht kennen? Dann merken Sie einmal, wie einem Leseanfänger zumute ist! Nur haben Sie es viel leichter, da Sie bereits die »Strukturprinzipien« der Buchstabenschrift (Links-rechts-Folge, Zeichen-Buchstaben-Entsprechung u.a.) kennen und zudem aufgrund von Erfahrungen logische Schlußfolgerungen ziehen können.

Um einmal direkt die Schwierigkeiten der deutschen Orthographie zu spüren, bitte ich Sie, im Kasten»Finden Sie die Fehler?« von D.E. Zimmer aus der »Zeit« vom 3.11.89 auf Fehlersuche zu gehen.

»75 Rechtschreibfehler (mehrere Fehler in einem Wort zählen als einer) müßten Sie als perfekter Rechtschreiber finden:

Finden Sie die Fehler?

1) Irgendjemand fletzte sich auf dem Divan neben dem Büffett, ein Anderer räckelte sich rhytmisch auf der Matraze, ein Dritter plantschte im Becken.

2) Man stand schlange und Kopf, lief Ski und Eis, sprach Englisch, und wer Diät gelebt und Haus gehalten hatte, hielt jetzt Hof.

3) Auf gut Deutsch heißt das, die lybische Firma hat pleitegemacht, aber die selbstständigen Mitarbeiter konnten ihre Schäfchen ins Trockene bringen.

4) Alles Mögliche deutet daraufhin, daß sich etwas ähnliches widerholen wird, obwohl alles Erdenkliche getan wurde, etwas derartiges zu verhindern und alles zu anulieren.

5) In einem nahegelegenen Haus fand sich das nächst gelegene Telefohn, im Portemonaie der nummerierte Bong.

6) Im Zenith ihres Rums wagten sie die Prophezeihung, man werde trotz minutiöser Prüfung weiter im Dunkeln tappen und aufs beste hoffen, und in soweit werde alles beim Alten bleiben.

7) Auch wer aufs ganze geht und überschwänglich sein bestes tut, tut manchmal Unrecht, hält es aber gern für rechtens.

8) Er war stattdessen bemüht, den zugrunde liegenden Konflikt – also den Konflikt, der ihrem Dissenz zugrundeliegt und allen Angst macht – zu entscherfen, und infolge dessen kam er mit allen ins Reine.

9) Wie kein Zweiter hat sich der Diskutand dafür starkgemacht, auch die weniger brillianten Reflektionen der Coryphähen ernstzunehmen.

10) Daß es nottut, alles wieder instandzusetzen, darf ein Einzelner nicht infrage stellen.

Worttrennungen:

Exa-men; Ex-otik; Hek-tar; ig-no-riert; Lan-dau-er; Li-no-le-um; Psy-chi-a-ter; Psych-olo-ge; pä-da-go-gisch; pä-do-phil; Pä-de-rast; Sow-jet; Sy-no-nym.

Auflösung S. 235

Diesen Text haben wir einige Male diktiert. Das Experiment ging aus wie erwartet. Niemand konnte ihn fehlerfrei schreiben. Jene Versuchskaninchen, die nicht von Berufs wegen mit Texten umgehen, machten im Durchschnitt 44 Fehler; Deutschlehrer 39 und Korrektoren auch noch 16. (Als der Autor, der diese Sätze zusammengebaut hatte und mit ihren Tücken also vertraut ist, sich den Text nach einigen Wochen diktieren ließ, machte er selber auch wieder 11.) Je professioneller die Schreiber, um so weniger Fehler machten sie bei den Wortschreibungen – Wörter prägen sich ein, und dann beherrscht man ihr Schriftbild. Im Bereich der Getrennt- und Zusammenschreibung und der Groß- und Kleinschreibung aber, diesen beiden Hauptproblemzonen der deutschen Orthographie, müssen auch Profis vor der Willkür kapitulieren.« (Zimmer 1989)

Und noch eine Fehlerquelle ist die Trennung: Von 80 Studentinnen und Studenten in einem Seminar zu Problemen des Schriftspracherwerbs konnte keine/r das Wort »Legasthenie« richtig trennen. Vielleicht sehen Sie mal im neuesten Duden nach?

Und noch ein Beispiel aus der Literatur (Wilhelm Busch):

Die Nacht ist lang, das Bein tut weh;
Carolus übt das ABC.

Maria Wörth-Dellach, im Oktober 1994   *Ingrid M. Naegele*

Teil I: Schicksale

Die Lese rechtschreib schweche

Ein Madchen hate eine L.r.s und sie
war ~~M~~ sehr traurig daruber.
Sie ~~war~~ war schon bei einer Terapie
aber sie war aber ~~bei einer~~ nicht
glücklich sie hate einen Bruder
sie strichten sich imer. Das Metchen
~~haben~~ kein Selpstvertrauen mehr.
In der ~~Schule~~ Schule gefelt es ihr auch
nicht. Ihr geht es Schliech nicht
guht.

Das ist eine Ware
Geschichte

Stellvertretend sollen hier Jan, Nadja, Boris, Nelson Rockefeller und Olavs Mutter direkt zu Wort kommen.

Während die Texte für sich selbst sprechen, werden Sie die Bilder des neunjährigen Boris ohne Kommentar nur schwer verstehen.

Jan – auf der Suche nach Hilfe

Jan, ein 16jähriger Gymnasiast, beschreibt hier seine Erfahrungen mit den sogenannten Experten. Leider handelt es sich um keinen Einzelfall.

In der Grundschule merkte man noch nichts von meiner Rechtschreibschwäche. Wie sollte man denn auch, ich schrieb immer dreier. Niemand war beunruhigt, weil eine drei ja befriedigent bedeutet. Dazu muß man auch sagen, daß unsere Klassenlehrin nicht besonders Deutsch förderte. Wir waren eher auf Mathe und Biologie specialisiert. Nach der Grundschule ging ich auf das ~~Helmholt~~gymnasium Meine erste und auch zweite Klassenarbeit in Deutsch war ein Diktat. Beidesmal schrieb ich eine 6 Also ging meine Mutter mit mir zum Schularm Mein erster Phsychologe, der name ist mir enfallen, gab mir eine Bescheinigung, daß ich Rechtschreibschwäche habe, so daß ich bis zu der Mittelenreife nicht nach Rechtschreib~~schwächen~~fehlern bewertet werden darf. Seine Diagnose lautete: im Kopf siehst du geschriebene Wortbilder. An jedes Wort hängt sich ein falsches an, sobalt du dieses Wort falsch schreibst Wir müssen versuchen, die falschen Wörter durch richtige zu ersetzen. Denn wenn fünf falsche an einem richtigen hängen, hast du nur eine 1 chance, das richtige Wort zu schreiben. Wenn du mehr chancen haben willst, mußt du jedeng Abend vor dem schlafengehen

In der Grundschule merkte man noch nichts von meiner Rechtschreib-schwäche. Wie sollte man denn auch, ich schrieb immer dreier. Niemand war beunruhigt, weil eine drei ja befriedigent bedeutet. Dazu muß man auch sagen, daß unsere Klassenlererin nicht besonders Deutsch förderte. Wir waren eher auf Mathe und Biologie specialisiert. Nach der Grundschule ging in auf das Gymnasium. Meine erste und auch zweite Klassenarbeit in Deutsch war ein Diktat. Beidesmal schieb ich eine 6 Also ging meine Mutter mit mir zum Schulamt. Mein erster Psycholog, der name ist mir entfallen, gab mir eine Bescheinugung, daß ich Rechtschreibschwächen habe, so daß ich bis zu der Mitlerenreife nicht nach Rechtschreibfehlern bewertet werden darf. Seine Diagnose lautete: im Kopf siehst du geschriebene Wortbilder. An jedes Wort hängt sich ein falsches an, sobalt du dieses Wort falsch schreibst. Wir müssen versuchen, die falschen Wörter durch richtige zu ersetzen. denn wenn fünf falsch an einem richtigen hängen, hast due nur eine $^1/_6$ chance, das richtige Wort zu schreiben. Wenn du mehr chancen haben wilst, muß du jeden Abend vor dem schlafengehen eine Seite abschreiben. Deine Mutter muß sie korregieren, aber nich die Fehler rot anstreichen, sondern nur die Fehlerzahl unter die geschriebene Seite schreiben. Herauszufinden wo die Fehler sind, ist dann wieder deine aufgabe.

Gesagt getahn. Zwei Jahre setzte ich mich hin und schrieb eine Seite ab. Doch nach den zwei Jahren wollte meine Mutter einen neuen Termin. Dies-mal war er bei einer anderen Psychologegin, denn der erste war weggezogen. Die zweite erzälte mir, daß das tägliche abschreiben nichts gebracht hätte und es auch nichts bringen würde. Nachdem sie mit mir zwei Tage Tests durchführte, gab sie mir den Raht, mich mit meinen kindlichen problemen zwischen meiner Mutter und mir zu beschäftigen. Sie wollte meinen Fall irgendwie an höhere Stellen gehen und ihn, so weit wie ich das verstanden hatte auch poblik machen, obwohl ich nicht weiß warum und wofür, die Testergebnisse verstand ich sowieso nicht. Z. B. hieß es, ich wäre in Sprachen hoch begabt, hoch begabt heißt für mich nicht drei und vier. Na ja, ich ver-gas diese Frau eh balt, weil ich nicht verstand, wie ein Kind die Probleme aus der Kindheit herausfinden kann, die für Regelverletzungen führen. Nach wiederum 1½ Jahren wurde mir durch Herrn ... sie empfolen. Er erzählte mir, daß sie in kurzer Zeit Rechtschreibfehler beseitigt haben. Hoffentlich waren das keine einzelfälle, den ich hatte nicht for mein ganzes Leben mit dieser Rechtschreibschwäche zu verbringen.

Nadja – Angst vor Fehlern

Nadja, acht Jahre alt und Schülerin einer dritten Grundschulklasse, gelingt es, ihre Ängste und negativen Erfahrungen mit Schrift in Worte zu fassen.

> Wen ich ganz fiele feler mache im Diektart dann habe ich angst. Das Diehtart zu zeigen. Ich fer steche es imer for meinen Eltern zwei oder fier Tage. Bei den Hausaufgaben wen ich dar ganz fiele feler mache. Und ich es meinem Papa zeige dan fengt er an mit mier zu schimfen an. Manchmal wen ich ~~(gan) fiele feler schreibe dan sagt er~~ auch
>
> Wen ich es meiner Mama zeige und ich ganz fiele feler schreibe dann sagt sie nur das ich es beser kan. Und das ich es noch mal schreiben sol.

Boris – Malen als Therapie

Selbst seiner Mutter konnte *Boris* lange Zeit nicht die Erniedrigungen und Frustrationen mitteilen, unter denen er die ersten beiden Schuljahre wegen seiner verzögerten Lese- und vor allem Schreibentwicklung durch seine Klassenlehrerin zu leiden hatte. Erst als er Ticks entwickelte, wurde die Mutter hellhörig, wechselte die Klasse, später sogar die Schule. Dann brach all das Angestaute in grellen, bunten Bildern aus ihm heraus, immer wieder malte er ähnliche Bilder, die er hinterher vernichtete – wie eine Katharsis.

Unten links wird die Lehrerin gefoltert, der Kopf wurde bereits abgeschlagen, die Füße und Hände zerfetzt. Darüber wartet bereits eine Maschine auf ihr Skelett, um es oben rechts so zu zertrümmern, daß nichts übrigbleibt bzw. unten rechts verbrannt wird. Selbst ihr Haus muß vernichtet werden (»Ich brenne Vs Bude ap«).

Rockefeller – ein Politiker mit LRS

Hier (in Auszügen) der Rat eines Mannes, der erfolgreich seine Lese-Rechtschreib-Probleme bekämpfte und als Gouverneur des Staates New York und Vizepräsident der Vereinigten Staaten Karriere machte:

»Akzeptiere keinesfalls das Urteil irgendeines Menschen, daß Du faul, blöd oder zurückgeblieben seist. Es ist gut möglich, daß Du gescheiter als die meisten Gleichaltrigen bist.

Du kannst lernen, mit Deinen Problemen zu leben und Deine sogenannte Behinderung in einen positiven Vorteil umzuwandeln.

Meine Lese-Rechtschreib-Probleme zwangen mich, meine Konzentrationsfähigkeit besonders zu entwickeln, die mir während meiner beruflichen und politischen Karriere unschätzbar geholfen hat.

Meine eigenen Erfahrungen mit der Überwindung meiner Dyslexie möchte ich in den folgenden Thesen für jeden einzelnen Betroffenen so zusammenfassen:

- Akzeptiere die Tatsache, daß Du ein Problem hast! Versuch nicht, es zu verstecken!
- Hör auf, Dich selbst zu bemitleiden!
- Mach Dir klar, daß Du es nicht als Ausrede benutzt, sondern als Herausforderung!
- Nimm die Herausforderung an!
- Arbeite härter und übe geistige Disziplin – die Fähigkeit für volle Konzentration – und
- gib niemals auf!

Vielleicht hilft es anderen LRS-Kindern, wenn sie wissen, daß ich das gleiche Schicksal hatte.«

Aus: Nelson Rockefeller: Don't Accept Anyone's Verdict That You Are Lazy, Stupid or Retarded. TV Guide October 16, 1978. In: Huston, A.M.: Understanding Dyslexia, Lanham 1992, S. 155ff.; Übersetzung I.M.N.

Olav – ein typischer Fall?

Interview mit der Mutter eines LRS-Kindes (mit Kurzkommentaren)

Ausgangssituation

Frage: Als Sie zum ersten Mal zu mir kamen, war *Olav* gerade acht-
einhalb, verkroch sich hinter Ihrem Rücken und ließ Sie nicht
von der Hand. Er machte auf mich einen total verängstigten
Eindruck und blockierte bei allem, was auch nur nach Lesen
und Schreiben roch. Obwohl er kurz vor der Versetzung in die
dritte Klasse stand, konnte er selbst einfachste Wörter aus zwei
bis drei Buchstaben kaum entziffern. Zwar kannte er die meisten Buchstaben, mühte sich auch, diese hintereinander zu reihen, nur bekam er mit dieser Methode kaum ein sinnvolles
Wort zusammen. Er vergaß den Wortanfang, brachte die Reihenfolge der Laute durcheinander und bekam keinen Sinn zusammen. Olav war ganz massiv auf dem Weg zu umfassenden
Lern- und Verhaltensstörungen. Wie war es dazu gekommen?

Vorschulische Entwicklung

Mutter: Vielleicht fange ich mal von vorne an. Bis er mit drei Jahren in
den Kindergarten kam, verlief *Olavs* Entwicklung zunächst
ganz normal. Sein erstes Wort war zwar nicht »Papa« oder
»Mama«, sondern »Filzschreiber«, aber seine körperliche und
sprachliche Entwicklung war regelmäßig. Mit vier Jahren fiel
er plötzlich in die Babysprache zurück und konnte Konsonantenhäufungen wie dr, str, schn, tr, kl nicht mehr richtig aus-
sprechen. Die Ohrenärztin stellte eine Ohrinfektion fest, die
eine langfristig Behandlung nach sich zog. Gleichzeitig mußte
ich mit *Olav* in logopädische Behandlung, die anfangs sehr trä-
nenreich verlief. Der Logopäde zeigte für das Desinteresse
meines Sohnes am Nachsprechen sinnloser Lautketten wenig
Verständnis und verlangte von mir, daß ich zu Hause mit ihm

übe, was wiederum nicht gerade positiv für unser Verhältnis miteinander war. Später klappte es dann besser, und bis Schuleintritt waren die Sprechprobleme wieder verschwunden.

Frage: Wurde damals im Kindergarten und bei der Ärztin auch nach Ursachen im familiären Bereich gesucht?

Mutter: Nein. Aber ich habe mir inzwischen auch schon überlegt, ob nicht die Scheidung, die in diese Zeit fiel, mitverantwortlich für seine Sprachprobleme sein könnte.

Schulanfang

Frage: Hatten Sie nach diesen Problemen mit Schwierigkeiten am Schulanfang gerechnet?

Mutter: Irgendwie hatte ich schon so ein Gefühl nach dem Motto: Wenn es etwas gibt, bekommen wir es bestimmt. Nur, daß es so schnell kommen würde, nämlich bereits bei der schulärztlichen Untersuchung, damit hatte ich nicht gerechnet. Der Schulärztin konnte mein Sohn nichts recht machen. Sie kennen ja meinen Sohn: Wenn er etwas macht, dann 150% – oder gar nicht! Er sollte also ein Bild malen und gab sich große Mühe, alle Details genau darzustellen. Daraufhin war der Kommentar der Schulärztin, daß dies für ein sechsjähriges Kind nicht normal sei. Ich wurde persönlich angegriffen, weil sie im Gespräch mit *Olav* verstanden zu haben glaubte, daß ich berufstätig wäre, was ich damals noch gar nicht war. Er hatte ihr erzählt, daß er viel mit seinem Freund zusammen sei. Meine Rechtfertigung, daß ich sehr wohl für meinen Sohn zu sorgen wisse und daß berufstätige Mütter sicher ebenso und vielleicht noch mehr um ihrer Kinder bemüht sind, wurde von ihr nicht akzeptiert.

Frage: Das ausgerechnet aus dem Mund einer berufstätigen Frau! Hatten Sie das Gefühl, daß sie voreingenommen war?

Mutter: Ganz eindeutig! Sie mäkelte an allem herum und machte uns ganz konfus. So fing der Kontakt zur Schule relativ mies an.

Frage: Und wie begann der Unterricht in der ersten Klasse?

Mutter: Zunächst war eitel Freude! Olav ging die ersten drei bis vier Wochen ausgesprochen gern zur Schule. Alles machte ihm Spaß, er wollte lesen, schreiben und rechnen lernen. Die Probleme begannen so kurz vor Weihnachten, als er im »Uli«, seiner Fibel, Silben wie lo, la, do, ra erlesen sollte. Wir beide saßen Stunden und mühten uns vergeblich, aus zwei Buchstaben eine Silbe zu erlesen.

Frage: Hatte das die Lehrerin denn von Ihnen verlangt?

Mutter: Das waren die Hausaufgaben. Die Eltern sollten das mit ihren Kindern üben. Verlangt hat sie es nicht, aber vorausgesetzt. Wir sind an diesen Reihen von sinnlosen Silben fast verzweifelt, dann habe ich resigniert.

Frage: Haben Sie mit der Lehrerin gesprochen?

Mutter: Damals noch nicht gleich. Ich war der – inzwischen weiß ich: falschen – Meinung, daß Eltern für das Lernen ihrer Kinder verantwortlich sind, und wehrte mich auch nicht. Beim Elternabend wurden nur die Langzeitziele für das erste Schuljahr angegeben, nicht aber der Weg dahin. Die Lehrerin machte zwar die Eltern darauf aufmerksam, daß wir nicht buchstabieren, sondern lautieren sollten, wenn wir üben, sonst hat sie aber nicht viel Hilfreiches gesagt.

Das Problem zeigt sich im Unterricht ...

Frage: *Olav* hat also schon nach einem Vierteljahr gemerkt, daß Schule schwierig ist. Wie hat er reagiert? Sie waren ja nach ihren Aussagen schon fast am Durchdrehen.

Mutter: Er auch, sofern es ums Lesen ging! Alles andere lief normal bis gut. Kurz vor Ende der ersten Klasse fand dann auch ein Gespräch mit der Klassenlehrerin statt. Ich bat sie, meinen Sohn trotz der Leseschwierigkeiten mit in das zweite Schuljahr zu nehmen, weil er absolut nicht noch einmal die erste Klasse besuchen wollte. »Babykram«, »Scheißschule« u.a. waren geflügelte Worte. Er weigerte sich, Schwungübungen zu machen, und bockte. Und wenn *Olav* nicht will, dann geht nichts!

Frage: Wie lief es mit dem Schreiben?

Mutter: Abschreiben konnte er. Hier gab es keine Auffälligkeiten. Nur wußte er weder, was er schrieb, noch konnte er es entziffern. Das Schriftbild war nicht schön, aber lesbar. Bekannte und Freunde, die ich um Rat fragte, vertrösteten mich und meinten, daß er es irgendwann lernt. Richtig lesen könnten die Kinder ja eh nicht vor Mitte des dritten Schuljahrs! Ich solle mir nicht so viele Sorgen machen.

Frage: War das nicht auch die Meinung der Lehrerin, wenn ich mich richtig erinnere?

Mutter: Jein. Sie hat sich nach meinem Gefühl herausgehalten. Einerseits ja nicht verrückt machen lassen nach der Devise: Der Knoten platzt irgendwann von alleine, andererseits verteilte sie schon Spitzen.

Frage: Gab es für die Schwachen zusätzliche Förderung?

Mutter: Spezielle Förderung: nein. Es gab eine sogenannte Differenzierungsstunde, in der sämtliche Kinder zusammengefaßt wurden, die irgendwo Schwierigkeiten hatten, sei es beim Rechnen, Schreiben oder Lesen. Wegen Lehrermangels oder sonstiger Gründe wurde diese eine Stunde aber auch bald wieder gestrichen. Sonst gab es keine schulische Hilfe.

Frage: Wurde im Unterricht differenziert, d.h., bekam er z.B. leichtere Leseaufgaben?

Mutter: Nein, bei der damaligen Lehrerin gab es nichts dergleichen. Das kenne ich erst seit der Rückstufung.

Frage: Wie ging es im zweiten Schuljahr weiter?

Mutter: Vier Kinder hatten große Probleme mit dem Lesen. Eins wiederholte die erste Klasse, die drei anderen, einer davon mein Sohn, hinkten hinter der Klasse her.
           Dann passierte etwas, was mich zum Handeln zwang. Es war

schon Herbst, als *Olav* eines Morgens das Haus heulend verließ. Ich holte ihn zurück, weil ich das Gefühl hatte, daß hier etwas total schieflief. Er hatte schon eine ganze Weile über Kopfweh, Bauchweh und Übelkeit geklagt, aber ich hatte das nicht weiter ernst genommen. Er wollte nicht mehr zur Schule gehen, er fand alles schrecklich. Sofort machte ich einen Termin mit der Lehrerin aus, die von sich aus diesen Schritt nicht getan hatte. Ich hatte Angst, denn in einer solchen Situation ist ein sachliches Gespräch schwer. Einerseits ist man als Mutter ja nicht im Unterricht dabei und weiß außerdem, daß es letztendlich das Kind ausbaden muß, wenn man mit der Schule nicht klarkommt.

In dieser Zeit ist mir noch etwas anderes aufgefallen: Als die Klassenlehrerin einmal eine Woche fehlte und eine andere Lehrerin den Unterricht hielt, ging *Olav* ohne Murren zur Schule, heulte nicht, erzählte auch vom Unterricht und hatte positive Anmerkungen wie »fein« oder »gut« unter seinem Geschmier. Er fühlte sich offensichtlich besser.

Frage: Gab es vorher keine Ermunterungen?

Mutter: Nein! Außer Kritik nichts! Die Hefte waren voll mit Anmerkungen wie: Noch üben! Besser machen!

Was so enttäuschend und frustrierend war: Jedesmal, wenn ich oder die Hortbetreuer das Gefühl hatten, daß es ein Stück besser ging, die Schrift sauberer wurde oder *Olav* die Leseaufgabe geschafft hatte, und wir uns freuten, stand prompt wieder im Heft eine vernichtende Anmerkung. Kritik, die zurückwirft, aber nicht aufbaut. Ich habe dann bei der Lehrerin für meine Verhältnisse sehr vorsichtig an ihr pädagogisches Gefühl zu appellieren versucht, sie nicht frontal angegriffen, wonach mir eher zumute war. Ich bin von mir ausgegangen, daß ich in der letzten Zeit Bücher über das Lernen gelesen hätte und daß es doch wichtig sei, in kleinen Schritten auf ein Ziel hinzuarbeiten und diese zu belohnen durch Lob. Und dies sei doch für Kinder besonders wichtig, daß man mit Kritik sehr zurückhaltend sein müsse und Kinder viel Lob brauchen, vor allem solche, die Schwierigkeiten haben.

Frage: Wie war die Reaktion?

Mutter: Nicht so, wie ich es erwartet habe. Die Lehrerin hat immer nur den Klassenverband als ganzen gesehen, aus dieser Sicht geurteilt und nicht aus der einzelner Kinder.

Frage: Sah sie keinen Anlaß, *Olav* besonders zu fördern?

Mutter: Nein, der Stoffplan für die Klasse war das wichtigste. Daran hätte sie sich zu halten. So jedenfalls habe ich es verstanden. Die Eltern, sprich Mütter, müssen halt zu Hause für den Anschluß sorgen und sich um die Probleme kümmern. In dem Gespräch fiel auch zum ersten Mal der Verdacht, daß Olav vielleicht Legastheniker sein könne und ich ihn einmal testen lassen solle.

> Kommentar einer Zweitklaßlehrerin auf die Bitte der Mutter, für die Schwächeren den Lese-Schreib-Unterricht zu differenzieren: »Die Klasse muß weiterkommen, da kann ich nicht auf einzelne Rücksicht nehmen.« Oder eine andere Lehrerin: » Ich kann mich nicht auf die langsam Lernenden konzentrieren. Ich muß mich um die Kinder kümmern, die aufs Gymnasium sollen.«

... und zu Hause

Frage: Was haben Sie gemacht?

Mutter: Ich habe daraufhin im Bekanntenkreis nach Tips und Hilfe herumgefragt und über eine Freundin, die beim Kinderschutzbund arbeitet, eine Adressenliste mit Beratungsstellen erhalten. Eine, die in der Nähe liegt, habe ich ausgesucht, und dort wurde dann ein Rechtschreibtest durchgeführt. Das war Mitte der zweiten Klasse. Mir wurde gesagt, daß mein Sohn schlecht abgeschnitten hätte, aber daß die Tests auch nicht viel aussagen würden und man ihn Ende der zweiten Klasse noch einmal testen wolle. Keiner hat sich festgelegt, jeder hat eine andere Meinung gehabt.

Frage: Wie kamen Sie sich dabei vor?

Mutter: Na ja, ich dachte, daß wir inzwischen alle einen Knacks abhaben. Die Lehrerin schob alles auf meine private Situation nach dem Motto: Geschiedene Mutter, das kann ja nicht klappen. Dies ist leider die Einstellung einiger Lehrerinnen der Schule meines Sohnes. Wenn jemand alleinstehend ist und Schulschwierigkeiten vorhanden sind, dann muß das ja zusammenhängen.

Frage: Wie hat *Olav* darauf reagiert? Gab es Probleme mit den Mitschülern?

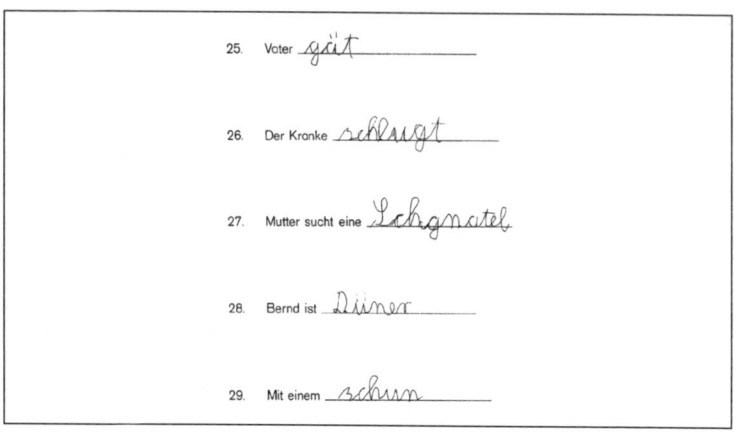

25. Vater _gäit_

26. Der Kranke _schlaigt_

27. Mutter sucht eine _Schgnatel_

28. Bernd ist _Diiner_

29. Mit einem _Schun_

Mutter: Eigentlich nicht. Die Kinder untereinander kamen wohl immer ganz gut miteinander aus. Er ging aber immer unwilliger in die Schule, da sie ihn ja nur frustrierte. Ein Beispiel fällt mir ein: In den ersten zwei Schuljahren darf es ja in Hessen keine Noten geben, nur schriftliche Beurteilungen. In der zweiten Klasse wurden aber bereits geübte Texte diktiert, die dann doch benotet wurden. Unter der Arbeit stand die Fehlerzahl, an die Tafel schrieb die Lehrerin, welche Note der jeweiligen Fehlerzahl entspricht. Die Kinder kamen heim und wußten, welche »Note« sie gehabt haben. Mein Sohn konnte jedesmal berichten: »Mutti, ich hätte eine Sechs gehabt!«

Frage: Hat ihn das nicht bedrückt?

Mutter: Er hat es zumindest nicht gezeigt. Er wußte ja, daß es nicht zu ändern war. Selbst, wenn er übte, die Note würde es sich nicht ändern.

Frage: Das muß für das Selbstgefühl ihres Sohnes aber sehr belastend gewesen sein.

Mutter: Im nachhinein weiß ich, wie schlimm es gewesen sein muß.

Frage: Zurück zur Beratungsstelle. Was passierte nach dem Test?

Mutter: Zunächst mußten wir den zweiten Test Ende der zweiten Klasse abwarten. _Olav_ blieb in der zweiten Klasse und bekam die Versetzung ins dritte Schuljahr.

Frage: Warum wurde er versetzt, obwohl er nicht lesen konnte?

Mutter: Weil er ganz normal mitkam – bis aufs Lesen und Schreiben.

Frage: Konnte er denn die Rechenaufgaben lösen, vor allem die Textaufgaben?

Mutter: Da hat er zunehmend Schwierigkeiten bekommen. Im Unterricht haben ihm die Mitschüler vorgelesen, zu Hause ich. Wenn er wußte, um was es ging, konnte er die Aufgaben lösen. Nur allein konnte er sie nicht in Angriff nehmen, weil er die Texte nicht entziffern konnte.

Lisa, 2. Klasse, hat jedesmal Alpträume, wenn die Lehrerin das nächste Diktat aus dem »Uli« ankündigt, das sie natürlich wieder gespickt mit rot markierten Fehlern zurückbekommt. Nicht nur ist das »Uli, der Fehlerteufel«-Material von seiner Ideologie her miserabel, vor allem provoziert es durch sein Wortmaterial, fehlende Wiederholungen und sinnlose Übungen geradezu Rechtschreibprobleme und ist deshalb für LRS-Kinder ungeeignet.

Außerschulische Hilfe wird notwendig

Mutter: Bei der Beratungsstelle wurde mir dann mitgeteilt, daß die Lese- und Rechtschreibschwierigkeiten meines Sohnes so stark ausgeprägt seien, daß er nach dem alten hessischen Erlaß Legastheniker wäre. Es gäbe aber inzwischen keine Legasthenie mehr, nur noch Lese-Rechtschreib-Schwierigkeiten. Da die Beratungsstelle keine Förderung für solche Schüler anbot, habe ich mich an die nächste Stelle auf meiner Liste gewandt. Als ich da nach x Telefonaten endlich jemand erreichte, es war eine kirchliche Stelle, wurde mir mitgeteilt, daß sie ihre Fördermaßnahmen zum Herbst einstellen würden. Die Dame wiederum nannte mir einen neuen Namen, nämlich Sie, die ich dann im letzten Sommer anrief. Seither ist Olav bei Ihnen in Einzelförderung.

Frage: Ich erinnere mich noch an unsere ersten gemeinsamen Stunden. *Olav* machte alles, um ja nicht lesen und schreiben zu müssen. Und er ließ Sie nicht aus den Augen. Wir gingen auch bald gemeinsam zur Klassenlehrerin und erreichten eine freiwillige Wiederholung der zweiten Klasse, denn *Olav* war mit den Schulbüchern der dritten Klasse total überfordert. Sie waren für ihn ein Buch mit sieben Siegeln. Selbst die der zweiten Klasse.

Mutter: Stimmt! Er konnte zwar mühsam Buchstaben an Buchstaben reihen, aber er bekam keinen Sinn zusammen, vergaß den Anfang eines Wortes oder das Ende.

Frage: Anfangs haben wir ihn mit »Russisch Brot«, Gummibärchen
           in Buchstabenform oder Riesen-Schaumstoffbuchstaben zum
           Lesen verlocken müssen. Wenn wir uns heute das Band anhö-
           ren, das seine Leseentwicklung festhält, merken wir, daß, als
           kleine Erfolge da waren, die Entwicklung schnell ging, und er
           bald einfache Texte, die ihn interessierten, vorlesen konnte.

Mutter: Die Zurücknahme in die zweite Klasse ging ganz unproblema-
           tisch, vielleicht, weil Sie mitgekommen waren.

Frage: Mich hat die Auffassung der Lehrerin sehr erschreckt, daß bei
           jedem Schüler quasi von allein irgendwann der Knoten platzt
           und das Kind dann Lesen lernt und Probleme nicht an den
           Methoden der Schule liegen. Ich fand es schlimm, wie wenig
           die Lehrerin ihre Verantwortung sah. Es tat *Olav* gut, zu einer
           anderen Lehrerin mit anderer Einstellung zu kommen.

Mutter: Und noch etwas: Die Einstellung der Elternschaft der alten
           Klasse zum Lernen war schlimm. Sie setzten auch die Lehrerin
           unter Druck, wollten möglichst viele Hausaufgaben, hatten
           kein Verständnis für die Probleme der schwachen Schüler. Im
           Gegenteil, sie wollten Professoren züchten. Die Eltern sahen
           zwar, daß einige Kinder nicht mitkamen, aber im gleichen Satz
           wurde dann darauf aufmerksam gemacht, daß sie auch an die
           Zukunft ihrer Kinder denken und daß die Schwachen eben
           länger an den Aufgaben sitzen müßten.

Frage:	Die Eltern haben von der Lehrerin mehr oder weniger noch mehr Hausaufgaben gefordert?
Mutter:	Ja! Sie meinten, daß ihre Kinder noch nicht genug lernen würden. Die weiterführenden Schulen würden dies verlangen. Deshalb müsse die Grundschule mehr darauf vorbereiten. Auf mich wirkte es so, als gäbe es bei anderen überhaupt keine Probleme. Es schien mir, als hätten alle außer mir Topkinder.

Ergebnis der Einzelförderung

Frage:	Das ist sicherlich eine Illusion. Inzwischen geht *Olav* in die dritte Klasse und hat große Fortschritte gemacht. Seine Ängste sind verschwunden, er kann lesen und geht gern zur Schule.
Mutter:	Das stimmt. Lesen ist zwar nicht sein Hobby, es ist immer noch mit einer gewissen Pflicht verbunden, aber wenn er erst mal dran ist, macht es ihm meist Spaß, und er ist nicht zu bremsen. Mit Druck läuft bei ihm nichts.
Frage:	Und das Schreiben?
Mutter:	Bis auf die Handschrift, die schöner sein könnte, läuft das ganz normal. Er macht nicht mehr Fehler als der Durchschnitt, neulich hat er sogar eine Eins im Diktat mitgebracht. Das war ein Grund zum Feiern.

Nachtrag

Olav besucht inzwischen das Gymnasium. Rechtschreibung ist nicht gerade sein Hobby, aber er kommt damit klar und er fühlt sich wohl.

 **Lesetip**

Bettelheim, B.: Zeiten mit Kindern. Herder Spektrum, Freiburg.

Bettelheim, B.: Ein Leben für Kinder – Erziehung in unserer Zeit. Deutsche Verlagsanstalt, Stuttgart.

Englbrecht, A./Weigert, H.: Lernbehinderungen verhindern. Diesterweg, Frankfurt a.M.

Mac Cracken, M.: Charlie, Eric und das ABC des Herzens. Fischer, Frankfurt a.M.

Teil II: Informationen

Die Lehrer dürfen
nicht immer so
tun als ob sie
der große Chef wä-
ren und nicht so
herumschreien weil
die Kinder dann
vor Angst Feler
machen.

Eltern u. ▮▮▮ Lehrer dürfen
nicht :
überschlechte Arbeiten schimpfen
den Kindern angst machen

Eltern u. Lerder müssen :
den Kindern helfen
und ihnen Sachen erklären

1. Vorsorgen ist besser als heilen

Wie kann mein Kind schon vor Schulbeginn auf das Lesen und Schreiben vorbereitet werden?

- Grundregel: Versuchen Sie nicht, Ihr Kind selbst zu unterrichten. Bieten Sie ihm aber beiläufig Möglichkeiten, neugierig zu werden auf Schrift in Büchern, auf Etiketten und Schildern.

- Sprechen Sie mit dem Kind über das, was es malt. Formulieren Sie aus dem, was das Kind sagt, eine einfache Beschreibung des Bildes. Bieten Sie ihm diese als Titel für die Zeichnung an: »Das Auto rast – soll ich dir das darunterschreiben?« Sprechen Sie langsam beim Schreiben, so daß das Kind erlebt, wie Sprache zur Schrift wird. Fragen Sie gelegentlich etwa beim Malen: »Soll ich dir deinen Namen dazuschreiben?« Am besten schreiben Sie in großen Blockbuchstaben.

- Akzeptieren Sie Kritzeln und Schreibversuche Ihres Kindes. Nehmen Sie ernst, was das Kind dazu erzählt. Fehler sind nicht schlimm. Sie können ihm daneben zum Vergleich anbieten, »wie die Erwachsenen das schreiben«. Schreiben Sie dem Kind jedes Wort vor, das es wissen möchte. Bieten Sie ihm immer wieder Ihre Dienste als Sekretär / in an: »Soll ich die aufschreiben ...?«

- Basteln Sie dem Kind ein schönes Kästchen für seine eigenen Wörter, die Sie ihm nach und nach auf kleinen Kärtchen schenken.

- Lesen Sie ihrem Kind so oft wie möglich vor. Lassen Sie das Kind die Bücher oder Zeitschriften, den Zeitpunkt und die Dauer selbst wählen. Wenn Ihr Kind mit in das Buch guckt, können Sie beim Lesen manchmal auch mit dem Finger von Wort zu Wort springen. Machen Sie dann gleichzeitig kurze Pausen beim Sprechen, so daß dem Kind auffallen kann, welche Sprecheinheiten und welche Schrifteinheiten zusammengehören.

- Kommentieren Sie auch Ihre eigenen Lese- und Schreibaktivitäten. Sprechen Sie leise mit, wenn Sie in den Regalen im Supermarkt nach einer Ware suchen: »Da steht Zucker drauf, da Salz – wo steht denn Mehl auf der Packung?« Reden Sie auch, wenn Sie Ihren Einkaufszettel schreiben: »Was muß ich noch aufschreiben, damit wir es beim Einkaufen nicht vergessen?« Lesen Sie im Geschäft den Zettel laut vor: »Hier steht noch: 1 Kilo Zucker – wo finden wir den?«

● Regen Sie Verwandte oder Freunde an, Ihrem Kind Briefe zu schreiben. Bieten Sie ihm an, aufzuschreiben, was es auf den Brief antworten will. Lesen Sie zwischendurch und am Ende den ganzen Brief wieder vor: »So, jetzt haben wir geschrieben ...«

● Spielen Sie Sprachspiele: »Welche Wörter hören sich am Anfang gleich an?« Machen Sie die Aufgabe durch Beispiele klar. Oder spielen Sie Roboter: »Ich bin ein Roboter. Der spricht immer so abgehackt. Was meint er wohl, wenn er sagt: ›O-M-A‹? – Jetzt sprich du mal wie ein Roboter.« Achtung: Nicht buchstabieren, sondern nur den Laut sagen!

● Lassen Sie Ihr Kind raten, was Schilder und Aufschriften bedeuten: auf der Straße, in der Werbung, auf Packungen. Machen Sie es aufmerksam auf Ähnlichkeiten von Wörtern, für die es sich interessiert: »Siehst du, Polizei sieht vorne genauso aus wie Post – und das hört sich ja auch beim Sprechen gleich an.« Aber üben Sie nicht mit dem Kind das Alphabet oder die Schreibweise einzelner Wörter. Belassen Sie es bei gelegentlichen Hinweisen und bei Antworten auf ausdrückliche Fragen des Kindes.

● Machen Sie mit dem Kind eigene Poster, kleine Hefte und Büchlein, indem Sie ihm helfen, Wörter und Bilder nach seinen Wünschen auszuschneiden, selbst zu malen, aufzukleben, aufzuschreiben ...

(Tips von Hans Brügelmann, Professor für Grundschuldidaktik in Siegen)

Wann müssen Eltern wachsam sein?

Auf die Bedeutung vorschulischer Erfahrungen mit Schrift wurde bereits im letzten Punkt eingegangen.

Kinder, deren Entwicklung im Vergleich zu den Altersgenossen verzögert oder gestört ist, brauchen besondere Unterstützung und Hilfe, möglichst schon vor Schuleintritt.

Probleme beim Lesen- und Schreibenlernen können – müssen aber nicht – u.a. entstehen durch:

- verzögerte oder gestörte Sprachentwicklung,
- Stammeln, Lispeln, Poltern, Stottern,
- unbehandelte Beeinträchtigungen im Seh- und Hörvermögen,
- Entwicklungsverzögerungen und Krankheiten,
- motorische Ungeschicklichkeit, Unruhe oder
- langandauernde Krisen im Elternhaus.

In diesen Fällen sollten Eltern mit ihrem Kind eine entsprechende kinderärztliche, logopädische, motopädische oder psychotherapeutische Beratung aufsuchen, idealerweise in einem Beratungszentrum unter einem Dach, wie in einigen Städten als sozialpädiatrische Zentren an den Kliniken oder unter freier Trägerschaft.

 **Lesetip**

Brüggebors, G.: So spricht mein Kind richtig. Entwicklungen und Störungen beim Sprechenlernen. Wie Eltern und Erzieher helfen können. Rowohlt, Reinbek.

Englbrecht, A. / Weigert, H.: Lernbehinderungen verhindern. Diesterweg, Frankfurt a.M.

Gaber, H. / Eberwein, H.: Ein Kind lernt schreiben. Die Bedeutung von Schreiben- und Lesenlernen im Alltag von Kindern. Praktische Vorschläge für Eltern, Erzieher und Lehrer. Metzler, Stuttgart.

Naegele, I.M. / Portmann, R. / Kalb, P.E. (Hrsg.): Eltern-Ratgeber Schulanfang. Beltz Quadriga, Weinheim/Berlin.

Welche Rolle spielt die Lese- und Schreiblehrmethode für das Entstehen von LRS?

Zum Glück ist der alte Streit zwischen Vertretern der »Buchstaben«-Methode (synthetisch) und »Ganzwort«-Methode (analytisch) ausgestanden, denn Lesen ist weder durch das isolierte Buchstabenlernen noch das reine Wortbildeinprägen zu erlernen. Beide Verfahren hatten übrigens ungefähr die gleiche Anzahl an Schülerinnen und Schülern mit LRS »produziert«.

Der Leselernprozeß ist für Kinder eine komplizierte geistige Handlung, die immer das Zusammenspiel beider Vorgänge erfordert, er ist also ein analytisch-synthetisches Vorgehen. Neuere Fibeln gehen deshalb von Schlüsselwörtern wie »OMA« und kleinen, sinnvollen Sätzen aus, an denen die Kinder das Durchgliedern in Lautbestandteile »O M A« und Neuschaffen von Wörtern erlernen. Sie entdecken dabei eigenständig die Schriftsprache. In einem solchen Unterricht gehören Lesen und Schreiben auch von Anfang an zusammen.

Da Kinder mit sehr unterschiedlichen Erfahrungen mit Schrift und Vorstellungen über Sprache zur Schule kommen, versuchen gute Lehrerinnen und Lehrer, in ihrem Unterricht an diesen Vorerfahrungen anzuknüpfen und vielfältige Schreibanlässe zu bieten. Ein stures Vorgehen, das von allen Kindern zur gleichen Zeit die gleiche Leistung verlangt, sollte es heute nicht mehr geben, ist aber leider immer wieder Schulrealität und manchmal Ursache für LRS!

Ist Druckschrift die beste Leseschrift?

Ja! Aus ihrer Umwelt ist Kindern die Druckschrift (Gemischtantiqua) vertraut, die leichter nachzuvollziehen ist. Sie hat sich in den letzten Jahren gegenüber der Schreibschrift als Erstleseschrift und erster Schreibschrift durchgesetzt. Inzwischen gibt es bereits Fibeln, die mit großen Druckbuchstaben als Erstlese- und Erstschreibschrift beginnen. Die Hochschullehrerin und Fibelautorin Prof. Dr. Renate Valtin begründete dies so:

- Großbuchstaben sind auffallender und klarer und aus Überschriften und Werbung bekannt.
- Die großen Buchstaben sind leichter voneinander zu unterscheiden als kleine Buchstaben.
- Anfangsschwierigkeiten, die viele Kinder beim Lesen mit der Lage ähnlicher Buchstaben haben, können mit Großbuchstaben vermieden werden: »b«–»d«, »p«–»q«, »u«–»n«, »a«–»e«.

 **Tip**

Kaufen Sie Ihrem Kind nur Bücher in Druckschrift!

Wie schreiben Kinder am Schulanfang?

Kinder »schreiben« schon lange vor dem ersten Schultag. Sie verfassen Kritzelbriefe, malen Sprechblasen, kopieren Werbezeichen, beschriften Bilder. Dabei entdecken sie allmählich die Funktion der Schrift, wenn sie zu Hause angeregt werden. Hier ein Brief der fünfjährigen Isabel über ihren Wellensittich:

Welche Erstschrift erlernen Kinder heute?

In den Grundschulen hat sich als Erstschreibschrift – wie als Erstleseschrift – vielerorts die Druckschrift durchgesetzt – wegen der Klarheit der Form und des leichteren Nachschreibens. Bis zur Durchführung eines Schreiblehrgangs – meist ab der zweiten Hälfte des ersten Schuljahres – drucken die Kinder mit Stempelkästen oder kopieren die Druckbuchstaben.

Als erste verbundene Schrift setzt sich immer mehr die Vereinfachte Ausgangsschrift (VA) oder die Schulausgangsschrift (SAS) gegenüber der Lateinischen Ausgangsschrift (LA) durch. Die VA ist in allen Bundesländern zugelassen, die SAS war die Normalschrift in der ehemaligen DDR. VA und SAS eignen sich auch gut als Schönschreibkurs für ältere Kinder mit unleserlicher Handschrift.

Gründe für die SAS und die VA sind u.a.: größere Ähnlichkeit zur Druckschrift; klareres Schriftbild; leichteres Erlernen als die LA, da ihr die Wellenlinien und Schleifen fehlen, die Erstkläßler mühsam erlernen; bessere Übereinstimmung von schreibmotorischer Bewegung mit sinnvollen Struktureinheiten des Wortes.

Druckschrift

Vereinfachte Ausgangsschrift

Lateinische Ausgangsschrift

Schulausgangsschrift

 **Tip**

Bei der Einführung der Schreibschrift ist unbedingt darauf zu achten, daß die Buchstaben im richtigen Bewegungsablauf eingeübt werden. In den Schreiblehrgängen ist immer bei der Einführung eines Buchstabens der richtige Bewegungsablauf mit Pfeilen markiert.

Da die Lehrerin in der Klasse nur Stichproben machen kann, ist es wichtig, daß Eltern den Übergang zur Schreibschrift aufmerksam mitverfolgen und bei Auffälligkeiten mit der Schule Kontakt aufnehmen. Es ist nämlich sehr schwer, fast unmöglich, eine einmal falsch eingeschliffene Schreibbewegung wieder rückgängig zu machen. Andererseits stören falsche Bewegungen den Schreibfluß, er dauert länger, und damit gerät der Schreiber oft unter Zeitdruck und in Gefahr, mehr Fehler zu machen.

 **Lesetip**

Übungshefte in der Schulausgangsschrift gibt es bei Volk & Wissen, Berlin: Ich lerne schreiben, Heft 1 und Heft 2.

Was tun gegen Schreibverkrampfungen?

Lassen Sie Ihr Kind mit Ton arbeiten, der als natürliches Material beim Kneten Kraft und Ausdauer verlangt. Katharina Springer begründet seine entwicklungsfördernde Wirkung in ihrem Lesebuch »Ich seh dich« (Linz, S. 95) u.a. damit: »Der Wille des Kindes wird angesprochen. Ist das Material zur Bearbeitung bereit, muß es wiederum sachgemäß behandelt werden. Es ist für das Kind eine große Herausforderung. Der Umgang mit dem fertigen Stück verlangt erneut Sorgfalt ... Man kann also sagen, der Ton wirkt von sich aus erzieherisch«. Deshalb stimmt noch lange nicht die Behauptung des amerikanischen Dyslexie-Guru Ron Davis, daß Buchstabenkneten die Lösung des LRS-Problems sei.

Bei Verkrampfungen helfen oft Lockerungsübungen der Arme und Hände, aber auch des ganzen Körpers, oder Seilspringen (Kapitel 11). Lassen Sie dazu Ihr Kind zu Musik auf Tapetenrollen malen (mit Fingerfarben oder Wachsmalstiften) oder unter der Dusche, Schwämme in beiden Händen schwingend, die Kacheln schrubben. Falls Sie eine Wandtafel haben, kann Ihr Kind auch mit einem Schwamm oder quer gehaltener Kreide rhythmisch Buchstaben und Wörter malen. Bei der Einführung der Schreibschrift achten Sie aber bitte auf den richtigen Bewegungsablauf.

Positiv wirken auch kleine Sprüche, die das Kind selbst zu den einzelnen Lockerungsübungen erfinden kann. Hier einige von *Benedikts* Sprüchen:

Zum Kreis: *O, O, O, das geht so!*

49

Zur Acht: *Achter, Achter fliegen rum, sie sind überhaupt nicht dumm!*

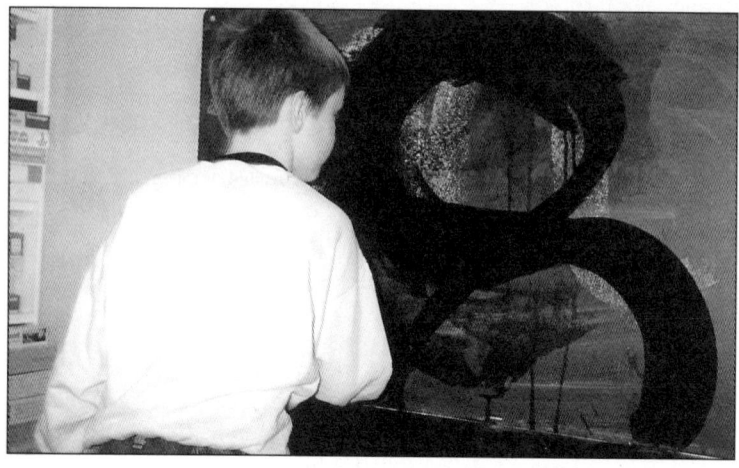

Zum M: *Muh, muh macht die Kuh!*

Am schönsten ist aber: *Zicke, zacke, Hühnerkacke!*

Helfen Spielcomputer beim Erstlesen?

Für Vorschulkinder und Leseanfänger haben verschiedene Hersteller (Texas Instruments, Yeno, Hartung u.a.) in den letzten Jahren sogenannte Spielcomputer-Lernspiele auf den Markt gebracht. Die meisten von ihnen sind bisher, wie im Spielekapitel ausgeführt wird, kostspielige Spielereien mit Buchstaben und Wörtern ohne jeden pädagogischen Nutzen. Für Kinder mit Leseproblemen sind sie meist ungeeignet, da die Programme häufig Übersetzungen aus dem Englischen sind, Wörter buchstabieren statt lautieren, oft grobe Mängel haben, z.b. Nomen klein schreiben, »ss« statt »ß« anbieten und generell eher das Raten statt das Denken fördern. Die meisten Kinder sind nach kurzer Begeisterung von den Geräten gelangweilt, und Eltern bedauern die teure Investititon! In mancher Hinsicht geglückt, aber mit Mängeln und viel zu ungeduldiger Stimme, ist »Mein sprechender Lesefreund« von Texas Instruments, der – mit Einschränkungen und nur unter Mithilfe eines Erwachsenen – eine Reihe spaßiger Frühlesesituationen schafft. Allerdings ist er mit den Erweiterungen teuer!

Unter Computersoftware gibt es inzwischen einige motivierende Leseprogramme, z.B. »Die Reise mit Tom«, »Rudi Wieselwurm« (Rele) oder den »Creative Writer« (Microsoft). Ausführlich wird auf den Einsatz von Computersoftware und das Lernen mit Textverarbeitungssystemen in Kapitel 8 eingegangen.

2. Das Problem zeigt sich im Unterricht ...

... in der Grundschule

Wie können Lese- und (Recht-)Schreibprobleme vermieden werden?

Drei grundlegende Einsichten der Lernforschung samt deren praktischen Konsequenzen sollte man kennen, wenn man das Kind in seinen Lernbemühungen und -schwierigkeiten verstehen und ihm dabei helfen will. Diese drei Einsichten zeigen uns die entscheidenden neuralgischen Stellen, die wichtigsten Risikopunkte beim Lesen- und Rechtschreibenlernen auf, die man von vorneherein im Visier haben sollte, damit ernsthafte Lese- und Rechtschreibschwierigkeiten erst gar nicht auftauchen oder – wenn sie sich nun einmal bemerkbar machen – kein größeres Unheil anrichten.

● Kinder können erst dann Lesen und (Recht-)Schreiben lernen, wenn sie das *System unserer Schriftsprache* mit ihren Beziehungen zwischen Sprachlauten und Schriftzeichen, zwischen Buchstaben, Wörtern und Sätzen, zwischen Wortsinn, Wortklang und Schriftbild erkannt und verstanden haben (siehe Übersicht auf S. 61).
Konsequenz: Kein schematisches Einpauken von einzelnen Buchstaben, Wörtern und Wortreihen, sondern nur intelligentes Hantieren, »Spielen« und Experimentieren mit der Sprache eröffnet den Zugang zur Schrift.

● Ein Kind erfaßt die Schriftsprache weder intuitiv auf einen Schlag noch gradlinig auf stetig ansteigender Erfolgsbahn, sondern in *unregelmäßigen Schritten*, Phasen, Abschnitten, also auch mit Stockungen, Brüchen und Umwegen (vgl. Entwicklungsstufen auf S. 56).
Konsequenz: Sogenannte »Legasthenikerfehler« machen alle irgendwann einmal; sie weisen auf keinen »Defekt«, sondern nur auf eine Entwicklungsverzögerung hin.

● Lesen und (Recht-)Schreiben werden nicht eingleisig, sondern *auf vielen Wegen* und Sinneskanälen gelernt. Auge, Ohr und Hand, Gedächtnis, Einsichts- und Kombinationsvermögen sind allerdings beim einzelnen Kind unterschiedlich stark ausgeprägt und ausgebildet, so daß jedes Kind seine starken und seine schwachen Zugänge zur Schriftsprache besitzt (vgl. Übersicht S. 176).

Konsequenz: Ganzheitlich und »mit allen Sinnen« lernen, dabei die starken Lernkanäle eines Kindes nutzen und die schwachen auszugleichen suchen – das führt zum Erfolg.

Das Schriftsystem entdecken

Alle Kinder müssen die Funktion und den Aufbau unserer Schrift begreifen lernen und das, was die Erfinder unseres Schriftsystems geleistet haben, für sich neu erschließen.

Die wichtigsten historischen Schriftsysteme

Die Bilderschrift
(z.B. ägyptische Hieroglyphen oder indianische Piktogramme)

Jeder Begriff und z.T. auch Vorgang wird mit einem besonderen Bildzeichen wiedergegeben.

Brief eines Cheyenne-Indianers. Mit diesem Brief rief der Indianer »Turtle-Following-His-Wife« seinen Sohn »Kleiner Mann« ins Territorium zurück. Der Brief deutet auch an, daß das Fahrgeld in Höhe von 53 Dollar überwiesen wurde. (Aus: I.J. Gelb, Von der Keilschrift zum Alphabet. Kohlhammer Verlag, Stuttgart 1958, S. 38.)

Nachteil: Die Bildzeichen sind nicht eindeutig, daher kann der Sinn der Mitteilung in Bilderschrift unterschiedlich ausgelegt, also auch mißverstanden werden.

Die Wort- oder Begriffsschrift
(z.B. chinesische oder japanische Schrift)

Jedes Wort wird mit einem besonderen abstrakten Schriftzeichen wiedergegeben oder auch kombiniert.

女 + 子 = 好
FRAU + **KIND** = **GUT**

女 + 宀 = 安
FRAU + **DACH** = **FRIEDEN**

女 + 女 = 姦
FRAU + **FRAU** = **ZANK**

Nachteil: Es muß eine Unmenge einzelner Wortzeichen gelernt werden, die vollständig nur von wenigen »Schriftgelehrten« beherrscht werden können. Schreibmaschinen und Computer müssen sich mit einem stark eingeschränkten Mindestwortschatz begnügen.

(Aus: K. Sirch, Rechtschreibunterricht. Klett, Stuttgart 1971, S. 16.)

Die Alphabetschrift
(z.B. griechisches und lateinisches Alphabet)

Buchstaben geben die Lautfolge eines gesprochenen Wortes wieder. So ist es möglich, aus relativ wenigen Buchstaben unendlich viele Wörter zu bilden. Manche Alphabetschriften verzichten sogar auf Vokale. Das sähe ins Deutsche übertragen etwa so aus:

»Wnn S dsn Stz lsn, wrdn S dn bstn Bws dfr fndn, dß mn ch d dtsch Sprch hn Vkl schrbn knn.«

(I.J. Gelb a.a.O., S. 83)

Nachteil: Es gibt viel mehr Laute als Buchstaben. Z.B. kann ein »e« lang oder kurz, offen oder dumpf ausgesprochen werden; v, f, ph klingen jeweils gleich, ebenso x, chs und cks. Der Rat: »Schreib, wie du sprichst« klappt also in vielen Fällen nicht.

Dies geschieht nicht auf einen Schlag, sondern in charakteristischen Schritten oder Stufen, die bei allen Kindern, schnell oder langsam lernenden, zu beobachten sind. Alphabetische Schriften sind schwer zu erlernen und wurden auch erst spät in der Geschichte der Menschheit erfunden.

Kinder lernen also erst ganz allmählich und schrittweise die Zusammenhänge zwischen geschriebener und gesprochener Sprache zu begreifen.

- Vielen Schulanfängern ist z.b. nicht klar, daß ein geschriebener Satz alle Redeteile enthält.

- Fünfjährige und auch sechsjährige Kinder meinen z.b., daß in einem Satz nur die Hauptwörter und die Tuwörter aufgeschrieben werden, nicht aber die Artikel oder andere Wortarten.

- Schulanfänger müssen oft erst lernen, was ein Satz, ein Wort und eine Silbe ist. Dies sind wichtige Schritte, zu denen die Kinder viel Zeit benötigen.

- Außerdem müssen Kinder die Buchstaben-Laut-Beziehungen kennen, um beim Lesen eines Wortes die Schriftzeichen in Laute übertragen zu können. Schreiben erfordert das Wissen, daß gesprochenen Lauten Buchstaben oder Buchstabengruppem (sch, au, ei) zugeordnet werden. Nur wenn diese in der richtigen Reihenfolge hintereinander angeordnet werden, ergibt das Geschriebene Sinn. Erschwert werden diese Prozesse, weil sich eine Reihe von Buchstaben in ihrer Form ähneln und sich – wie der Henkel eines Bechers – nur durch die Lage im Raum unterscheiden: »p«–»b«–»d«–»q«, »u«–»n«, »e«–»a«, »m«–»n«.

Kinder brauchen Zeit!

Die Zeitspanne, die zum Erlangen dieser Einsichten benötigt wird, variiert von Kind zu Kind und hängt auch mit den vorschulischen Erfahrungen, der Lernmotivation und den Interessen zusammen. Wenn von allen Erstkläßlern zur gleichen Zeit die gleiche Leistung erwartet wird, müssen also einige Kinder überfordert sein.

Eltern und Lehrerinnen sollten zunächst einmal dem Kind ausreichend Zeit für das Erlernen der Schriftsprache zugestehen und Geduld haben. Sie sollten sich klarmachen, daß *alle* Kinder kritische Phasen durchlaufen, daß also Fehler ganz natürlich sind.

Ferner sollten Eltern darauf achten, daß im Anfangsunterricht die individuell sehr unterschiedliche Lernausgangslage des einzelnen Kindes im Zentrum des Lese- und Schreiblernprozesses steht und ein starres Vorgehen nach der Fibel vermieden wird. Unterschiedliche Lernangebote und ausreichend Zeit für das eigene Lerntempo sind Kernthesen für den Anfangsunterricht.

Dabei taucht die Frage auf:

Gibt es typische LRS-Fehler?

Auf jeder Stufe der Entwicklung des Lesen- und Schreibenlernens treten typische Fehler auf, die von allen Kindern gemacht werden. Typisch für LRS-Kinder ist, daß sie länger auf den Stufen 1–4 (s. Schaubild auf S. 61) verharren und mehr Zeit benötigen, um die entsprechenden Einsichten zu erlangen.

Oft schreiben Kinder das gleiche Wort immer wieder unterschiedlich, weil sie die orthographisch richtige Schreibweise noch nicht kennen, bzw. sie es nicht mit einem ihm verwandten Wort in Verbindung bringen, es »ableiten« können.

Viele Erwachsene verdrehen auch Buchstaben, wenn sie unter Streß oder Übermüdung tippen oder der Text beim Vorlesen zu schwierig ist.

Es folgt ein Modell für die Schreib- und Lese-Entwicklung von der Schriftsprachexpertin Renate Valtin, Professorin an der Humboldt-Universität in Berlin.

Entwicklungsstufen des Schreiben- und Lesenlernens

➤ *Schreibenlernen*

Beim Schreibenlernen durchläuft das Kind verschiedene Etappen. Mit ungeübten, sogenannten »freien« Texten (Geschichten, Briefen, Notizen) oder Wörtern können auch Eltern diese Leistungen anhand des Stufenmodells einordnen und erkennen, welche Fähigkeiten ihr Kind schon erworben hat, gleichzeitig auch, auf welcher Ebene die Hilfsangebote erfolgen sollten.

- *Stufe 0:* Kritzelstufe

  Schon dreijährige Kinder beginnen das Schreiben von Erwachsenen nachzuahmen. Schreiben ist für sie Nachvollziehen der Schreibbewegung und Hinterlassen von Spuren auf Papier, meist ohne Einsicht, daß diese Spuren kommunikative Bedeutung haben.

- *Stufe 1:* Pseudowörter

  Die Kinder haben begriffen, daß Schreiben etwas mit Buchstaben zu tun hat. Sie schreiben einzelne Buchstaben (meist Großantiqua) oder malen buchstabenähnliche Zeichen, aber ohne jeglichen Bezug zur Lautung der Wörter. Nach drei Monaten Schulunterricht wurde der Satz »*Ich bin ein Junge / ein Mädchen*« wie folgt verschriftlicht:

  Ich bin ein Mädchen

- *Stufe 2:* Skelettartige Schreibungen

  Die wichtigsten Laute werden nun wiedergegeben, häufig wird auch zumindest jede Silbe durch wenigstens einen Buchstaben markiert: *FST* (Faust), *MS* (Maus), *VOG* (Vogel).
  Auf dem Weg zur nächsten Stufe sind Kinder, die Übergangskonsonanten auslassen: *GAS* (Gans), *flik* (flink), *keis* (Kreis)

  Ich gebe dir die hand

- *Stufe 3:* Schreiben nach dem Prinzip »Schreibe wie du sprichst«

  Die Kinder orientieren sich dabei vorwiegend an ihrer eigenen Artikulation, d.h. an ihrer Umgangssprache. Sie sprechen Wörter langsam vor sich her und notieren dabei die bei der Aussprache auftauchenden Laute, z.B. »aien« oder »aein« für »ein«, »ont« für »und«.
  Durch das gedehnte Artikulieren entstehen auch künstlich andersartige Laute: »esch« statt »ich«, »ben« statt »bin«. Gelegentlich werden Übergangskonsonanten ausgelassen: »ot« oder »ut« statt »und«.

»Huch, ich bin im Spiegel«

Der »ch«-Laut wird von Kindern häufig als »r« wiedergegeben. Auf
dieser Stufe gibt es noch Kinder, die keine oder nur gelegentlich Lük-
ken zwischen den Wörtern lassen.

- *Stufe 4:* Erste Verwendung orthographischer Muster

  Kinder erkennen, daß es Schreibweisen gibt, die vom Lautlichen ab-
  weichen, z.B. »Vater«. Auf dieser Stufe entstehen viele Fehler dadurch,
  daß Kinder fälschlich orthographische Regelungen dort anwenden,
  wo sie nicht gefordert sind. Wir sprechen dann von »Übergeneralisie-
  rungen«, z.B. »*er vragt*« (fragt), »*mier*« (mir), »*Oper*« (Opa). Manche
  Kinder fangen auch an, alle Wörter mit Dehnungs-h zu schreiben.

Brief von Nadine: »Mir gefällt es hier nicht mehr, ich möchte in die erste Klasse«

Ein Junge besucht mich
er wollte kalben Kaffee.
ich zeige ihm Meinen Igel
Er sagt er interessirt sich
für dem Igel und Indianer
Dan musste er gehen.
ich sagte besuch mich in
einem Kalten Jahr wider.
Dann aß ich abend.
Und Danach musste ich ins
Bett. Ich Troumte Das
ein Indianer einen Igel
aß Da wachte ich auf.
Es war morgens und ich
musste in die Schule.
Im Unterricht hatte jemand
Junen Kaffee Dabei.

in der Pause kämpften zwei
Jungen die Kana die Aufsicht
und hilt sie ausinander.

● *Stufe 5:* Übergang zur entwickelten Rechtschreibfähigkeit

Neben dem wachsenden Bestand an gelernten Wörtern verfügen die Kinder jetzt über Strategien, die sie beim Schreiben von ihnen unbekannten Wörtern anwenden. Je nach Verfügbarkeit und Übung kommen sie damit zur richtigen orthographischen Wiedergabe von Wörtern. Vor allem unter Streß (bei Zeit- und Leistungsdruck, beim Schreiben von langen und schwierigen Wörtern, z.B. mit Konsonantenhäufungen, bei nachlassender Konzentration gegen Ende eines Diktats oder Textes) ist zu beobachten, daß Kinder auf eine einfachere Strategie als die zunächst angewendete zurückgreifen.

➤ *Lesenlernen*

Auch beim Lesen lassen sich solche Entwicklungsstufen beobachten:

● *Stufe 1:* »Als-ob-Lesen«

Kinder ahmen die äußerlich sichtbaren Verhaltensweisen geübter Leser nach und tun so, als ob sie lesen. Sie halten sich ein Buch (manchmal verkehrt herum) vor die Nase, murmeln vor sich hin oder wiederholen bzw. erfinden Geschichten und sprechen mit unnatürlicher Betonung.

● *Stufe 2:* »Naiv-ganzheitliches« Lesen

Die Kinder haben noch keine Einsicht in die Buchstaben-Laut-Beziehung und erraten Wörter, wobei sie sich an einzelnen Buchstaben, gelegentlich auch Einzelheiten von Buchstaben, orientieren (Coca-Cola).

Fragt man Kinder dieser Stufe, woran sie ein Wort erkannt haben, erhält man höchst eigenartige Antworten. Jochen erkennt seinen in Schreibschrift geschriebenen Namen »an dem Regenwurm«, d.h. dem Häkchen des J. Ute erkennt das ebenfalls in Schreibschrift geschriebene Wort »Maus« an den »Mauseöhrchen« des »M«.

Nur selten können Kinder dieser Stufe den Buchstaben einem Lautwert zuordnen.

● *Stufe 3:* Benennen von Lautelementen

Die Kinder haben ansatzweise erkannt, daß Buchstaben Laute darstellen und erraten Wörter häufig aufgrund des Anfangsbuchstabens (»Telefon« statt »Toilette«).

● *Stufe 4:* Buchstabenweises Erlesen

Das Kind kennt inzwischen die meisten Buchstaben und deren Laute und versucht nun, jedes Wort buchstabenweise zu lesen. Vielen Kindern gelingt dabei aber noch nicht die Bedeutungsentschlüsselung. So liest Katja: »Gar-ten«, erkennt aber das Wort nicht.

● *Stufe 5:* Fortgeschrittenes Erlesen: Nutzen größerer Einheiten

Das Kind lernt allmählich, größere Verarbeitungseinheiten als den Einzelbuchstaben zu verwenden. Es erkennt mehrgliedrige Schriftzeichen und beginnt, Silben zu nutzen (»Spa-zier-gang«) oder bekannte Einheiten »ein«, »er«, »aus«, »vor«, »und«. Da das Erlesen noch sehr viel Aufmerksamkeit kostet, haben die Kinder häufig keine Kraft mehr für die Vorauserwartung innerhalb des Satzes.

● *Stufe 6:* Entfaltete Lesefähigkeit

Das Kind gelangt zu flüssigem Lesen und kann sich stärker auf den Inhalt konzentrieren.

Das Schaubild auf der nächsten Seite faßt zusammen, welche Einsichten und Fähigkeiten das Kind beim Schriftspracherwerb erworben hat, getrennt nach Schreiben und Lesen.

Entwicklungsmodell für das Lesen und Schreibenlernen

Stufe	Fähigkeiten und Einsichten des Kindes	Lesen	Schreiben
1	Nachahmung äußerer Verhaltensweisen	»Als-ob«-Lesen«	Kritzeln
2	Kenntnis einzelner Buchstaben	Naiv-ganzheitliches Lesen	Malen von Buchstabenreihen, Malen des eigenen Namens
3	Beginnende Einsicht in den Buchstaben-Laut-Bezug, Kenntnis einiger Buchstaben / Laute	Benennen von Lautelementen, häufig am ersten Buchstaben orientiert	Skelettschreibungen (Hs für Hase)
4	Einsicht in die Buchstaben-Laut-Beziehung	Buchstabenweises Erlesen (G-a-r-t-e-n), gelegentlich ohne Sinnverständnis	Nach dem Prinzip »Schreibe, wie du sprichst« (Rola – Roller / hoite – heute / mia – mir)
5	Verwendung orthographischer Muster	Fortgeschrittenes Erlesen: Verwendung größerer Einheiten (z.B. mehrgliedrige Schriftzeichen, Silben, Endungen wie -en, -er)	Verwendung orthographischer Muster (Auslautverhärtung, Umlaute), gelegentlich auch falsche Generalisierungen (Oper statt Opa)
6	Automatisierung von Teilprozessen	Entfaltete Lesefähigkeit	Dudenschreibweise

Ein Beispiel aus dem zweiten Schuljahr

Petra zeigt gegen Ende des Schuljahres folgende Schreibungen, die früher als »Wortruinen« bezeichnet wurden: »*gät*« (gräbt), *Schngnad*« (Stricknadel), »*schmpk*« (Spruch), »*kot*« (knurrt), »*schit*« (schlüpft), »*fag*« (Zweig), »*fat*« (fragt). Eine Einordnung nach dem Stufenmodell zeigt, daß Petra bereits erste Einsichten in die Lautorientierung unserer Schrift gewonnen hat. Wichtige Laute werden wiedergegeben. Bei Konsonantenhäufungen wird jedoch in den meisten Fällen nur ein Konsonant wiedergegeben, bei einigen Wörtern fehlen auch die Vokale. Wie aus einem Buchstabendiktat ersichtlich, kennt Petra die meisten Buchstaben (bis auf sp, st und ch). Bei einigen Wörtern greift Petra allerdings auf willkürliche Schreibungen zurück, z.B. »*Luch*« (Wurst) bzw. hängt an ein Wortskelett einfach weitere Buchstaben, meistens »en«, an, wie bei »*bumen*« (dünner), »*schupen*« (Sprung), »*Macken*« (Nacht). Am letzten Wort ist erkennbar, daß sie optisch ähnliche Buchstaben verwechselt.

Wie kann *Petra* geholfen werden? Für sie ist es wichtig, anhand des Schriftbildes Wörter zudurchgliedern, dabei leise mitzusprechen und auf die Buchstaben-Laut-Beziehung vor allem bei Konsonantenhäufungen aufmerksam gemacht zu werden und ihre Problemwörter mit Unterstützung durch Karteiarbeit zu automatisieren.

Welche Signale weisen auf Probleme hin?

Eltern kennen ihr Kind am besten und merken am ehesten, wann und wo es Schwierigkeiten zeigt. Je früher Sie Hilfe suchen, um so besser für alle Betroffenen! Kontakt zur Klassen-/Deutschlehrer in oder dem Lehrer sollte unbedingt gesucht werden wenn Sie sich Sorgen machen, weil Ihr Kind

- beim Lesenlernen häufig geübte, »bekannte« Buchstaben nicht wiedererkennt und mit den richtigen Lauten benennen kann;
- ab Ende der ersten Klasse häufig geübte Wörter des Grundwortschatzes nicht erlesen oder schreiben kann und Wortruinen liefert;
- sehr langsam und verkrampft schreibt.

Manchmal sind diese Lernprobleme Ihres Kindes gekoppelt mit
- Angst vor der Schule;
- Vergessen von Hausaufgaben;
- Kopf-/Bauchschmerzen, häufigen Erkältungen oder sonstigen körperlichen Reaktionen.

Was tun bei ungenauem Sprechen?

Wie soll ein Kind richtig schreiben können, wenn es bestimmte Laute nicht unterscheiden/aussprechen kann? Von daher überrascht es nicht, daß Forschungsergebnisse Zusammenhänge zwischen Sprachauffälligkeit und LRS zeigen.

Bei ungenaue Artikulation und/oder Rückständen in der grammatikalischen Sprachentwicklung sollten Eltern wachsam sein und überlegen, wie sie ihrem Kind helfen können. »Einfache, klare und überschaubare Satzmuster, die dem Kind als sprachliches Vorbild angeboten werden müssen, sind die beste Hilfe zur Überwindung dieser Störung«, schreibt der Direktor des Landessprachheilzentrums Rheinland-Pfalz, Reinhild Marx, auf einem Faltblatt für Eltern und Erzieher. Auch Lispeln, Poltern, Näseln oder Stottern können einem Kind nur vorübergehend zu schaffen machen, vielleicht aber auch tiefer liegende Nöte anzeigen.

Zeit für Gespräche, Vorlesen, Erzählen, Spiele, Lieder und Reime helfen, daß Wortschatz, Aussprache und Satzbau leichter angeeignet und erweitert werden. Sind die Probleme jedoch langwierig und tiefer liegend, so sollte eine logopädische Behandlung oder eine Sprachheiltherapie in Erwägung gezogen werden. Eine solche Behandlung gehört zum Leistungskatalog der Krankenkassen.

 **Tip**

Adressen von Sprachtherapeut(inn)en, Logopäd(inn)en finden Sie im Branchenverzeichnis, erhalten Sie bei den Gesundheitsämtern, Krankenkassen oder der Bundesvereinigung Stotterer-Selbsthilfe e.V., Kasparstr. 4, 50670 Köln, Tel. 0221/730731.

 **Lesetip**

Brüggebors, G.: So spricht mein Kind richtig. Rowohlt, Reinbek.

Nagl-Jancak, E./Thabet, E.: Laß Dir Zeit. Stottern will verlernt sein. Fischer, Frankfurt a.M.

Stengel, I.: Sprachschwierigkeiten bei Kindern. Klett-Cotta, Stuttgart.

Haben Linkshänder mehr Probleme?

Nein. Zu den überholten, aber langlebigen Gerüchten gehört die Auffassung, daß Linkshändigkeit Legasthenie verursachen würde. Die Vertreter dieser Behauptung meinen, daß die Verarbeitung von Sinneseindrücken im Gehirn bei Linkshändern komplizierter sei als bei Rechtshändern. Diese Hypothese konnte bis heute nicht bewiesen werden. Bekannt ist, daß eine erzwungene Umstellung eines ausgeprägten Linkshänders auf rechts Lern- und Orientierungsschwierigkeiten bis hin zu Neurosen bewirken kann. Linkshänder haben es allerdings in unserer auf Rechtshänder ausgerichteten Welt immer noch schwerer, da sie oft auf Unverständnis stoßen. Allen Erkenntnissen zum Trotz gibt es leider immer noch Lehrer(innen) und Eltern, die glauben, daß sie einem Kind dadurch helfen, daß sie es auf rechts umzutrainieren versuchen.

Diana Paul empfiehlt in ihrem »Linkshänderbuch«: »Bei einem Linkshänder muß das Licht von der rechten Seite kommen, damit vermieden wird, daß der Schatten seiner Hand das Papier verdunkelt ... Das Papier sollte links von der Mitte liegen und leicht im Uhrzeigersinn nach rechts gedreht sein ... ein Schreibgerät, das leicht über das Papier gleitet – etwa einen Stift mit Fiberglasspitze« (S. 220). Zu ihren Ratschlägen gehören auch drei- oder sechseckige Bleistifte, Musik oder Singen beim Schreibenlernen. Wichtig ist, die Geschicklichkeit der Hände von klein auf durch vielfältige Spiele und Übungen zu stärken, z.B. Ballspiele, großflächiges Malen, Schneiden, Bauen und Basteln.

Steven zeigt, wie man als Linkshänder schönschreiben kann

Tips für Linkshänder beim Schreiben

- In der Klasse sollte ein Linkshänder immer auf dem linken Eckplatz sitzen, damit sich die Arme nicht stören.
- Das Licht sollte von rechts kommen.
- Wichtig sind gut gleitende Schreibinstrumente (Spezialfüller und Filzstifte) sowie Spezialscheren.
- Linkshänder brauchen eine andere Schreibhaltung und Lage des Schreibpapiers.
- Um zu vermeiden, daß die Schrift von der nachrückenden Hand verwischt wird, soll die Hand beim Schreiben stets »von unten« zur Zeile geführt werden. Mittelfinger und Daumen halten den Füller, der Zeigefinger stützt ab.

Ist die Bevorzugung der linken Hand ausgeprägt, sollte keine Umstellung erfolgen. Auffallend ist eher, daß viele Beidhänder durch den ständigen Wechsel mit Zahlen und Buchstaben länger Orientierungsschwierigkeiten haben. Hier ist eine frühzeitige Festlegung der Schreibhand förderlich. Überprüfen kann man die Händigkeit mit einfachen Dingen:

- Ball fangen und werfen,
- schneiden und malen,
- mit einer Bürste die Fingernägel schrubben lassen,
- Perlen einfädeln u.a.

 **Tip**

ONRSI – Interessenvertretung für Linkshänder, Sendlinger Str. 18, 80331 München (dort gibt es neben Information und Beratung u.a. ein Verzeichnis von »Läden für Linkshänder und Versand von Linkshandprodukten«).

 **Lesetip**

Hüttner, D.: Die linke Pinke. Kinderbuch mit Erlebnissen einer achtjährigen Linkshänderin. Rowohlt, Reinbek.

Paul, D.: Das Linkshänderbuch. Knaur, München.

Smits, R.: Alles mit der linken Hand. Geschick und Geschichte einer Begabung. Rowohlt, Berlin.

Worin unterscheiden sich gute von schwachen Lesern?

Untersuchungen haben herausgefunden, daß schwache Leser viel langsamer entziffern und so nur einen Teil der Wörter eines Satzes inhaltlich und grammatikalisch richtig verstehen. Sie haben oft auch nur eine Lesestrategie parat – meist das buchstabenweise Zusammenziehen –, auch bei Wörtern, die sie kennen. Gute Leser korrigieren sich häufiger selbst und haben je nach Text unterschiedliche Lösungsstrategien parat.

Hat mein Kind »besondere« Lese- und Rechtschreibschwierigkeiten?

Die Beantwortung dieser Frage muß immer im Zusammenhang mit dem Unterricht gesehen werden. In fast allen Bundesländern haben die Kinder zwei Jahre Zeit für den Leselernprozeß und die Grundlagen des Schreibens.

Folgende Auffälligkeiten und Merkmale beim Lesen, Schreiben und Rechtschreiben zeigen an, daß ein Kind Hilfe braucht:

● Beim *Lesen* fehlt das Verstehen des Gelesenen, um den Inhalt sinngemäß wiederzugeben. Es fällt eine wesentlich erhöhte Anzahl von Lesefehlern, sogenannte »Verlesungen«, bei klassen- bzw. stufengemäßen Lesetexten auf. Es geht sehr langsam, Endungen werden verschluckt, ähnliche Buchstaben verwechselt, Wörter erraten oder von rechts statt links gelesen.

● Beim *Schreiben* benutzt das Kind im Vergleich zu seinem mündlichen Wortbestand einen deutlich eingeschränkten Wortschatz, was sich besonders negativ auf den schriftlichen Ausdruck auswirkt.
Auch ist der Schreibfluß in vielen Fällen gestört:
– Manche schreiben zu schnell (vergessen dabei Buchstaben oder Satzteile),
– andere verkrampft und langsam.

● Beim *Rechtschreiben* fällt eine wesentlich verringerte Rechtschreibsicherheit auf, die abgelesen werden kann an einem zu geringen Bestand richtiger Wörter aus einem stufengemäßen Grundwortschatz sowie an zu vielen Fehlern bei schriftlichen Arbeiten, insbesondere bei ungeübten Texten.

- Im *Arbeits- und Sozialverhalten* können sich durch länger andauernde Mißerfolgserlebnisse bei dem betroffenen Kind einzelne oder mehrere Auffälligkeiten zeigen, wie
  - deutliches Vermeidungsverhalten gegenüber Lesen und Schreiben bis hin zur völligen Verweigerung,
  - übersteigerte oder herabgesetzte Ansprüche gegenüber diesen und manchmal auch weiteren Fächern,
  - mangelnde Selbsteinschätzung,
  - auffälliges Verhalten in der Gruppe (aggressiv/zurückgezogen),
  - Schuleschwänzen, bis hin zu psychosomatischen Beschwerden wie Erbrechen, Magenschmerzen, Durchfall, Schlafstörungen.

Die Frage, ob Ihr Kind »besondere« Lese-Rechtschreib-Probleme hat, hängt natürlich auch von den schulischen Anforderungen und Erwartungen der Lehrkraft in der Klasse Ihres Kindes ab, die sehr stark differieren können. Besonders prägend ist der Anfangsunterricht. Idealerweise wird die Lehrerin oder der Lehrer der ersten und zweiten Klasse den Kindern genügend Zeit und Anregungen geben, damit sie eigenständig und individuell unterschiedlich lesen, schreiben und rechnen lernen und keine »besonderen« Schwierigkeiten entstehen.

Es darf aber nicht verschwiegen werden, daß erste Klassen auch von Lehrkräften ohne spezielle Ausbildung im Schriftspracherwerb unterrichtet werden und andere die neueren Erkenntnisse der letzten Jahre ignorieren. Noch immer gibt es Schulanfänger, die mit dem LRS geradezu provozierenden »Uli – der Fehlerteufel«-Material arbeiten müssen. In solchen Klassen werden manche Kinder sehr viel schneller Mühe haben, dem Unterricht und den Erwartungen der Lehrerin und Eltern zu folgen, und die Gefahr des Scheiterns beim Lesen- und Schreibenlernen ist groß. Andererseits gibt es auch einzelne Kinder, deren Entwicklung aus unterschiedlichen Gründen in einzelnen Bereichen so verzögert ist, daß sie zusätzliche Hilfe benötigen, die im Unterricht nur im Rahmen von integrativen Förderangeboten gegeben werden können.

 **Lesetip**

Bettelheim, B.: Zeiten mit Kindern. Herder/Spektrum, Freiburg.

Kohler, B.: Eltern-Ratgeber Hausaufgaben. Helfen – aber wie? Beltz, Weinheim und Basel.

Wie kann meinem Kind im Unterricht geholfen werden?

Zunächst einmal ist Förderung Aufgabe jeden Unterrichts. Je nach Leistungsfähigkeit können Kinder an unterschiedlichen Themen arbeiten und ihre Erfahrungen in verschiedenen Schwierigkeitsgraden machen. Diktate können in abgestuften Schwierigkeiten geschrieben werden, so daß alle Kinder eine echte Chance haben. Für Hausaufgaben liegen für jede Klassenstufe Zeitgrenzen vor, die bei normaler Bearbeitung nicht überschritten werden sollen. Entsprechend sollten natürlich auch für langsame und schnelle Kinder unterschiedliche Aufgabenstellungen vereinbart werden.

Förderung kann auch ganz unterschiedlich gestaltet sein, indem z.b. eine zweite Lehrerin mit unterrichtet oder die Kinder in Gruppen arbeiten. Manchmal kann aber auch ein gesonderter Förderkurs die beste Hilfe sein.

In allen Bundesländern gibt es Richtlinien oder Erlasse für Kinder mit ausgeprägten Lese- und/oder Rechtschreibproblemen. In diesen Erlassen geht es um frühzeitige Hilfe durch einen verbesserten Anfangsunterricht, damit mögliche Schwierigkeiten vermieden werden, sowie um Fördermaßnahmen, die in jedem Bundesland geregelt sind.

Wie führt man positive Gespräche mit der Lehrerin oder dem Lehrer?

Eltern fühlen sich manchmal gegenüber den Lehrern und Lehrerinnen ihrer Kinder ähnlich hilflos und ängstlich wie in ihrer eigenen Schulzeit. Keine Sorge, auch Lehrer können Angst vor Eltern haben.

Da Elternabende nicht der Ort für Gespräche über einzelne Kinder sind, sollten Sie regelmäßige Gespräche mit den Lehrern und Lehrerinnen führen, auch wenn keine akuten Probleme anstehen. Zu den wöchentlichen Sprechstunden sollten Sie sich über Ihr Kind anmelden, damit sich die Lehrkraft auf das Gespräch vorbereiten kann. Ein positives, vertrauensvolles Klima ist für alle Teile wichtig. Besonders für Ihr Kind! Dann lassen sich leichter gemeinsam die Ursachen für die Lernprobleme finden und Abhilfe schaffen.

Leider findet oft erst dann ein Gespräch mit der Schule statt, wenn die Schwierigkeiten schon ganz massiv sind. Beide Seiten mißtrauen einander bereits, und Eltern haben aufgrund der Berichte ihres Kindes das Gefühl, daß es abgelehnt oder falsch behandelt wird. Hier noch zu einer

Tips zur Vorbereitung aufs Gespräch

- Suchen Sie frühzeitig Kontakt zur Schule, und besuchen Sie die Elternabende sowie Sprechstunden regelmäßig.

- Versuchen Sie sachlich zu diskutieren, und vermeiden Sie persönliche Angriffe auf bestimmte Lehrer.

- Schreiben Sie sich Ihre Fragen zu Hause auf, und belegen Sie Kritik möglichst mit konkreten Beispielen, z.B. Heften, Hausaufgaben, Notizen über Dauer der Aufgaben.

- Fragen Sie zunächst danach, welchen Eindruck der Lehrer/die Lehrerin von Ihrem Kind im Unterricht und in der Klassengemeinschaft hat.

- Wo liegen die Stärken und Schwächen Ihres Kindes?

- Wie können Sie die Bemühungen der Schule zu Hause sinnvoll unterstützen?

- Lassen Sie den Lehrer/die Lehrerin ausreden, und fragen Sie nach, wenn Sie etwas nicht verstehen. Bemühen Sie sich um sachliche Darstellung von Unterrichtsvorfällen, die Sie nur aus der Sicht Ihres Kindes kennen. Gut ist es, diese auch aus der Sicht der Freunde anzuhören, bevor Sie Angriffe an die Adresse der Schule starten.

- Versuchen Sie, sich um Verständnis für Maßnahmen der Schule zu bemühen, wenn diese die Interessen aller Kinder berücksichtigen.

- Informieren Sie die Schule, wenn häusliche Schwierigkeiten oder Krankheiten die Leistungen oder das Verhalten Ihres Kindes beeinträchtigen, damit der Lehrer/die Lehrerin Ihr Kind besser verstehen kann und besondere Rücksicht nimmt.

- Bei Auseinandersetzungen sollten Sie immer den Dienstweg einhalten, d.h., zunächst mit den betroffenen Lehrer(inne)n, dann dem Klassenlehrer/der Klassenlehrerin, danach der Schulleitung, dem Schulamt oder dem Kultusministerium sprechen. Bei großen Konflikten zwischen Elternhaus und Schule bleibt manchmal nur ein Klassen- bzw. Schulwechsel übrig. Hier kann der Schulpsychologische Dienst vermittelnd helfen, dafür ist er u.a. da. In manchen Bundesländern ist er unter dem Begriff »Bildungsberatungsstelle« (Baden-Württemberg, Schleswig-Holstein) oder »Schülerhilfe« (Hamburg) im Telefonverzeichnis zu finden.

sachlichen Klärung der Probleme zu kommen und die Lernsituation für Ihr Kind zu verbessern ist oft nur durch Klassen- oder Schulwechsel möglich.

Gerade Eltern von Kindern mit Lernproblemen trauen sich oft nicht, auf Elternabenden die Schwierigkeiten der schwächeren Schüler anzusprechen und offen den Umfang der oder die Probleme mit den Hausaufgaben zu diskutieren. Häufig fühlen sie sich als Minderheit und erfahren, daß sie von den Eltern der leistungsstärkeren Schüler und Schülerinnen überstimmt oder – wie es auch vorkommt – lächerlich gemacht werden. Sie haben auch Angst, daß eine solche Diskussion eher zu noch mehr Zusatzaufgaben führt. Es empfiehlt sich, Kontakt mit Eltern aufzunehmen, deren Kinder ähnliche Schwierigkeiten haben, und gemeinsam die Probleme der Kinder im Elternabend zur Sprache zu bringen.

 **Lesetip**

Kohler, B.: Eltern-Ratgeber Hausaufgaben. Helfen – aber wie? Beltz, Weinheim und Basel.
Preuschoff, G.: Von 6 bis 9. Alltag mit Schulkindern. Papyrossa, Köln.

Was passiert im Förderunterricht?

Das hängt weitgehend von der Kompetenz und Einstellung der Lehrkraft ab. Nach langjährigen Erfahrungen in der Schule und mit vielen Lehrerinnen und Lehrern glaube ich, daß Schülern und Schülerinnen mit LRS am besten ein integrativer Förderunterricht hilft, in dem Spiel, Gespräch, Arbeits- und Lerntechniken, Lesen, Schreiben und Rechtschreiben enthalten sind. Die Interessen der Betroffenen sollten im Unterricht berücksichtigt werden.

Was zeichnet gute Förderarbeit aus:

- Positive Annahme der Kinder mit all ihren Schwierigkeiten und Stärken;
- Lob und Ermutigung bei allen Tätigkeiten;
- Schaffung eines Vertrauensverhältnisses;
- Anbahnung von Erfolgserlebnissen durch kleine Lernschritte;
- Schaffung neuer Motivation für das Lesen und Schreiben in sinnvollen Projekten;
- Aufgabenstellungen, die dem individuellen Lern- und Motivationsstand angemessen sind und gleich überprüft werden;
- Positivbewertung bei allen Spielen und Arbeiten der Schüler;

- Einsatz von sinnvollen Materialien und Medien;
- Wechsel der Übungsformen;
- Berücksichtigung der unterschiedlichen Wahrnehmungs- und Auffassungsbereiche (Auge, Ohr, Hand, Kopf) bei den Lernangeboten;
- Konsequenz beim Einüben von Lern- und Arbeitstechniken, beim Durch- und Zuendeführen von Aufgabenstellungen und Spielen;
- möglichst intensive Zusammenarbeit mit den Kolleg(inn)en und den Eltern.

Am Beginn der Förderarbeit steht immer das Kennenlernen der Kinder, sofern der Förderunterricht nicht in den Händen der Klassenlehrerin liegt.

> Wie kann ich von *Christian* weniger Fehler erwarten, wenn ich weiß, daß seine Abneigung gegen alles Schreiben mit einer gestörten Beziehung zum Vater – für den als Lehrer Schreiben überaus wichtig ist – zusammenhängt? Zunächst muß das Problem mit den Eltern beraten werden und müssen hier Einstellungsänderungen bewirkt werden.
>
> Wie soll *Angela* richtige Wortbilder liefern, wenn sie nicht in der Lage ist, bildlich ähnliche Buchstaben zu unterscheiden (wie »d«–»b«), oder keine Unterschiede zwischen den Lauten »G«–»K«, »B«–»P« hört? Also müssen vorher mit ihr gezielte Übungen zu diesen speziellen Problemen durchgeführt werden.

Zunächst sollten Spiele und Gespräche im Mittelpunkt stehen, damit die Schüler und Schülerinnen ausgeglichen und motiviert sind und die Gruppe entspannt und angstfrei lernen kann. Mit der Zeit nehmen die »Kulturtechniken Lesen und Rechtschreiben« immer größeren Raum ein.

In vielen Schulen liegen die Förderstunden zu ungünstigen Zeiten. Dies muß für die Betroffenen nicht nachteilig sein, wenn Spiele und Gespräche einen wichtigen Platz behalten und Zeit für gemeinsames Essen eingeplant wird. Auf diese Weise versäumen die Kinder keinen Regelunterricht, und Förderung fällt nicht in die musischen Fächer oder Sport. Es leuchtet sicherlich ein, daß ein solcher Unterricht ohne Material und Spiele nicht auskommen kann.

Beispiel für schulische Förderung

Verlaufsprotokoll einer Förderstunde (3./4.Klasse) während eines Märchenprojekts

Datum: 27. Februar;
Zeit: 7.50–9.25 Uhr.

Anwesend: Mario, Maria, Martin, Arne, Stefan, Daniel, Melanie, Nina, Sven; Fehlend: Ufuk.

Sitzkreis / Kreisgespräch

7.50 Uhr: Trotz der Kälte warten bereits alle Kinder vor der Tür. Nach dem Aufschließen legen sie Taschen und Ranzen ab, und jeder holt sich einen Stuhl zum Sitzkreis in der Mitte. Da die Gruppe an einem Märchenwettbewerb teilnehmen will, lesen wir bereits seit vier Wochen jede Stunde mitgebrachte Märchen, hören Kassetten an und haben auch schon eine eigene Geschichte, »Der Elefant und die Maus«, erfunden und aufgenommen. Auch heute haben wieder einige Schüler Bücher und Bänder mitgebracht.

Sven:	Lustige Streiche der Leute von Mols;
Stefan:	Das kleine Gespenst;
Martin:	Michel von Lönneberg (Kassette);
Maria:	Grimms Märchen.

Alle wollen möglichst gleichzeitig vorlesen oder erzählen. Zunächst macht – wie jede Stunde – das noch leere Stundenprotokollblatt im Sitzkreis die Runde. Jeder trägt seinen Namen ein, wir besprechen, was wir in den beiden Stunden vorhaben, und legen die Reihenfolge der Aktivitäten fest: Lesen, Schreiben, Spielen. (Auf dem Protokollblatt werden während der Stunde von den Schüler(inne)n oder von mir die Aktivitäten festgehalten.)

Vorlesen

8.10 Uhr: Sven hat zu Hause eine Geschichte zum gemeinsamen Lesen ausgesucht. Er stellt sein Buch kurz vor – wir haben das schon die letzten Wochen geübt – und beantwortet Verständnisfragen.

Er beginnt mit dem Lesen, reicht das Buch nach einem Absatz an seine Nachbarin Melanie weiter, dann folgt Nina ... bis die Geschichte reihum fertig vorgelesen ist. Daniel gefällt das Buch so gut, daß er es sich von Sven ausleiht. Maria will nun aus ihrer Grimm-Sammlung das Märchen »Der Geist in der Flasche« vorlesen. Nur ungern läßt sie sich unterbrechen, um ihr Buch an Arne weiterzureichen. Wieder macht es die Runde. Manchmal müssen Nachbar oder Nachbarin beim Vorlesen helfen, wenn die Sätze zu lang sind oder zu schwierige Wörter enthalten.

Vorlesen / Erzählen

Das Vorstellen und Lesen der Geschichte »Das kleine Gespenst« vertagen wir auf die nächste Stunde. Martin ist nicht zu bremsen und muß von »seinem« Michel von Lönneberg berichten, unterstützt von Melanie und Daniel, die die Geschichte aus dem Fernsehen und von Kassetten kennen. Nur mit Mühe kann ich den Redefluß unterbrechen und die Gruppe zum Schreiben motivieren.

Stillarbeit / Übung mit diversen RS-Materialien

8.50 Uhr: Die Kinder verteilen sich im Raum und arbeiten an ihren Rechtschreibmaterialien. Es ist jetzt still, und ich gehe herum, um die Hefte durchzusehen. Wer Fragen hat, meldet sich. Martin hat sein Material vergessen und schreibt seinen Teil vom Klassenmärchen von meinem Kassettenmitschnitt ab.

Kreisspiele

9.10 Uhr: Die Ordner werden zusammengepackt, ich nehme sie zur Durchsicht mit.

Wir setzen uns wieder in den Kreis, diesmal zum Spielen. Daniel schlägt das »Detektivspiel« vor, bei dem eine Person, die für kurze Zeit das Zimmer verläßt, erraten muß, was sich an den Teilnehmern verändert hat. Das Spiel macht großen Spaß. Mario bekommt allein heraus, daß Martin und Anne die Stiefel getauscht haben und – unter Mithilfe – daß Maria und ich die Ringe vertauscht haben. Arne findet heraus, daß Sven und Nina die Gürtel gewechselt und Daniel und Melanie die Ohrringe abgenommen haben.

Zum Abschluß der Stunde spielen wir noch »Mein rechter, rechter Platz ist frei, ich wünsche mir jemand herbei, der ...« z.B. ... eine blaue Hose anhat oder ... eine Brille trägt oder ... blonde Haare hat. Wer glaubt, das Gewünschte zu haben, versucht, als erste/r auf den freien Platz zu gelangen. Wer neben dem leer gewordenen Stuhl sitzt, gibt eine neue Anweisung.

Die Schüler/innen sind so vertieft, daß sie das Pausensignal übersehen. Als es draußen laut wird, brechen wir das Spiel ab. Die Stühle werden wieder unter die Tische gestellt, Kassetten und Bücher eingepackt, und alle gehen in die Pause.

Elterngespräch

9.30 Uhr: Melanies Mutter erwartet mich vor der Tür, um über die Ängste ihrer Tochter vor den Klassenkameraden zu sprechen.

... in den weiterführenden Schulen

Welche weiterführende Schule ist die richtige Wahl?

Der Wechsel von der Grundschule in die Sekundarstufe stellt für alle Kinder einen bedeutsamen Einschnitt dar. Für Schülerinnen und Schüler mit LRS kann er eine echte Chance zum Neubeginn bieten, in vielen Fällen kann jedoch eine Ausweitung der Probleme drohen.

Bei der Wahl der Schule läßt sich generell sagen, daß immer die Form die richtige ist, die den Fähigkeiten und Interessen des Kindes am besten entspricht. In der Regel ist dies nach vier Schuljahren sehr schwer zu entscheiden, so daß gerade LRS-Schülerinnen und -Schülern oft der Besuch einer Förder- oder Orientierungsstufe mit flexiblen Differenzierungsangeboten hilft, um die weitere Entwicklung in Ruhe beobachten zu können. Da jedoch regionale und oft innerörtliche Besonderheiten die »Qualität« einer Schule oder Schulform bestimmen, lassen sich keine generellen Ratschläge geben. In manchen Bundesländern hängt der Zugang zu Realschulen und Gymnasien auch von bestimmten Eingangsqualifikationen ab.

Obwohl die Aufnahme in eine weiterführende Schule in allen kultusministeriellen Erlassen unabhängig vom Vorliegen von LRS erfolgen sollte, sieht die Schulrealität manchmal anders aus. Eltern von LRS-Kindern brauchen oft viel Selbstsicherheit, guten rechtlichen Beistand und Unterstützung, um die Interessen ihres Kindes durchzusetzen.

➤ *Bevor Sie Ihr Kind bei einer weiterführenden Schule anmelden, ist es ratsam, nicht nur die Schule, sondern andere Eltern, eventuell den Schulpsychologischen Dienst (Schülerhilfe) oder eine öffentliche oder private Beratungsstelle zu befragen.*

Bei der Entscheidung für oder gegen eine bestimmte Schulform sollten Sie mit den Lehrkräften zusammen überlegen, wo sich Ihr Kind am besten wohl fühlen würde. Bei großen Lese- und Rechtschreibproblemen ist eventuell eine freiwillige Wiederholung der vierten Klasse in Erwägung zu ziehen. In diesem Jahr können Lücken geschlossen werden, das Selbstvertrauen gestärkt und die Aussicht auf einen erfolgreichen weiteren Schulweg vergrößert werden.

Ein Negativbeispiel, das sicherlich nicht nur in Hessen vorkommt:

Eine Sonderschullehrerin ruft an, weil sie sich um einen Schüler in ihrer sechsten Klasse Sorgen macht. *Thomas* war in der dritten Klasse trotz normaler Intelligenz wegen seiner Lese- und Rechtschreibprobleme in die Sonderschule überwiesen worden. Die Lehrerin bemühte sich zwar um den Jungen, führte auch noch einen zweiten Leselehrgang durch, der *Thomas* aber wiederum scheitern ließ. Jetzt macht sie sich Sorgen, weil er – verständlicherweise – keine Motivation zum Lesen und Schreiben mehr hat, seine Probleme sich inzwischen auf die anderen Fächer ausgeweitet haben und er als Analphabet die Schule zu verlassen droht. Der Junge möchte lesen und schreiben lernen, die Eltern können jedoch keine Therapie bezahlen. Durch langwierige Verhandlungen mit dem Jugendamt kann erreicht werden, daß eine integrative Maßnahme mit Schwerpunkt Lesen und Motivation bewilligt wird. Nach einem Jahr Therapie, die an seinem Hobby, der Technomusik, ansetzte und neben systematischer Arbeit am Schriftspracherwerb vor allem Gespräche über seine bisherigen Mißerfolge beinhaltete, hatte er einen Zugang zu dieser bisher für ihn verschlossenen Welt erworben.

Es gibt heute viele verschiedene Bildungswege, über die Sie sich informieren sollten. Manchem Kind kann die Realschule helfen, da sie weniger Fächer führt, allerdings gerade in den »Leistungsfächern« Rechtschreibung und Mathematik große Anforderungen stellt. Nach der Realschule besteht bei gutem Abschluß die Möglichkeit des Besuchs der gymnasialen Oberstufe. Viele Kinder, die in der Grundschule große Lese- und Rechtschreibprobleme haben, kommen in die Hauptschule. In der öffentlichen Diskussion hat die Hauptschule den Ruf einer Restschule für Lernunwillige und ausländische Seiteneinsteiger erhalten, den sie oft nicht verdient. In den letzten Jahren werden verstärkt Förderprogramme im Bereich der schriftlichen Fertigkeiten angeboten, um die Jugendlichen für die Suche nach einem Ausbildungsplatz vorzubereiten. Bei gutem Hauptschulabschluß stehen den Absolvent(inn)en in allen Bundesländern aufbauende Weiterqualifizierungsmöglichkeiten offen.

➤ *Aufpassen sollten Eltern vor ungerechtfertigter Überweisung in eine Sonderschule für Lernbehinderte. Sicherlich gibt es Kinder, denen – solange es diese Schulform noch gibt – dort umfassender und besser geholfen werden kann, nur dürfen Probleme im Lesen und Schreiben in keinem Bundesland der Anlaß sein, daß ein Kind in die Sonderschule überwiesen wird.*

Kritisch sollte auch die Frage der Ausgliederung von LRS-Kindern in Sonderklassen hinterfragt werden, vor allem, wenn sie mit einer Herausnahme aus der Familie verbunden ist, wie dies vor allem in einigen der neuen Bundesländer noch praktiziert wird.

Wie können Sie Ihrem Kind beim Schulwechsel helfen?

➤ *Besuchen Sie möglichst rasch nach Schuljahresbeginn die Sprechstunden aller Lehrerinnen und Lehrer Ihres Kindes. Zum einen können Sie hier von den bisherigen Schwierigkeiten berichten, zum anderen auf Stärken Ihres Kindes hinweisen und um Aufmerksamkeit und frühzeitige Ankündigung bei Problemen bitten.*

Die verständliche Einstellung mancher Eltern, ihrem Kind doch erst einmal Luft zu lassen und abzuwarten, hat sich meist als Bumerang erwiesen. In den weiterführenden Schulen unterrichten die meisten Lehrkräfte in vielen Klassen und haben oft nur zwei Wochenstunden in der Klasse Ihres Kindes, so daß Ihr Kind durch Unkenntnis falsch beurteilt werden kann. Ohne böse Absicht, nur durch mangelnde Kommunikation, ist so schon manches Kind in eine tiefe Krise gestürzt worden.

Halten Sie also Kontakt mit der Schule, werben Sie für Ihr Kind, besprechen Sie die Möglichkeiten von Erleichterungen bei den Hausaufgaben. Ihr Kind kann z.B. danebengegangene Arbeiten durch Referate ausgleichen. Bitten Sie die Lehrerin oder den Lehrer, Ihr Kind so zu setzen, daß es nicht abgelenkt oder übersehen wird.

Treffen Sie auf Unverständnis und Einstellungen wie »Solche Kinder gehören nicht hierher« oder »Für uns gilt der LRS-Erlaß nicht«, so sollten Sie sich auf den in Ihrem Bundesland gültigen Erlaß berufen und sich nicht scheuen, die nächsthöheren Instanzen bis zum Kultusminister einzuschalten.

Fragen zum Fremdsprachenlernen werden in Kapitel 9 behandelt.

 **Lesetip**

Block, K.: Der Gymnasiasten-Retter. Strategien für Eltern und clevere Schüler. Eichborn, Frankfurt a.M.

Enkelmann, N.B.: Power für die Jugend. Ratgeber für 13- bis 16jährige. mvg-verlag, München.

Kohler, B.: Eltern-Ratgeber Hausaufgaben. Helfen – aber wie. Beltz, Weinheim und Basel.

Förderunterricht in der Sekundarstufe

»Internationales Koch- und Spielbuch« – LRS-Förderung in Klasse 5 einer hessischen Gesamtschule als Beispiel.

Vorbemerkungen

Förderunterricht für Schüler und Schülerinnen mit LRS ist durch Erlaß in allen Bundesländern vorgesehen. Die schulische Realität zeigt indes, daß es oft bei der guten Absicht bleibt und der Unterricht entweder aus Stundenmangel gar nicht stattfindet oder der Lehrer/die Lehrerin abgezogen wird wegen Unterrichtsausfall, Krankheit, Konferenzen, Hitzefrei, Neueinschulung u.a.

Falls Förderstunden zur Verfügung stehen, sind es meist die Randstunden, oft also 5./6. Stunde, in denen Motivation, Konzentrationsfähigkeit und Lernbereitschaft sowieso am niedrigsten sind.

Die Frage ist also: Wie können Schüler und Schülerinnen mit Lernproblemen zu solch ungünstigen Zeiten motiviert werden, damit sie gern kommen und auch noch Interesse am Erlernen des Lesens und Schreibens entwickeln, einer für sie negativ besetzten Tätigkeit?

Hierzu ein Beispiel aus meiner eigenen Unterrichtspraxis, wo ich mit Unterrichtsprojekten sehr gute Erfahrungen gemacht habe. Am erfolgreichsten waren solche mit »Außenwirkung«, wobei die Jugendlichen trotz aller Probleme mit der Orthographie Interesse an normgerechter Schreibung entwickelten.

Meine Fördergruppen haben an Wettbewerben teilgenommen, Aufsätze zu Bildern geschrieben, Märchen erfunden und illustriert, Spiele erfunden, Zeitungen gemacht, Koch- und Spielbücher u.a. verfaßt.

Ausgangslage

Meine Unterlagen zeigen mir, daß das »Koch- und Spielbuch für Leute, die wenig Zeit haben« – so der komplette Titel – in einem Förderkurs entstand, den sechs Schülerinnen und fünf Schüler aus sechs Ländern besuchten. Sie kamen aus unterschiedlichen Stammgruppen der fünften Jahrgangsstufe einer hessischen Gesamtschule. Alle hatten große Probleme beim Rechtschreiben, viele auch beim Lesen und Abfassen von Texten, manche auch mit der deutschen Grammatik.

Aus Deutschland kamen Andrea, Evelyn, Holger, Markus, Nicole und Sven. Akif stammte aus der Türkei, Astrid aus Italien, Jamal aus Marokko, Nhu Minh aus Vietnam, Sabine aus Jugoslawien. Eine internationale Besetzung! Unterrichtszeit war dienstags, 5./6. Stunde.

Das Stundenprotokoll (die Schüler und ich führten es in allen Kursen) der ersten gemeinsamen Stunde nach den Sommerferien zeigt, daß wir Kreisspiele wie »Ich sitze im Grünen und liebe ganz heimlich« und »Hauptsender – Nebensender« spielten, um uns rasch kennenzulernen, schriftliche Interviews zu persönlichen Fragen und Hobbies machten und auch die bisherigen Erfahrungen mit den Schulschwierigkeiten thematisierten. Die Spiele lieferten bereits eine Fülle an Informationen über Sprachstand, Beherrschung der deutschen Sprache, Konzentrationsfähigkeit, Artikulation u.a.

Niemand war glücklich über die Gruppengröße und Lage der Stunden. Wir stellten im Laufe der Zeit Überlegungen an, wie wir die Stunden auflockern könnten. Da ich gerade mit einem anderen Förderkurs ein

»Back- & Spielbuch« fertiggestellt hatte, das der Gruppe gut gefiel, entwickelte sich die Idee quasi von allein.

Der Förderkurs wurde nach den Weihnachtsferien in die Schulküche verlegt mit der Auflage, daß wir die Küche jedesmal sauber zu verlassen hätten.

Durchführung

Zwischen Weihnachten und Ostern wurde die »Internationale Schnellkochküche« eröffnet. Im Sitzkreis wurde ein Menüplan zusammengestellt. Kriterien für die Auswahl der Gerichte waren: schnelle Zubereitung mit wenig Abwasch, keine großen Kosten, es sollte allen schmecken. Für jede Stunde zeichnete ein Schüler / eine Schülerin für ein Gericht verantwortlich, brachte die Zutaten mit, bereitete das Essen mit einer Kleingruppe vor, während die anderen die Tische deckten, in ihren Rechtschreibmaterialien arbeiteten, spielten oder lasen. Beim gemeinsamen Essen wurde das Rezept vorgestellt (und das Menü kommentiert). Es wurde anschließend an die Tafel geschrieben, korrigiert und von der Köchin / dem Koch abgeschrieben und im gemeinsamen Sammelordner mit den Stundenprotokollen bis zur endgültigen »Buch«gestaltung aufbewahrt.

Diejenigen, die sich nicht an der Essensvorbereitung beteiligt hatten, waren für den Abwasch und das Aufräumen verantwortlich, die anderen konnten in dieser Zeit ihre Rechtschreibmaterialien weiterbearbeiten, mit mir durchsehen oder lesen.

Das war der Menüplan:

Ravioli	Toast Hawaii
Reibekuchen mit Apfelmus	Eintopf
Fischstäbchen	Türkische Suppe
Chin. Nudelsuppe	Pommes und Quarkspeise
Spaghetti mit Soße	Pizza
Weinbergschnecken	

Ergänzt wurde das Projekt durch Spiele, die zum Teil aus den verschiedenen Heimatländern stammen, sowie Märchen und Geschichten, die von den Kindern oder mir vorgelesen wurden. Die gruselige »Geschichte vom Sultan und dem Garkoch« aus Marokko wird keiner der Teilnehmer/innen vergessen.

Hier ein Rezept und Spiel, die nach einem einheitlichen, gemeinsam entwickelten Raster geschrieben wurden:

Spaghetti

Zutaten: 2 Packungen Spaghetti
3 Dosen Tomatensoße
1 Suppenwürfel

Zubereitung: Einen Großen Topf mit Wasser aufkochen lassen. Dann tut man 1 Teelöffel Salz hinein jetzt tut man die Spaghetti rein. Ungefähr 10 Min. kochen lassen. Dann kann man mit der Soße anfangen. Dazu macht man die Dosen auf, und schüttet den Inhalt in einen Topf. Da tut man den Suppenwürfel rein, nach 5 Min. ist die Soße fertig. Die Spaghetti werden abgegossen und verteilt. Die Soße wird darüber serviert

Guten

Appetit

Da die Schüler das Kochbuch beim Schulfest verkaufen wollten, gestaltete sich die sonst eher mühevolle Arbeit des Matrizenschreibens, der grafischen Gestaltung, des Abziehens und Heftens relativ unproblematisch, aber angesichts der geringen Stundenzahl hetzig.

Eltern unterstützten unser Vorhaben durch die Eßzutaten und später durch Kopien der Fotoseiten, die für die Kinder besonders wichtig waren. Sie geben auch Einblick in die Arbeit:

Holger brät die Zwiebel

Astrid spült den Topf und Sabine hilft ihr.

Überlegungen nach dem Projekt

Die Gruppe und ich haben bei der Durchführung des Projekts eine Menge positiver Erfahrungen gemacht:

So entwickelten die Jugendlichen ein starkes Zusammengehörigkeitsgefühl. Sie waren im Unterricht hoch motiviert beim Lesen von Kochrezepten und Märchen sowie beim Vorlesen. Für die künftigen Leser ihres »Buches« bemühten sie sich, ihre Rezepte und Spiele verständlich darzustellen, auch was Rechtschreibung, Satzbau und Zeichensetzung betrifft. So hatten sie positive Erfahrungen im Umgang mit dem sonst nur negativ besetzten Lesen und Schreiben gemacht, und diese Erfahrungen haben sich wiederum positiv auch auf den Regelunterricht übertragen.

Es bleibt anzumerken, daß alle Schüler und Schülerinnen dieser Gruppe spätestens nach Klasse 6 ihre besonderen Lese-Rechtschreib-Schwierigkeiten überwunden haben und wieder normal benotet werden konnten; natürlich nicht nur wegen der Projekte, sondern auch wegen des kontinuierlichen Übens und der Verbesserung ihrer Lern- und Arbeitstechniken.

3. Ganz ohne Theorie geht es nicht ...

Hat mein Kind die »chinesische Krankheit?

»Legasthenie«, »LRS«, »besondere Lese-Rechtschreib-Schwierigkeiten«, »Lese-Rechtschreib-Schwäche«, »Psycho-Organisches Syndrom (POS)«, »MCD«, »Teilleistungsstörung«, »Dyslexie«, »kongenitale Legasthenie«, »ADD (attention deficit disorder)« ... In der Öffentlichkeit grassieren eine Fülle an Bezeichnungen, die alle auch für Probleme beim Lesen und Rechtschreiben stehen. Durch die Wahl des Begriffes soll jeweils eine andere Form oder Ursache hervorgehoben werden.

Vielleicht geht es manchem Leser, mancher Leserin so wie einer betroffenen Mutter, die in ihrer Hilflosigkeit und Sorge bei der Schulpsychologin Rat suchte: »Was soll ich tun, die Lehrerin sagt, mein Kind hat die chinesische Krankheit?« Oder die Sechstkläßlerin, die zusammenbrach, als ihr der Kinderarzt erklärte, daß Legasthenie eben eine Krankheit sei, an der sie zeitlebens leiden werde: »Dann kann ich das Üben ja gleich lassen, wenn mein Schicksal beschlossen ist.«

Wenn es selbst für Experten inzwischen schwer ist, sich in dem Wirrwarr an Begriffen und dem, was einzelne darunter verstehen, zurechtzufinden, wie sollen dies erst Eltern können, die sich meist mehr oder minder plötzlich mit den Lese-Rechtschreib-Schwierigkeiten ihres Kindes auseinandersetzen müssen und dringend Hilfe suchen?

Damit es keine sprachlichen und inhaltlichen Mißverständnisse gibt, werde ich kurz auf die Ergebnisse der Forschungen in diesem Bereich eingehen.

Wo bleibt die »Legasthenie«?
Ein kurzer Ausflug in die Vergangenheit

Oft werden – sozusagen als Trost – im Zusammenhang mit Legasthenie berühmte Namen, wie z.B. Albert Einstein, Friedrich der Große, Winston Churchill oder Nelson Rockefeller genannt. Dabei gibt es in Deutschland erst seit 100 Jahren eine verbindliche Rechtschreibung. Auch Goethe tat sich mit dem Schreiben schwer. 1818 gestand er in einem Brief (zitiert aus Kleßmann 1992, S. 96): »Ich bin niemals zerstreuter, als wenn ich mit eigner Hand schreibe: denn weil die Feder nicht so geschwind läuft, als ich denke, so schreibe ich oft den Schlußbuchstaben des folgenden Worts, ehe das erste noch zu Ende ist, und mitten in einem Komma fange ich den folgenden Perioden an. Ein Wort schreibe ich mit dreierlei Orthographie, und was die Unarten alle sein mögen.« Und zehn Jahre später meint er: »Ich mache in jedem Brief Schreibfehler und keine Komma.«

Verbindliche Rechtschreibvereinbarungen entstanden im Zusammenhang mit der Durchsetzung der allgemeinen Schulpflicht im 19. Jahrhundert und der Forderung der Lehrer nach einheitlichen Schreibweisen. Das war dann Konrad Dudens Werk mit seinem »Vollständigen orthographischen Wörterbuch der deutschen Sprache« (Leipzig 1880).

Legasthenie ist zunächst einmal die griechische Übersetzung von »Lese-Schwäche«. Sein »Erfinder«, der ungarische Arzt und Psychiater Paul Ranschburg, charakterisierte 1916 interessanterweise damit einen ganz anderen Personenkreis als seine heutigen Verfechter. Für ihn bedeutete Legasthenie »... eine nachhaltige Rückständigkeit höheren Grades in der geistigen Entwicklung des Kindes, sich äußernd in der Unfähigkeit, im Alter von 6 bis 8 Jahren oder auch noch darüber hinaus, sich eine derart genügende Geläufigkeit des mechanischen Lesens anzueignen, welche die Vorbedingungen eines erträglichen Verständnisses des Gelesenen wäre ... Mit der Leseschwäche geht ohne Ausnahme eine entsprechend hochgradige Schwäche des Diktat- und Kopfschreibens einher.« (Ranschburg 1928, S. 88)

Durch diese Abgrenzung blieb die Legasthenie im deutschsprachigen Raum ein Problem der Sonderschule und rückte erst nach dem Zweiten Weltkrieg durch das Bekanntwerden angelsächsischer und dänischer Veröffentlichungen in das Aufgabengebiet der Normalschule. Im Gegensatz dazu bezeichnete die Schweizer Psychologin Maria Linder aufgrund ihrer Untersuchungen eine ganz andere Gruppe von Schülern als Legastheniker, weil sie ihr bisher besonders vernachlässigt schien. Nach ihr war Legasthenie »... eine spezielle und aus dem Rahmen der übrigen Leistungen fallende Schwäche beim Erlernen des Lesens (und indirekt auch des selbständigen orthographischen Schreibens) bei sonst intakter oder (im Verhältnis zur Lesefähigkeit) relativ guter Intelligenz« (1951, S. 100).

In den 60er und 70er Jahren wurde »Legasthenie« zum meistdiskutierten Schulthema in der Öffentlichkeit. Für Ärzte und Psychologen war es eine Krankheit, für deren Behandlung die Krankenkassen zuständig waren, in der Schule fiel unter diese Bezeichnung – ganz im Gegensatz zu Ranschburg – nur die Teilgruppe der Kinder mit Lese-Rechtschreib-Problemen, auf die die Beschreibung von Maria Linder paßte. Hilfe erhielten nur die Kinder, die folgenden (Test-)Eigenschaften genügten: a) intelligent, b) mit isolierten Störungen im Lesen/Rechtschreiben und c) bestimmten Fehlerarten (z.B. Vertauschen von »d« – »b«, »p« – »q«, »ie« – »ei«, »n« – »u«).

Da Forschung und Praxis diese Eingrenzung unhaltbar werden ließen, wurde der Begriff »Legasthenie« im amtlichen Sprachgebrauch abgeschafft und durch die wenig schöne, aber präzisere Umschreibung »Besondere Schwierigkeiten beim Erlernen des Lesens und des Rechtschreibens« (KMK-Konferenz 1978) ersetzt.

Zu den Irrtümern Krankheit, isoliertem Versagen mit bestimmten Fehlern kommt noch ein dritter Grund für die Aufgabe des mißverständlichen Legastheniebegriffs hinzu: Nicht das Lesen, sondern das Rechtschreiben steht – zumindest in Deutschland – im Zentrum des Problems. Wenn es also schon ein Fremdwort sein muß, dann »Graphoastenie« (Schreibschwäche).

Was ist was? Namen und Begriffe

Da Eltern auf ihrer Suche nach Hilfe mit den verschiedenen Begriffen konfrontiert werden und es Elternratgeber, Beratungsstellen und Bücher ganz unterschiedlicher Richtung gibt, hier ein paar Erläuterungen, obwohl die Begriffe auch immer wieder, wie auch in Schulerlassen, austauschbar verwendet werden.

- *LRS*: Kinder »*mit besonderen Schwierigkeiten beim Lesen und Rechtschreiben*« (abgekürzt LRS) haben in allen Bundesländern durch entsprechende Erlasse Anspruch auf Rücksichtnahme und Förderung im Unterricht.
  Ratgeber aus dem Bereich der Pädagogik bieten unter dem Begriff *LRS* (für Lese-Rechtschreib-*Schwierigkeiten* oder -*Schwäche*) meist Hilfen mit Schwerpunkten im Lesen, Rechtschreiben und Lernen.

- *Legasthenie*: Psychologische Beratungsstellen, Teile der Ärzteschaft, Therapieeinrichtungen und der Elternverein »Bundesverband Legasthenie« verwenden meist den Begriff »*Legasthenie*«, worunter jedoch jeweils unterschiedliche Störungen meist neurophysiologischer Art verstanden werden. Je nach Verständnis werden unterschiedliche Therapien empfohlen, z.B. Familientherapie, Funktionstraining, Spieltherapie, Musiktherapie, psychomotorisches Training.
  Interessanterweise verzichtet die Internationale Klassifikation psychischer Störungen (ICD–10) in ihrer neuesten Ausgabe, die Grundlage für die Anerkennung von Leistungen der Krankenkassen ist, auf den Begriff Legasthenie. Unter dem Überbegriff »umschriebene Entwicklungsstörungen schulischer Fertigkeiten« werden unter F 81.0 und

F 81.1. die Begriffe Lese- und Rechtschreibstörung bzw. isolierte Rechtschreibstörung verwendet (Text im Anhang, S. 244ff.).

- *Teilleistungsstörung*: Dieser Begriff oder *»psychoreaktive Störung«* wird in den letzten Jahren von Medizinern, Psychotherapeuten und Psychiatern gebraucht, manche geben als Ursache für LRS auch *»MCD – Minimale cerebrale Dysfunktion«* an. Neben der – auch in Fachkreisen – umstrittenen medikamentösen Behandlung empfehlen sie meist Psycho-, Spiel- oder Mototherapien oder ein Funktionstraining.

Sind Störungen beim Erwerb der Schriftsprache eine Krankheit?

Nein! Zunächst einmal handelt es sich bei Lese-Rechtschreib-Schwierigkeiten um ein Lernproblem mit sehr unterschiedlichen Ursachen, aber keine Krankheit. So vielfältig wie die Verursacher eines Schnupfens sind auch die der LRS. Nur dauern sie länger an.

Zum Glück können Fachleute fast immer auf die Quellen der Schwierigkeiten stoßen und durch geeignete Methoden Abhilfe schaffen. Dabei müssen in die Spurensuche immer neben dem betroffenen Kind die Schule und die familiäre Umwelt mit einbezogen werden. In Einzelfällen können auch organische Gründe mitverantwortlich sein, z.B. Seh-/Hörfehler oder Entwicklungsrückstände.

Je länger die Probleme aber andauern, um so mehr die betroffene Person und ihre Umwelt darunter leiden, desto größer ist die Gefahr, daß psychosomatische Störungen und Fehlentwicklungen entstehen, die dann sehr wohl unter den Krankheitsbegriff der WHO fallen und deren Kosten von den Krankenkassen getragen werden müssen.

LRS muß kein unabänderliches Schicksal sein. Jedes Kind kann lesen und schreiben lernen! Je früher geholfen wird, desto rascher lassen sich die Probleme lösen!

Welche Annahmen über LRS sind heute überholt?

Nach heutigen wissenschaftlichen Erkenntnissen sind »besondere Lese- und Rechtschreib-Schwierigkeiten«

- kein Problem, das überwiegend Linkshänder haben,
- keine Wahrnehmungsstörung,

- kein Ergebnis eines bestimmten Leselernverfahrens,
- keine Störung, die sich an bestimmten Fehlerarten erkennen läßt,
- keine Frage der Intelligenz,
- keine Krankheit,
- keine Raumlagelabilität des Gehirns.

Was wissen wir über das Entstehen der LRS?

Noch immer nicht genug! Zwar wurden in den letzten 30 Jahren viele betroffene Kinder und Jugendliche untersucht und behandelt, dabei kristallisierte sich heraus, daß eigentlich kein Schicksal mit dem anderen zu vergleichen ist. Ganz grob läßt sich sagen, daß jeder Mensch, der Schwierigkeiten beim Lesen und Schreiben hat, seine eigene Geschichte aufweist.

Gemeinsam ist allen Betroffenen, daß sie erhebliche Probleme mit der Orthographie, in den meisten Fällen auch mit dem Lesen haben und darunter leiden. Trotz umfangreicher Untersuchungen der medizinischen, psychologischen, linguistischen und pädagogischen Forschung ist es weder gelungen, bestimmte einheitliche Ursachen oder Erkennungszeichen zu finden, noch vor Schuleintritt die Kinder mit Sicherheit zu erkennen, die später einmal Probleme beim Lesen- und / oder Schreibenlernen in der Schule haben werden. Während z.B. Unsportlichkeit oder fehlende Musikalität in unserer Gesellschaft als nicht weiter tragisch gilt, hat ein Versagen beim Erlernen des Lesens und vor allem der Orthographie für die Schullaufbahn katastrophale Folgen. Es kann zur Lernbehinderung führen und alle Lebensbereiche beeinträchtigen.

Was bedeutet LRS?

In Vermeidung des verfänglichen »Legastheniebegriffs« wird in diesem Handbuch von LRS in der Bedeutung von »Lese-Rechtschreib-*Schwierigkeiten*« gesprochen, als »Sammelbegriff für eine Vielzahl von Schwierigkeiten, die Schülerinnen und Schüler beim Erlernen des Lesens und Schreibens oder später bei deren Gebrauch haben. Schulische und unterrichtsspezifische Belastungen, ungünstige individuelle Lernvoraussetzungen, wie z.B. sprachliche Auffälligkeiten, die familiäre Situation, motivationale und emotionale Vorgänge u.a., können sowohl Ursachen für schriftsprachliche Probleme als auch Folge von Beeinträchtigungen der schriftsprachlichen Prozesse sein. Die entstandenen Schwierigkeiten beim Schriftspracherwerb führen, falls nicht frühzeitig Hilfe angeboten wird, unweigerlich zu schulischen Mißerfolgen, Frustrationen und zur Beeinträchtigung des Selbstwertgefühls. Sie weiten sich auch auf andere Fächer aus. Lang andauernde und schwerwiegende Lese-Rechtschreib-Schwierigkeiten sind also kein isoliertes Teilversagen, das durch reines Lese- und Rechtschreibtraining zu beheben ist.« (Naegele/Portmann 1983, S. 12)

Welche Auswirkungen haben Lernstörungen?

Lern- und Leistungsstörungen entstehen und existieren nicht im luftlee-ren Raum, sondern wirken auf das Kind und seine Umwelt.

Schulerfolg oder -versagen eines Kindes oder jungen Menschen ist also immer das Ergebnis einer Wechselwirkung zwischen Persönlich-keitsmerkmalen, der familiären, schulischen und außerschulischen Um-welt und dem Lernproblem. »Sie bilden ein kaum mehr entwirrbares Netz wechselseitiger Wirkungszusammenhänge und sich gegenseitig verstärkender Faktoren«, hat Hans-Martin Müller-Wolf bereits 1974 im Fernstudienlehrgang Legasthenie festgestellt. Sie lösen einen »Teufels-kreis Legasthenie« aus, der das Kind am erfolgreichen Lernen hindert und ohne geeignete Hilfe zur totalen Lernblockade führen kann.

4. Rechte muß man kennen, um recht zu bekommen

Schulrechtliche Bestimmungen

Welche schulrechtlichen Bestimmungen gelten bei LRS?

In der Bundesrepublik besitzt jedes Land seine eigene Kultushoheit mit unterschiedlichen rechtlichen Bestimmungen, was Eltern mit LRS-Kindern beim Umzug von einem Bundesland zum anderen zu spüren bekommen. Allerdings sollte sich die Situation verbessert haben, nachdem 1978 die Kultusministerkonferenz »Grundsätze zur Förderung von Schülern mit besonderen Schwierigkeiten beim Erlernen des Lesens und des Rechtschreibens« verabschiedet hat (im Anhang S. 239ff. in Auszügen abgedruckt). An diesen Vereinbarungen haben sich alle alten Bundesländer in ihren Grundpositionen orientiert. Anders sieht es in den neuen Bundesländern aus. Bis auf Thüringen haben sie zwar auch spezielle Verordnungen für LRS-Schülerinnen und -Schüler in Anlehnung an die KMK-Grundsätze verabschiedet, deren theoretischer Hintergrund z.B. in Mecklenburg-Vorpommern auf die alte, klassische Legasthenie zurückgreift, gleichzeitig wurde bisher in allen neuen Bundesländern an der sogenannten Legastheniker-Kleinklassen-Förderung festgehalten.

Wie wichtig sind Erlasse und Verordnungen?

Erlasse und Verordnungen sind ministerielle Dienstanweisungen für Schulleitungen und Kollegien, deren Beachtung und Duchführung rechtsverbindlich ist. Erlasse sollen die Rahmenbedingungen von Maßnahmen sichern, in unserem Fall die Notwendigkeit von Prävention und Förderung bei LRS. Verstöße gegen Verordnungen sind sogar einklagbar. Richtlinien dagegen sind – wie der Name sagt – Anleitungen für pädagogische Maßnahmen. Entsprechend finden sich die wichtigen Details wie Förderstunden und deren Verbindlichkeit, Lehrerdeputat u.ä. nur in den Erläuterungen. Erlasse und Verordnungen werden in Amtsblättern oder offiziellen Rundschreiben veröffentlicht und sollen allen Lehrerinnen und Lehrern bekannt sein! Eltern können die schulrechtlichen Bestimmungen bei LRS bei der zuständigen Behörde (siehe S. 249f.) anfordern und sollten sie genau studieren.

Dennoch muß man in der Schulwirklichkeit sehr unterschiedliche Bekanntheits- und Durchführungsgrade der Erlaßregelungen zur Kenntnis nehmen. Dies gilt gerade für den Bereich der Förderung von Kindern und Jugendlichen mit Lese- und Rechtschreibproblemen, deren Berechtigung manchmal widerrechtlich schlichtweg geleugnet wird.

Erlasse im Wandel der Theorien

Seit Ende der 60er/Anfang der 70er Jahre wurden in allen Bundesländern und der DDR für eine Teilgruppe von Schülern und Schülerinnen mit Schwierigkeiten beim Erwerb der Schriftsprache, den »Legasthenikern«, schulische Sonderregelungen in Form von Erlassen oder Richtlinien getroffen. Sie erhielten schulische Erleichterungen (Notennachlaß, Berücksichtigung im Fremdsprachenunterricht, Rücksichtnahme bei der Versetzung) sowie zusätzliche Förderung. Im Westen übernahmen häufig Krankenkassen die Kosten für außerschulische medizinische und psychologische Therapien.

Legastheniker waren nach der damals allgemein akzeptierten Definition Kinder und Jugendliche »mit einer speziellen und aus dem Rahmen der übrigen Leistungen fallenden Schwäche im Erlernen des Lesens (und indirekt auch des selbständigen orthographischen Schreibens) bei sonst intakter oder (im Verhältnis zur Lesefähigkeit) relativ guter Intelligenz« (Linder 1951).

Die Erlasse der einzelnen Bundesländer unterschieden sich erheblich in
– ihren Annahmen über die möglichen Ursachen dieser Störung,
– den Grenzwerten der Tests zur Anerkennung des »Legasthenikerstatus«,
– den Förderangeboten (Anzahl der Stunden und deren Verbindlichkeit, Förderdauer),
– der Dauer der Berücksichtigung der Legasthenie in der Schule.

Mit der Weiterentwicklung der wissenschaftlichen Erkenntnisse über das Entstehen von Lese-Rechtschreib-Schwierigkeiten wurden die Annahmen der klassischen Legasthenie hinfällig, daß es nämlich unterschiedliche Qualitäten von rechtschreibschwachen Kindern gäbe. Deshalb wurden neue und möglichst einheitliche Regelungen für alle Bundesländer immer dringlicher und 1978 mit den KMK-Grundsätzen »zur Förderung von Schülern mit besonderen Schwierigkeiten beim Erlernen des Lesens und Rechtschreibens« versucht.

Sie sollten einen Schlußstrich ziehen unter die jahrelangen Auseinandersetzungen in Wissenschaft und Praxis um das Versagen beim Schriftspracherwerb. Wenn LRS das Ergebnis ungünstig verlaufener Lernprozesse ist, die auch Auswirkungen auf das Kind und seine schulische und außerschulische Umgebung (Familie, Freundeskreis) haben, so muß Beobachtung der Lernprozesse und Förderung vom ersten Schultag an das Entstehen und Verfestigen möglichst gering halten. Damit werden LRS weniger eine im Kind liegende *Schwäche* als vielmehr zunächst als ein *Lern*-problem gesehen. Deshalb wurden auch die Begriffe *Legasthenie* und Lese-Rechtschreib-*Schwäche* im schulischen Gebrauch durch Lese-Rechtschreib-*Schwierigkeiten* (LRS) ersetzt. *Alle* Kinder sollten einen Anspruch auf Hilfe erhalten.

Wie sieht die aktuelle Erlaßlage aus? (Stand 1.1.1994)

Alle Bundesländer haben Verwaltungsvorschriften und Erlasse, die LRS-Schülerinnen und -Schüler in irgendeiner Weise berücksichtigen, die meisten fußen auf den KMK-Grundsätzen von 1978, die Länder der ehemaligen DDR haben z.T. noch gesonderte Legastheniker-Kleinklassen (wie Thüringen, Mecklenburg-Vorpommern und Sachsen-Anhalt; in Brandenburg sollen sie abgeschafft werden). Rheinland-Pfalz hat den Förderaspekt im Unterricht am weitesten erlaßlich geregelt und als durchgängiges Prinzip festgeschrieben: »1.2. Jedes Kind ist entsprechend seinen individuellen Lernvoraussetzungen in der Lerngruppe zu fördern.« (Verwaltungsvorschrift vom 30.8.93)

Im Vergleich der Verordnungen und Erlasse für LRS-Schülerinnen und -Schüler bietet sich heute wieder ein sehr heterogenes Bild, was bereits in den Bezeichnungen in den Erlassen deutlich wird.

Zum Zeitpunkt einer Befragung der Kultusminister im Dezember 1993 standen in einigen Bundesländern Veränderungen an, deren Zielrichtung in Berlin, Bremen und Hamburg in Richtung verstärkter Prävention durch Intensivierung des Anfangsunterrichts zu gehen scheint. »Mit dem Schuljahr 1993/94 wurde in Hamburg das Projekt ›Lesen und Schreiben für alle‹ begonnen, das im Laufe von 5 Jahren die bisherigen

LRS-Maßnahmen mit neuen Schwerpunkten (Prävention und Integration) versehen wird. Auf diese Weise soll inhaltlich und organisatorisch ein Beitrag zu einer effizienteren Förderung geleistet werden«, meldet Hamburgs Fachreferent für Deutsch. Aus dem Saarland und Sachsen-Anhalt ist über die inhaltliche Neugestaltung nichts bekannt.

Bei aller Unterschiedlichkeit gibt es eine Reihe von Gemeinsamkeiten:

- Durch Verbesserung des Anfangsunterrichts soll das Entstehen besonderer Lese-Rechtschreib-Schwierigkeiten (LRS) verhindert werden.
- *Alle* Kinder mit LRS haben – zumindest in den ersten vier Schuljahren – Anspruch auf schulische Förderung.
- Frühzeitige Beobachtung der Lernprozesse soll das Entstehen und Verfestigen der LRS verhindern. Besondere Fördermaßnahmen werden nach einer Beobachtungszeit eingerichtet.
- Alle Schüler und Schülerinnen unterliegen grundsätzlich den für alle geltenden Maßstäben der Leistungsbewertung. (Eine Leistungsbeschreibung kann in einzelnen Bundesländern die Rechtschreibnote ersetzen, in einigen kann die Benotung ausgesetzt werden. Für Zeugnisse gilt, daß je nach Bundesland unterschiedlich große pädagogische Freiräume in der Gewichtung der mündlichen und schriftlichen Leistungen im Lesen und Rechtschreiben eingeräumt werden.)
- Lese-Rechtschreib-Schwierigkeiten allein dürfen kein Grund sein, Schüler vom Übergang an eine weiterführende Schule auszuschließen bzw. sie nicht zu versetzen.
- Abgangs- und Abschlußzeugnisse werden nach den für alle Schülerinnen und Schüler geltenden Bestimmungen erteilt.
- Förderung kann je nach Bedarf binnendifferenziert oder in gesonderten Kursen in enger Abstimmung mit dem Klassenunterricht durchgeführt werden.
- In vielen Bundesländern werden die Fördermaßnahmen auf ein zusätzliches Lese- und Rechtschreibtraining beschränkt, das z.T. parallel zum Regelunterricht stattfinden kann.

Ab wann soll gefördert werden?

Die Verlagerungen von spät einsetzenden Therapien auf vorbeugende Maßnahmen im Anfangsunterricht ist in allen Verordnungen enthalten.

Verzeichnis der Erlasse und Richtlinien zur Förderung von LRS-Schülerinnen und -Schülern (Stand 1.1.1994)

Baden-Württemberg
»Förderung von Schülern mit Schwierigkeiten im Lesen und Rechtschreiben« (Verwaltungsvorschrift vom 27.05.1988, IV/5-6504.2D/20)

Bayern
»Förderung von Schülern mit besonderen Schwierigkeiten beim Erlernen des Lesens und des Schreibens an Volksschulen« (Bekanntmachung vom 31.08.1990, III/2-5 7306/4-4/65616)

Berlin
»Fördermaßnahmen für Schüler mit besonderen Schwierigkeiten beim Erlernen des Lesens und Rechtschreibens« (S. 14/15 der Grundschulordnung vom 7.07.1980, Abl. S. 1139/DBl. III S. 97 – geändert durch Verwaltungsvorschriften vom 21.07.1982, ABl. S. 1018-DBl. III S. 182 und vom 5.02.1986)

Brandenburg
»Regelung von Fördermaßnahmen für Schülerinnen und Schüler mit ausgeprägter Lese-Rechtschreib-Schwäche für das Schuljahr 1992/93« (Rundschreiben Nr. 023/05/92)

Bremen
»Förderung von Schülern mit besonderen Schwierigkeiten beim Erlernen des Lesens und des Rechtschreibens« (Schulblatt 1978/6 vom 1.06.1978)

Hamburg
»Fördermaßnahmen für Kinder und Jugendliche mit Schwierigkeiten beim Erwerb und im Umgang mit der Schriftsprache« (Richtlinie vom 11.12.1989; »LRS-Einzelhilfe«, Verfahrensregelung zum 01.08.1990 – seit 1993/94 läuft auf fünf Jahre das Projekt »Lesen und Schreiben für alle«)

Hessen
»Förderung von Schülern mit besonderen Schwierigkeiten beim Lesen, Schreiben und Rechtschreiben« (Verordnung und Richtlinien vom 22.10.1985 – ABl.12/85, S. 883ff.)

Mecklenburg-Vorpommern
»Richtlinie zur Förderung von Schülern mit Lese-Rechtschreib-Schwierigkeiten und einer förmlich festgestellten Legasthenie« (Erlaß vom 11.05.1992 – Az.: VII 204-303-002)

Niedersachsen
»Förderung von Schülern mit besonderen Schwierigkeiten beim Erlernen des Lesens und des Rechtschreibens« (Erlaß vom 26.06.1979, ergänzt durch Erlaß vom 24.07.1980)

Nordrhein-Westfalen
»Förderung von Schülerinnen und Schülern bei besonderen Schwierigkeiten im Erlernen des Lesens und Rechtschreibens – LRS« (Erlaß vom 19.07.1991)

Rheinland-Pfalz
»Förderung von Kindern mit Lernschwierigkeiten und Lernstörungen in der Grundschule« (Verwaltungsvorschrift vom 30.08.1993 – 943 B-Tgb. Nr. 56/93 – »Verwaltungsvorschrift zur Organisation von Fördermaßnahmen in der Sekundarstufe I« in Arbeit, AdV)

Saarland
»Richtlinien zur Förderung von Schülern mit besonderen Schwierigkeiten im Lesen und Rechtschreiben« (Richtlinien vom 16.07.1979/GMBl. Saar, S. 563, Erlaß betreffend die Durchführung der obigen Richtlinien vom 16.07.1979/GMBl. Saar 1980, S. 122)

Sachsen
KMK-Grundsätze und »Verwaltungsvorschrift zur Förderung von Schülern mit Schwierigkeiten im Lesen und Rechtschreiben in LRS-Klassen an Grundschulen im Freistaat Sachsen« (ohne Datum, Geltungsbereich ab Schuljahr 1992/93)

Sachsen-Anhalt
Neubearbeitung lag bei Redaktionsschluß nicht vor. »Notenbefreiung im Fremdsprachenunterricht an Sekundarschulen für Schüler mit einer Lese-Rechtschreib-Schwäche« (Runderlaß des MK vom 16.02.1994 – 32-81613)

Schleswig-Holstein
»Förderung von Schülern mit Lese-Rechtschreib-Schwäche (Legasthenie)« (Erlaß vom 20.09.1985 – X 330-518.12-5)

Thüringen
Kein gesonderter LRS-Erlaß, Legasthenikerklassen nach § 10 Abs. 6 des Förderschulgesetzes – FSG – vom 21.07.1992 (Gesetz- und Verordnungsblatt vom 27.07.1992, S. 356ff.)

Während früher überall und heute noch in Mecklenburg-Vorpommern nach Ursachen im Kind im Sinne des medizinischen Modells gesucht wurde, stehen die Lernprozesse beim Schriftspracherwerb jetzt im Zentrum der Beachtung. Folgerichtig berücsichtigen die Erlasse die unterschiedlichen Lernvoraussetzungen, das individuelle Lerntempo und Lernverhalten sowie binnendifferenzierende und individualisierende Maßnahmen.

Wer hat Anspruch auf schulische Förderung?

Zunächst alle Kinder mit Problemen im Lesen, Schreiben und/oder Rechtschreiben in allen Fächern! Es ist hier nicht der Ort, über Sinn und Unsinn der Herausnahme von Kindern mit LRS aus der Klassengemeinschaft zu diskutieren, die in mehreren Bundesländern in Kleinklassen über einen längeren Zeitraum intensiv gefördert werden. Sie als Eltern sollten sich aber vor einer solchen Maßnahme kundig machen, was Ihrem Kind am förderlichsten ist.

Welche schulischen Entlastungen stehen meinem Kind zu?

Dies hängt vom Erlaß oder der Richtlinie für LRS-Schülerinnen und -Schüler Ihres Bundeslandes ab. Sie sollten sich unbedingt die in Ihrem Bundesland gültigen Bestimmungen besorgen und auf die Ausschöpfung sämtlicher Hilfen dringen. Auch in den Bundesländern, in denen eine Freistellung von der Benotung nicht mehr vorgesehen ist, wurde meist § 4.1. der KMK-Grundsätze übernommen: »Der Lehrer soll nach seinem pädagogischen Ermessen die Leistungserhebung dem aktuellen Leistungsstand des einzelnen Schülers anpassen.« In allen Bundesländern haben LRS-Kinder zumindest in den ersten sechs Schuljahren Anspruch auf schulische Förderung. Für die Zeugnisse gelten je nach Bundesland unterschiedlich große pädagogische Freiräume in der Gewichtung der mündlichen und schriftlichen Leistungen im Lesen, Schreiben und Rechtschreiben.

LRS allein darf, bei sonst angemessener Gesamtleistung, kein Grund sein, ein Kind vom Übergang in eine weiterführende Schule auszuschließen bzw. nicht zu versetzen. Trotzdem kann ein Kind eventuell nicht versetzt werden, wenn die Klassenkonferenz zu dem Ergebnis kommt, seine Leistungen seien auch auf anderen Gebieten so schwach, daß es im nächsten Schuljahr nicht erfolgreich mitarbeiten können wird. Oft ist eine Klassenwiederholung für ein Kind mit LRS zum Luftholen auch dringend erforderlich. Beachten Sie, ob eventuell in Ihrem Bundesland die Möglichkeiten einer freiwilligen Klassenwiederholung besteht.

Welche Arten von Förderung gibt es?

Neben allgemeinen klasseninternen Fördermaßnahmen (wie sorgfältig durchgeführtem Anfangsunterricht im Lesen, Schreiben und Rechtschreiben mit binnendifferenzierenden Maßnahmen) können bereits in den ersten beiden Jahren von den Deutschlehrer(inne)n oder unter ihrer Verantwortung zusätzliche Fördermaßnahmen in Kleingruppen oder in Verfügungs-/Teilungsstunden durchgeführt werden. Zudem sind vor allem in den neuen Bundesländern noch LRS-Kleinklassen verbreitet, deren Weiterführung diskutiert wird.

In den KMK-Grundsätzen wird die Einleitung besonderer Fördermaßnahmen vorgesehen bei Schülerinnen und Schülern, die die Ziele des Lese- und/oder Rechtschreibunterrichts der Jahrgangsstufe 2 noch nicht erreicht haben, sowie anderer für Kinder der Jahrgangsstufen 3 und 4, deren Leistungen im Lesen und/oder Rechtschreiben über einen Zeitraum von mindestens drei Monaten hinweg schlechter als ausreichend bewertet werden.

Die Förderung soll im wesentlichen bis Jahrgangsstufe 6 abgeschlossen sein. Soweit bei einzelnen Schülerinnen und Schülern weiterhin Schwierigkeiten im Rechtschreiben bestehen, sind diese durch geeignete Maßnahmen zu beheben (§ 3, Punkt 2).

Schulische Fördermaßnahmen finden in vielen Bundesländern nur dann statt, wenn Haushaltsmittel vorhanden sind oder die Förderstunden aus dem normalen Stundenkontingent abgedeckt werden können.

Übersicht über die in den Ländererlassen vorgesehenen Förderstundenangebote

Land	Schuljahr	Wochenstunden	Kursstärke
Baden-Württemberg	3–4	2–3	Einzelförderung / Ku rs bis 8
	3–4	alle	Kleinklasse ab 10
	5–6	2–3	Gruppen – auch einzeln
Bayern	2–4	2–3	4–8
Berlin	1+2	nach päd. Erfordernissen	4–8
	3–6		4–8
	3–6	alle	Kleinklasse 8–15
Brandenburg	1–6	1–2	6–10
	2–4	alle	Förderklasse
Bremen	2–6	2–5	2–6
Hamburg	2–5, V8 / 9, BVK 9	1–2	Einzelhilfe (bis 3)
	2–6	bis 3	5–8
	3+4	alle, <16	Klein-Teilzeitklasse
Hessen	2–4	2–3	4–6
	5–10	2	4–6
Mecklenburg-Vorpommern	2–4	bis 2	3–6
	5–6 u.höher	ohne Angabe	nach Bedarf
	2–4	alle	LRS-Kleinklasse
Niedersachsen	2–4	bis 3	4–8
	5–6	in Arbeit	
Nordrhein-Westfalen	1–2	tägl. kurze Förderzeit	
	3–6	bis 3	6–10
	7–10		Einzelfallregelung
Rheinland-Pfalz	Vorrang Binnendifferenzierung/Doppelbesetzung		
	1–4	bis 2	4–8
Saarland	3+4	2–5	4–8
Sachsen	3I–3II 2 Jahre	alle	LRS-Klasse 10–16
	2–4	2	

Land	Schuljahr	Wochenstunden	Kursstärke
Sachsen-Anhalt	ohne Angaben		
	3	10–16	LRS-Klasse
Schleswig-Holstein	1–4	geregelt durch Förderstunden	Stundentafel
	5–10		<10
Thüringen	1–4	Binnen-differenzierung	ab 1
	10–16	an Förderschulen	Förderklassen

Wie sollen Leistungen festgestellt und beurteilt werden?

Auch hier unterscheiden sich die Regelungen der einzelnen Bundeslän-der erheblich voneinander. Einerseits sollen auch LRS-Schülerinnen und -Schüler unter die für alle geltenden Maßstäbe der Leistungsbewertung fallen, andererseits wird in § 4.1. der KMK-Grundsätze der Lehrkraft pädagogischer Spielraum eingeräumt. Einige Bundesländer haben aber die weitgehende Freistellung von Benotung für schriftliche Arbeiten (unter ausreichend), z.T. Freistellung der Benotung der Rechtschreibung für LRS-Kinder in allen Fächern beibehalten. Sie nützt jedoch nur, wenn das Kind auch Hilfe erhält, notfalls außerschulisch. Statt einer Benotung sollte eine ermutigende Leistungsbeschreibung erfolgen. Damit sollen die betroffenen Schüler(innen) eine Chance für die Aufarbeitung ihrer Schwierigkeiten erhalten.

Wie lange gelten besondere Regelungen?

Auch hier müssen Sie wieder den LRS-Erlaß oder die Verordnung Ihres Bundeslandes gründlich lesen. In der gymnasialen Oberstufe gibt es bundesweit keine Berücksichtigung mehr. Abgangs- und Abschlußzeug-nisse werden nach den für alle Schüler geltenden Bestimmungen erteilt.

Wie sieht die Schulrealität aus?

In den Schulen, wo der Anfangsunterricht im Lesen und Schreiben kom-petent, differenziert, offen, kindgerecht und ohne Zeitdruck durchge-führt wird, und dort, wo Schulleitung, Kollegium und Eltern die Probleme der Betroffenen ernst nehmen, hat sich die Zahl der Schüler und Schülerinnen mit LRS drastisch reduziert. (Daten aus dem Saarland: von ca. 5% im Jahre 1983/84 haben sich die Fördermaßnahmen im Schuljahr 1992/93 in den Klassenstufen 3 und 4 auf ca. 3% reduziert.)

LRS-Förderung für fast 6% der Grundschüler (Stand: Mai 1993)

»27.200 Grundschüler mit besonderen Schwierigkeiten beim Erlernen des Lesens und Rechtschreibens werden in Bayern nach der Angabe von Kultusminister Hans Zehetmair gezielt gefördert. Dies entspricht einem Anteil von 5,77% aller Grundschüler. In der Hauptschule ist der Anteil mit 1,25% deutlich geringer. Der Förderunterricht erfolgt in der Regel im Umfang von zwei bis drei zusätzlichen Unterrichtsstunden. Im laufenden Schuljahr wird für die LRS-Förderung die Unterrichtspflichtzeit von 191 Lehrerinnen und Lehrern aufgewendet.«

(Aus: Grundschulzeitschrift 64/1993, S. 5.)

Es gibt vielerorts engagierte Lehrerinnen und Lehrer, die diesen Kindern mit besonderem Verständnis und Förderangeboten helfen. Doch auch bei bestem Unterricht wird es immer wieder einzelne Kinder geben, deren Schwierigkeiten nicht allein mit schulischen Mitteln zu beheben sind. Hier gilt es, die je nach Problemstellung richtige außerschulische Hilfe zu finden, um dann in enger Zusammenarbeit von Elternhaus, Schule und Therapiepraxis dem betroffenen Kind richtig zu helfen.

Leider haben sich bisher die zur Vermeidung von besonderen Lese-Rechtschreib-Schwierigkeiten notwendigen schulischen Voraussetzungen aber oft nur ansatzweise verwirklichen lassen. Zudem haben sich in den letzten Jahren die schulischen Rahmenbedingungen verschlechtert (größere Anfangsklassen mit Kindern, die viel Aufmerksamkeit benötigen; fehlende Unterrichtszeit). Immer wieder treffen Eltern auf Lehrer(innen), die nicht akzeptieren wollen/können, daß Kinder mit unterschiedlichen Fähigkeiten und Fertigkeiten in die Schule kommen und nur dann erfolgreich lernen können, wenn sie differenzierte Angebote erhalten und in ihren Lernprozessen unterstützt werden.

Immer noch fehlen an vielen Schulen
- die verbindliche Vorbereitung der Erstklaßlehrer(innen) auf den Anfangsunterricht im Lesen und Schreiben,
- die Erweiterung der Unterrichtszeit, damit jedes Kind seinen Weg zur Schriftsprache finden kann,

Andreas besucht die sechste Klasse eines Gymnasiums. Seine großen Lese- und Rechtschreibprobleme, die die sehr verständnisvolle und hilfreiche Grundschullehrerin überforderten, konnten mit einer integrativen Spiel- und Lerntherapie unter Mitarbeit der Mutter noch rechtzeitig vor dem Übergang ins Gymnasium behoben werden. *Andreas* fing dort unbelastet an. Schwierigkeiten mit der ersten Fremdsprache blieben zunächst aus, da er Latein gewählt hatte. Gegen Ende der fünften Klasse traten in Latein, in der sechsten Klasse auch in Deutsch Probleme auf. Obwohl Andreas kontinuierlich mehr als andere Schüler übte und lernte, begann er in Arbeiten zu blockieren, beim Schreiben fiel er in längst überwundene Fehler zurück. Als die Mutter unter Hinweis auf den bestehenden LRS-Erlaß und seine pädagogischen Maßnahmen von den Lehrkräften Hilfe für ihren Sohn erbat, wurde sie abgewiesen. Der Erlaß gelte nicht am Gymnasium. Solche Kinder hätten hier nichts verloren. Mühsam setzte sie sich bei der Schulleitung dafür ein, daß die Existenz des Erlasses zur Kenntnis genommen wurde und sich die Fachkonferenz Deutsch mit dem Erlaß und seinen Konsequenzen für die betroffenen Schülerinnen und Schüler auseinandersetzte. Am wichtigsten war für *Andreas* die Haltungsänderung der Lehrer: In Latein wurde ihm für die Vokabeltests mehr Zeit zugestanden, unter den Deutscharbeiten standen jetzt ermutigende Kommentare.

- Lehrerstunden, damit die Kinder durch stundenweisen Unterricht mit zwei Lehrkräften intensiver gefördert werden können,
- Geld für Material für einen differenzierten Unterricht,
- verpflichtende Weiterbildung der Lehrerinnen und Lehrer aller Schulformen in Fragen des Schriftspracherwerbs und seiner Störungen, förderdiagnostischer Arbeit sowie spiel- und heilpädagogischen Kenntnissen
- und vor allem die *verbindliche* Förderung der Schülerinnen und Schüler mit Lernrückständen.

Die Schulwirklichkeit zeigt leider, daß sich die Hoffnungen der KMK-Grundsätze und ihrer Folgeerlasse bisher nur ansatzweise erfüllt haben: »Es ist zu erwarten, daß in dem Maße, wie der Erstlese- und Schreibunterricht in den Anfangsjahrgängen der Grundschule systematisch und sachgerecht erteilt wird, sich die Anzahl derjenigen Schüler verringert, die nach der Jahrgangsstufe zwei besonderer Fördermaßnahmen bedürfen.«

Es ist tragisch für die betroffenen Kinder und ihre Familien, daß man in den Schulen leider immer wieder schlecht – oder falsch – informierten Lehrkräften begegnet und immer wieder noch solchen, die das Problem LRS als individuelle Lernschwäche sehen und es am liebsten aus der Regelschule herausverlagert haben möchten – in private Einrichtungen, an Erziehungsberatungsstellen, schulpsychologische Dienste, Volkshochschulen, kirchliche Institutionen, in ärztliche Behandlung oder in die Sonderschule. Besonders kritisch ist auch, daß immer mehr Sekundarstufenlehrkräfte in die Grundschule versetzt werden und hier erste Klassen unterrichten, ohne dafür ausgebildet zu sein.

Sozialrechtliche Regelungen – Unterstützungsmöglichkeiten

➤ *Dieser Abschnitt ist nur für die Erziehungsberechtigten interessant, deren Kinder unter so massiven Auswirkungen der LRS auf ihre Gesamtpersönlichkeit leiden, daß langfristige ambulante oder stationäre therapeutische Behandlung erforderlich wird.*

Welche gesetzliche Hilfen können Eltern in Anspruch nehmen?

Wenn die Schule ihrem Förderauftrag nicht nachkommt oder sich die Probleme zum »Teufelskreis Lernstörung« zu entwickeln drohen, wird außerschulische Hilfe immer dringlicher, oft wird sie unerläßlich. Da wenig Eltern in der Lage sind, die Kosten für eine Therapie zu übernehmen, stellt sich die Frage, ob staatliche Stellen oder Krankenkassen hier in die Finanzierung einbezogen werden können.

Im Regelfall müssen die Eltern, ebenso wie für andere außerschulische Aktivitäten, die Therapiekosten für ihr Kind selbst übernehmen. Sie können sie im Lohn- oder Einkommensteuerausgleich unter außergewöhnliche Belastungen einbringen, wenn sie als Therapiekosten ausgewiesen sind.

Bei schweren Fällen von LRS, mit der Gefahr einer seelischen Behinderung, sollten sich Eltern nicht scheuen, über das zuständige Sozialamt Finanzierungshilfe zu beantragen. Sie ist kein Almosen, sondern gesetzlich vorgesehen und auch als »Hilfe zur Erziehung« wegen Überforderungen durch Versäumnisse der (staatlichen) Schule zu betrachten.

Hier gibt es unterschiedliche Hilfsangebote:
● Hilfen der Erziehung nach §§ 27–41 des Kinder- und Jugendhilfegesetzes (KJHG),
● Eingliederungshilfe nach dem Bundessozialhilfegesetz (BSHG), vor allem § 39 und § 43.

Beim KJHG hängt die Kostenübernahme von der Prüfung der Schwere der psychischen Belastung ab und wird einkommensunabhängig gewährt.

Beim BSHG werden je nach Auslegung sehr enge Auswahlkriterien angelegt und amtsärztliche Gutachten gefordert, zudem soll die Kostenträgerschaft für »Legastheniker«behandlungen ab 1995 vorrangig vom KJHG übernommen werden, sofern überhaupt Kosten übernommen werden.

Wer hat Anspruch auf staatliche Hilfen zur Erziehung nach dem Kinder- und Jugendhilfegesetz?

Es besteht ein Leistungsanspruch, wenn »eine dem Wohl des Kindes oder Jugendlichen entsprechende Erziehung nicht gewährleistet ist und die Hilfe für seine Entwicklung geeignet und notwendig ist« (§ 27 Abs. 1).

Stichproben in verschiedenen Bundesländern und Städten zeigen, daß eine sehr unterschiedliche Auslegung der Gesetze bei Therapieanträgen von Kindern mit Lern- und Verhaltensauffälligkeiten praktiziert wird, zum Teil sogar innerörtlich. Eltern mit Kindern, die unter umfassenden Lern- und Verhaltensauffälligkeiten leiden, tun gut daran, sich intensiv über die lokalen Eigenheiten zu informieren, sollten möglichst schon ein Gutachten einer Beratungsstelle oder therapeutischen Einrichtung besorgt haben, das die Notwendigkeit einer Hilfe zur Erziehung bescheinigt, bevor sie einen Antrag beim zuständigen Jugend- oder Sozialamt stellen.

Wer hat Anspruch auf staatliche Hilfen zur Eingliederung nach dem Bundessozialhilfegesetz?

Im § 39 des Bundessozialhilfegesetzes (BSHG) in der Fassung vom Mai 1987 heißt es, daß Behinderten oder von Behinderung Bedrohten Eingliederungshilfe zu gewähren ist, um ihnen die Teilnahme am Leben in der Gemeinschaft zu ermöglichen. Nach Kommentar VO 15 gehört dazu auch die Legasthenie: »Die Legasthenie (Lese- und Rechtschreibschwäche) stellt in der Regel ebenfalls keine geistige Behinderung dar, so daß schulische Förderung und Hilfen nach dem KJHG genügen. Sie kann aber so ausgeprägt sein, daß die Fähigkeit zur Eingliederung in die Gesellschaft in erheblichem Umfang beeinträchtigt ist. Bei schwerer Legasthenie können auch seelische Behinderungen auftreten. In den beiden letzten Fällen kommt ein Anspruch auf Eingliederungshilfe in Betracht.« (Bundessozialhilfegesetz 1988, S. 324)

Hans-Jürgen Ruß bringt es in seiner kritischen Analyse der Theorien, Erlasse und Rechtssprechung unter dem Titel »Legasthenie und Hochbegabung« (1992, S 195ff.) »vereinfacht«, wie er es selbst nennt, auf folgende Gleichung: »Behinderung i.S. v. § 39 = Legasthenie plus schwerer Grad davon plus seelische Behinderung (oder Drohen derselben) plus Beeinträchtigung der gesellschaftlichen Eingliederungsfähigkeit (oder Drohen derselben).«

Wer hat Anspruch auf staatliche Hilfen bei der stationären Unterbringung eines LRS-Kindes?

Es gibt inzwischen gerichtliche Urteile, in denen Eltern die Kosten ihres LRS-Kindes für den Aufenthalt in einem Heim vom Staat im Rahmen der Eingliederungshilfe erfolgreich eingeklagt haben (z.B. Verwaltungsgericht Braunschweig, AZ 4 VG A 426/82 vom Januar 1985, Bundesverwaltungsgerichts-Urteil vom 19.6.84, 5C125.83).

Die Zuständigkeit der Kostenübernahme liegt hier bei den Landeswohlfahrtsverbänden oder dem Land. Einzelheiten, wie Gutachten, Schulbescheinigungen, Eigenanteil u.a., erfahren die Erziehungsberechtigten von dem in Frage kommenden Internat.

Wie wird ein Antrag auf Übernahme von Therapiekosten gestellt?

Dies hängt von den örtlichen Gegebenheiten ab, auf jeden Fall vor Beginn einer Therapie. Broschüren und Ratgeber der Sozialministerien, der Erziehungs- und Beratungsstellen der Verbände der freien Wohlfahrtspflege, die kirchliche und private Initiativen umfassen, können zur ersten Information dienen. In jedem Fall müssen die Erziehungsberechtigten einen Antrag auf Hilfe zur Erziehung oder Eingliederungshilfe beim zuständigen Jugend- und Sozialamt stellen. Neben Mut erfordert es oft viel Geduld, bis Sie die jeweils zuständige Stelle finden werden, wobei zu beachten ist, daß die Sprechstunden meistens morgens und nur an bestimmten Wochentagen liegen. Zur Überprüfung der Voraussetzungen für finanzielle Leistungen nach dem KJHG muß auf jeden Fall eine Bescheinigung über die Notwendigkeit der Therapie durch eine anerkannte Stelle, z.B. der zuständigen Kinder-/Jugend-/Elternberatung, vorgelegt werden. Manchmal wird ein Schulbericht angefordert, aus dem hervorgehen muß, daß die Schule außerstande ist, die Lese-/Rechtschreibschw ierigkeiten zu beheben, und welche seelischen Behinderungen sich in der Persönlichkeitsentwicklung (Selbstwertgefühl, psychosomatische Beschwerden, depressive Grundstimmung u.a.) entwickelt haben.

Finanzieren Krankenkasssen LRS-Therapien?

Jein. Therapien der für die Arbeit mit LRS-Kindern qualifizierten Berufsgruppen (Lehrer, Diplompädagogen, Diplompsychologen mit den jeweiligen Zusatzausbildungen) werden nur selten von den Krankenkassen anerkannt, da das Bundessozialgericht 1979 in einem grundlegenden Urteil feststellte, daß »die von einem nichtärztlichen Diplom-Psychologen selbständig und eigenverantwortlich durchgeführte Behandlungsmaßnahme ... weder eine ärztliche Behandlung im Sinne des § 182 Abs. 1 S. 1 Buchst. a RVO dar(stellt) noch ist sie den Heilmitteln im Sinne des § 182 Abs.1 Nr.1 Buchstabe b RVO zuzuordnen« (zitiert aus Ruß 1992, S. 209).

Wenn allerdings zur LRS eine neurotische Fehlentwicklung oder sonstige erhebliche psychische Störungen hinzukommen, können Therapiekosten von den Krankenkassen übernommen werden, die Therapie darf allerdings nur von Ärzten, Psychologen mit Zusatzausbildung in Verhaltenstherapie oder Kinderpsychiatern durchgeführt werden. Ohne diesen Fachleuten für seelische Störungen zu nahe zu treten und ihre beruflichen Qualifikationen anzweifeln zu wollen, muß jedoch klargestellt werden, daß sie für diese speziellen Aufgaben nicht ausgebildet sind.

Lesetip

Ruß, H.J.: Legasthenie und Hochbegabung. Kritische Analyse der Theorien, Erlasse und Rechtssprechung zur LRS. Schelzky & Jeep, Berlin.
Nicht einfach zu lesende 328 Seiten Informationen und Analysen vor allem zu Erlassen und Rechtssprechung – leider nur bis 1991, also vor dem Inkrafttreten des KJHG – für die Eltern, die Probleme mit der Durchsetzung ihres Rechtsanspruchs haben.

Teil III:
Praktische Hilfen und Materialien

Eltern

dürfennicht

Fernsen

werbten

Die Knder

machen ja

nicht egstrar

Feler !!!

5. Wie können Sie Ihrem Kind zu Hause helfen?

»Wenn die Eltern erst einmal erkannt haben, daß die Unfähigkeit ihres Kindes, in der Schule voranzukommen, darauf beruht, daß es meint, seine Leistungen seien den Eltern wichtiger als es selbst mit seinen individuellen Bedürfnissen, Wünschen und Ängsten, dann werden ihre Bemühungen, es davon zu überzeugen, daß sie wirklich nur an ihm selbst interessiert sind, daß sie es lieben und glücklich wissen wollen, die Situation von Grund auf ändern.« (Bettelheim »Zeiten mit Kindern«, S. 104f.)

Wichtig ist ...

- Akzeptieren Sie die Schwierigkeiten Ihres Kindes, machen Sie keinen Druck, und zeigen Sie ihm, daß sie froh sind, daß sie lösbar sind und kein unabdingbares Schicksal sein müssen.

- Hilfe kann nicht über Nacht wirken. Sie braucht Zeit, Vertrauen und Unterstützung. Fallen Sie nicht auf die Versprechen einfacher und rascher Lösungen herein, obwohl diese immer wieder angepriesen werden. Es gibt keine einfachen Lösungen für komplexe Probleme.

- Warten Sie nicht zu lange mit gezielten Hilfen, vor allem, wenn Sie diese in der Schule vermissen.

- Je früher geholfen wird, um so normaler und zufriedener entwickelt sich Ihr Kind und damit das Familienleben. Geschieht nichts, weiten sich die Probleme unweigerlich auf alle Fächer aus, in denen gelesen und geschrieben werden muß.

- Achten Sie auf die Einhaltung und Ausschöpfung des schulischen LRS-Erlasses, der in ihrem Bundesland gilt. Ihr Kind darf nicht allein wegen seiner LRS sitzenbleiben oder in eine Sonderschule überwiesen werden. Wohl aber kann eine frühzeitige freiwillige Wiederholung der ersten oder zweiten Klasse helfen, die fehlenden Entwicklungsschritte aufzuholen, und damit späteren Lern- und Persönlichkeitsstörungen vorbeugen.

- Ein Kind mit Lernproblemen braucht eine Lernumwelt, in der es sich geborgen und angenommen fühlt von den Lehrer(inne)n und Mitschüler(inne)n. Schalten Sie sich ein, wenn Ihr Kind Angst vor der

Schule hat oder körperliche Auffälligkeiten wie Kopf- oder Bauchschmerzen zeigt. Finden Sie kein Verständnis, so bemühen Sie sich um einen Klassenwechsel.

- Bei massiven Lese-Rechtschreib-Schwierigkeiten gilt: Auch wenn es die Familie vorübergehend finanziell belastet, lohnt sich der Aufwand einer therapeutischen Maßnahme langfristig sehr.

Sollen Eltern zu Hause üben?

Jein! Diese Frage muß von Fall zu Fall unterschiedlich beantwortet werden. Wichtiger als alles Üben ist, daß Eltern ihr Kind lieben, es unterstützen und sich Zeit für seine Sorgen und Freuden nehmen. Dazu gehört auch, daß sie engen Kontakt zur Schule halten und die angebotenen Elterngespräche und Elternabende besuchen. Bei diesen Gelegenheiten haben Eltern die Möglichkeit, von der Klassenlehrerin oder dem Klassenlehrer Informationen über ihr pädagogisches Konzept, die Lerninhalte und Lernziele in den verschiedenen Fächern und die Klassensituation zu bekommen. Außerdem sollten sie von den Bemühungen und Problemen ihres Kindes beim Lesen und Schreiben berichten, wieviel zusätzliche Zeit es für die Erledigung der Aufgaben braucht. Die Schule sollte auch über eventuelle außerschulische Maßnahmen informiert sein.

Was sollten Eltern beim Üben vermeiden?

Eltern sollten sich sehr sorgfältig prüfen, ob sie ihrem Kind wirklich helfen, wenn sie zu Hause die Rolle des Lehrers oder der Lehrerin übernehmen. Damit können sie die Beziehung zu ihrem Kind belasten, da die Schule und das Lernen mit negativen Gefühlen und Ängsten belastet sind.

Keinesfalls sollten Eltern ihr Kind durch Liebesentzug oder durch Verbieten von Hobbys wie Fußball, Tennis oder Fernsehen oder Streichung des Taschengelds für seine schwachen Leistungen strafen. Im Gegenteil: Sport und Bewegung sind als Ausgleich wichtig!

Auch wenn Eltern z.B. im ersten Schuljahr in der Fibel vorarbeiten, besteht die Gefahr, daß sich das Kind dann im Unterricht langweilt und mit seinen Gedanken abwesend ist, zum anderen ist die Chance groß, daß ohne böse Absicht Falsches vermittelt wird, denn Eltern kennen ja das Lernkonzept der Lehrer(innen) nicht und sind auf diesem Gebiet Laien.

Auch bringt Lernen unter Druck, Zwang oder Verboten keine längerfristigen Erfolge! Nicht die Zeitdauer ist entscheidend, sondern die Aufnahmefähigkeit und Passung des Lernstoffs an das Kind.

Zwei Beispiele:

Auf die Frage nach einem neuen – oder nicht greifbaren – Buchstaben buchstabieren Sie das s /ess/, statt zu lautieren: /sss/. So erschweren Sie Ihrem Kind das Erlesen, statt es – was Sie ja eigentlich beabsichtigten – zu erleichtern. Aus dem Wort »so« kann so die Erdölfirma »Esso« (»ess«-»o«) werden, sicherlich nicht Ihre Absicht!

Schreibt ein Kind z.B. »gipt« oder »hant«, so geben Erwachsenen oft den zwar gutgemeinten Rat: »Hör nur genau hin und sprich dir das Wort vor, dann kannst du es richtig schreiben.« Damit liegt man in der deutschen Orthographie jedoch häufig schief, da nur ein kleiner Teil unseres Wortschatzes lautgetreu geschrieben wird. Untersuchungen haben ergeben, daß schwache Rechtschreiber sich von guten auch darin unterscheiden, daß sie nach Gehör schreiben und keine anderen Strategien beherrschen, wie z.B. Wortfamilien suchen: »geben«, Verlängerungen bilden: »Hände«, Wortklasse erkennen u.a.

Was können Eltern tun?

Sie möchten Ihrem Kind helfen, damit es weniger Fehler beim Schreiben macht. Vielleicht wehrt es sich auch gegen das Lesen, weil es ihm schwerfällt. Häufig weichen LRS-Kinder dem Lernen aus, sehen lieber fern oder spielen. Häusliches Üben ist oft eine Tortur für alle Beteiligten, und das Ergebnis steht in keinem Verhältnis zum Zeitaufwand. Mehr Druck, Verbote oder Strafen haben auch nicht geholfen. Die ganze Familie leidet mit. Warum klappt es nicht?

Sicherlich ist es ganz wichtig, daß Ihnen klar wird, daß Ihr Kind nicht aus Faulheit, Unkonzentriertheit oder Dummheit Fehler macht, sondern daß diese Verhaltensweisen eine Reaktion sind, weil es bestimmte Lernschritte noch nicht leisten kann. Es braucht mehr Zeit, günstigere Lernbedingungen und gezielte Hilfen, um sich diese Einsichten anzueignen. Es ist auch keine Frage der Intelligenz.

Denken Sie daran, daß Ihr Kind zum Lernen eine positive Einstellung braucht. Angst macht dumm, wie das Sprichwort sagt. Wichtiger als alles

Tills Rat

häusliche Üben ist, daß Sie Ihr Kind mit seinen Stärken und Schwächen akzeptieren, sich Zeit für seine Freuden und Sorgen nehmen und es unterstützen. Sie sollten auch überlegen, aus welchem Grund Ihr Kind vielleicht seine Schwierigkeiten brauchen könnte, z.B. weil es dann mehr Aufmerksamkeit bekommt, sich jemand intensiv um es kümmert – auch wenn es sich nur um Hausaufgaben oder ungeliebtes Üben handelt.

Selbstverständlich ist der Kontakt zur Schule wichtig und das Gespräch mit der Lehrerin, mit der Sie auch über die häuslichen Lernprobleme und Anstrengungen beim Lesen und Schreiben, über Ihre Beobachtungen sowie die Zeit zur Erledigung bei den Hausaufgaben sprechen sollten.

Was ist beim Üben unbedingt zu beachten?

Bevor Sie konkrete Hilfen zum Üben erhalten, noch ein paar Tips vorweg, die über Erfolg oder Mißerfolg Ihres Engagements entscheiden:

111

Wichtig ist, daß Sie ...

... das Selbstwertgefühl Ihres Kindes stärken, indem Sie es positiv motivieren, richtige Lösungen hervorheben, keinesfalls schimpfen oder ärgerlich reagieren!

... alle Lernwege – Auge, Ohr, Kopf, Hand – einbeziehen!

... Ihrem Kind da helfen, wo es Lücken hat, d.h. es nicht über- aber auch nicht unterfordern!

... mit Ihrem Kind lieber wenig intensiv üben anstelle von vielem ein wenig, vor allem nicht mehrere Regeln zur gleichen Zeit!

... nur das diktieren, was Ihr Kind vorher gelesen hat, dessen Wortschatz bekannt ist!

... das Behalten durch Bilder, Analogien oder Eselsbrücken erleichtern oder Plakate mit hilfreichen Tips im Kinderzimmer an gut sichtbarer Stelle aufhängen.

 Was beim Üben vermieden werden sollte:

- Schnelle Erfolge erwarten!
- Ungeduld zeigen oder schimpfen, denn Angst blockiert das Denken!
- Länger als vereinbart arbeiten und zuviel auf einmal fordern!
- Falsche Ratschläge geben wie »Hör doch genau hin, und sprich dir das Wort vor!« Nur ein kleiner Prozentsatz der Wörter unserer Sprache wird lautgetreu geschrieben, bei den meisten muß der Schreiber andere Strategien berücksichtigen (Wortfamilie, Ableitung, Wortart u.a.). Auch Lehrerinnen machen hier Fehler:

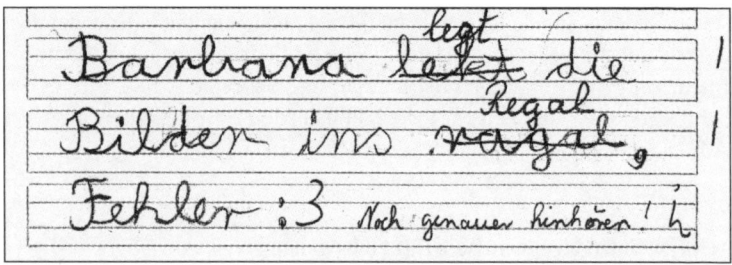

- Für Fehler oder schlechte Noten mit Liebesentzug oder anderen Sanktionen strafen!

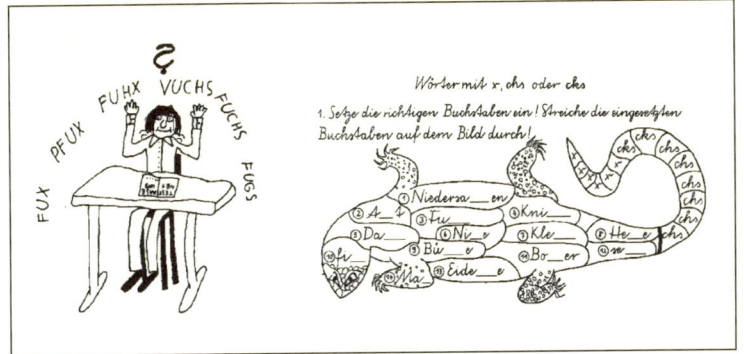

- Ihr Kind unter Androhen von Strafen zum Vorlesen zwingen!
- Unbekannte Texte aus Übungsbüchern oder der Zeitung als Diktate verwenden!
- Fehler zu provozieren durch Diktate mit ähnlich oder gleich klingenden Lauten, die unterschiedlich geschrieben werden (z.B. der »ks«-Laut, der sowohl »x«, »chs«, »gs« oder »ks« geschrieben werden kann, oder »Mohr – Moor« u.a.)!

Zehn Minuten täglich – sonntags nie!

Tatsache ist, daß Kinder mit Lernproblemen mehr als andere Schüler arbeiten müssen, denn sie benötigen bereits meist mehr Zeit, um Lesetexte sinngemäß zu verstehen. Die große Fehlerzahl in den Heften und vor allem den Arbeiten erfordert einen hohen Aufwand an Energie, Konzentration und Ausdauer. Aufgaben müssen wiederholt werden, weil Fehler enthalten sind oder die Schrift unleserlich ist. Diese Kinder brauchen auch Zeit zum Entspannen, Zeit für Freunde, Sport und Hobbys. Schon von daher muß zusätzliches Üben zeitlich begrenzt werden.

Denken Sie daran, daß ein Üben mit Ihrem Kind nur dann positive Ergebnisse bringt, wenn das Verhältnis spannungsfrei ist, Sie Geduld haben und sich Ihr Kind auch von Ihnen helfen lassen will. Ist dies nicht der Fall, so ist zu befürchten, daß sich eine Lernblockade mit zusätzlichen emotionalen Problemen aufbaut. Ihr Kind leidet nämlich, weil es glaubt, daß Sie es nur über seine Leistung lieben. In diesem Fall sollten Sie unbedingt mit den Lehrer(inne)n über andere Hilfsmöglichkeiten nachdenken.

So lernt man besser ...

Auch wenn es trivial klingt: Lesen lernt man nur durch Lesen! Schreiben nur durch Schreiben! Das Lernen lernt man nur durch eigenes Tun! Je besser man es kann, um so mehr Spaß macht es!

● Die *Zeitwahl* ist für den Lernerfolg sehr wichtig und sollte vom individuellen Tagesrhythmus des Kindes bestimmt werden. Gut ist es, einen Wochenplan zu führen und die Hausaufgabenzeiten, die festen Termine und Verabredungen festzuhalten. Ganz ungeeignet zum Lernen sind natürlich Zeiten, zu denen »wichtige« TV-Sendungen laufen oder Freunde warten. Das Üben sollte möglichst täglich zur gleichen Zeit stattfinden. Sonntage, Feiertage und die erste Hälfte der Ferien sollten ausgespart bleiben und nur der Erholung dienen.

● Der *Ort* sollte eine ruhige Ecke, möglichst der eigene Schreibtisch sein, an dem keine äußeren Ablenkungen stören. Manche Kinder lieben es auch, die Übungszeit zu einem Zeremoniell mit Tee und Keksen im Wohnzimmer auszudehnen und genießen die persönliche Zuwendung von Mutter oder Vater.

● An *Material* sollte am Schreibtisch vorhanden sein: Papier, Wörterbuch, Lernkartei und passende Karteikarten (möglichst in mehreren Farben), Lesepfeil, Bleistifte, Radierer, Lineal, Füller mit Patronen, Tintenkiller, Markierungsstift, Buntstifte oder Filzer, eine Schere, Heft oder Ordner, Kassettenrekorder mit Leerkassette, eventuell eine Schreibmaschine oder ein Computer.

● Das *Übungsprogramm* sollte neben einigen Lockerungs- und Entspannungsübungen lautes (auf Kassette) oder leises Lesen beinhalten, über dessen Inhalt sich das Kind später mit einem Familienmitglied unterhalten sollte, sowie Karteiarbeit mit eigenen Fehlerwörtern und eventuell – nach einer Unterbrechung oder tageweise abwechselnd – mit Vokabeln.

● Zu den *Inhalten* der einzelnen Bausteine werden in den entsprechenden Kapiteln Übungsvorschläge gemacht, aus denen das Passende für die spezifischen Schwierigkeiten des Kindes ausgewählt werden kann. Wichtig sind positive *Bestätigungen* für die zusätzlich geleistete Arbeit und Belohnungen, die für das Kind Bedeutung haben. Die Wunschliste kann sehr unterschiedlich sein, z.B. Spielezeit, ein Ausflug mit der Familie, Ergänzungen zum Hobby, Klebebildchen, ein Kinobesuch ...

Wie löst man das leidige Thema Hausaufgaben?

> *Erkan* sitzt mittags stundenlang ohne Pause über seinen Hausaufgaben und wird und wird nicht fertig. Ständig lenkt ihn etwas ab. Er verlangt, daß jemand dauernd neben ihm sitzt. Die Mutter ist genervt, die Geschwister sind sauer.

Für viele LRS-Kinder bedeuten Hausaufgaben einen ständigen Kampf an mehreren Fronten: mit der Sache selbst, den Lehrer(inne)n und den Eltern. Es fängt damit an, daß viele Betroffene ihre Hausaufgaben entweder gar nicht oder unvollständig notieren und dann mittags eine zeitraubende Suche, Diskussion oder Rumtelefoniererei mit Klassenkameraden folgen muß.

Wird nichts notiert, dann kann sich das Kind am ehesten auf die Ausrede, es war nichts auf, zurückziehen und entgeht – zumindest für einige Zeit – den nervenaufreibenden Nachfragen und Diskussionen mit dem helfen wollenden Elternteil. Sind die Notizen im Hausaufgabenheft unvollständig oder falsch, dauern die Aufgaben natürlich auch länger, und der Ärger setzt am nächsten Tag im Unterricht ein.

Die zweite Hürde sind Leseaufgaben, deren Länge mit steigender Klassenstufe in vielen Fächern beträchtlich zunimmt, die häufig auch schriftlich zusammenzufassen oder zu interpretieren sind. Und damit sind wir bei den schriftlichen Hausaufgaben, deren Länge normalerweise auf den Klassendurchschnitt angelegt ist.

Eine Entschärfung dieses – gerade auch die Familie belastenden – Problems muß in verschiedenen Schritten und an unterschiedlichen Stellen erfolgen.

Der erste Schritt sollte das *Gespräch mit den Lehrkräften* sein, damit gemeinsam Absprachen über die Hausaufgaben erfolgen. Die Bearbeitungszeiten sollten unter den Hausaufgaben notiert werden. In allen Bundesländern gibt es für jede Klassenstufe Richtzeiten für die Erledigung der Hausaufgaben (vgl. die Tabelle auf der nächsten Seite).

Diese gelten auch für Kinder mit LRS, müssen jedoch sicherlich oft überschritten werden, um – vor allem in den höheren Klassen – den Anschluß zu halten.

Wichtig ist, daß Ihr Kind lernt, daß es seine *Hausaufgaben selbstverantwortlich* und *eigenständig* macht. Dazu braucht es funktionierende Lern- und Arbeitstechniken, um noch Zeit für Hobbys und Freunde erübrigen zu können (Kapitel 10).

Richtzeiten (nicht zu überschreitende tägliche Arbeitszeit) für Hausaufgaben in der Grundschule und Sekundarstufe I

Schuljahr	Baden-Württ.	Bayern	Berlin	Bremen	Hamburg	Hessen
1	30	60	15	keine	beh. Einf.	30
2	45	60	30	30	30	30
3	60	60	45	45	60	45
4	60	60	45	45	60	45
5	90	60–120	60	90	90	60
6	90	60–120	60	90	90	60
7	90	60–120	90	120	120	90
8	120	60–120	90	120	120	90
9	120	60–120	90	120	120	120
10	120	60–120	120	120	120	120

Schuljahr	Niedersachsen	Nordrh.-Westfalen	Rheinl-Pfalz	Saarland	Schlesw.-Holstein	
1	HA-Anl.	30	kein Material	30	30	Über die neuen Bundesländer liegen der Autorin noch keine Daten vor.
2	30	30		30	30	
3	45	60		60	60	
4	45	60		60	60	
5	60	90		60	60	
6	60	90		120	60	
7	120	120		120	120	
8	120	120		120	120	
9	120	120		120	120	
10	120	120		120	120	

Weiß ein Kind, daß es sich zu Hause auf Mutter, Vater oder Nachhilfelehrer(in) verlassen kann, so ist die Gefahr des Abschaltens im Unterricht groß und ein Vergrößern der Lücken bzw. falsches Vorbereiten der Arbeiten und Versagen vorprogrammiert. Hilfreich ist für manche LRS-Schülerinnen und -Schüler das gemeinsame Besprechen, Einteilen und

Nachsehen der Hausaufgaben, die Erledigung sollte aber selbständig erfolgen. Nachsehen bedeutet nicht unbedingt Verbessern, denn zum einen heißt es für das Kind oft erneutes Abschreiben und damit Freizeitverlust, zum anderen können sich die Lehrer(innen) kein Bild vom wirklichen Leistungsvermögen der Schülerin oder des Schülers machen. Hier sollten individuelle Absprachen mit den einzelnen Lehrkräften getroffen werden.

Tips für Hausaufgaben

● Achten Sie darauf, daß Ihr Kind regelmäßig die Hausaufgaben in einem Hausaufgabenheft oder auf einem Block notiert.

● Es gibt keinen allgemeingültigen besten Zeitpunkt für Hausaufgaben. Lassen Sie Ihr Kind selbst aussuchen, wann es sie erledigen will, dann aber dabei bleiben.

● Manche Kinder möchten mit dem Unangenehmsten beginnen, andere mit dem, was ihnen am leichtesten fällt. Wichtig ist nur, daß der Lernstoff in kleinen, überschaubaren Portionen erarbeitet und nicht Ähnliches direkt hintereinander gelernt wird. Sonst tritt die berühmte »Ranschburgsche Hemmung« ein, die zur Löschung oder Verwechslung des Gelernten führt.

● Ihr Kind sollte sich die Arbeit durch kleine Pausen von etwa zehn Minuten oder kleine Belohnungen versüßen, um danach wieder mit frischer Kraft weiterlernen zu können, und zwischendurch ein paar Entspannungsübungen machen.

● Bei der Erledigung der Aufgaben ist es wichtig, daß der Arbeitsplatz immer der gleiche ist, möglichst wenig Ablenkungen bietet und auch genügend Platz und Ordnung zur raschen und erfolgreichen Erledigung zur Verfügung stehen.

 **Lesetip**

Kohler, B.: Eltern-Ratgeber Hausaufgaben. Helfen – aber wie? Beltz , Weinheim und Basel.
Preuschoff, G.: Von 6 bis 9. Alltag mit Schulkindern. Papyrossa, Köln.

Wie können Eltern älteren Kindern helfen?

Das hängt von den Problemen Ihres Kindes ab. Es kann sein, daß Sie Ihr Kind bei langen Leseaufgaben unterstützen müssen, damit es den Stoff schafft. Hier sollten die Möglichkeiten der neuen Medien genutzt werden. So gibt es heute neben dem Theaterbesuch die Möglichkeit, viele Klassiker und moderne Autorinnen und Autoren auf Kassette, Platte, Video oder im Kino kennenzulernen. Zu fast jeder Lektüre sind im Buchhandel fertig ausgearbeitete Interpretationen erhältlich.

Schadet Fernsehen?

Auch hier gilt es – wie so oft im Leben –, das richtige Maß zu finden. Den Fernsehkonsum für Schulschwierigkeiten verantwortlich zu machen ist sicherlich genauso falsch wie ein striktes Fernsehverbot. Fernsehen ist für viele Kinder auch eine Form von Entspannung und Abschalten und wesentlich leichter zu konsumieren als ein Buch. Natürlich gibt es auch Programme und Filme, die zum Lesen anregen können. Man sollte sich jedoch darüber im klaren sein, daß Fernsehen immer ein Leben aus zweiter Hand ist, d.h., das Kind ist Zuschauer und kann nicht aktiv handeln. Auch stellt es für einige Kinder Ersatz für eine negativ empfundene Wirklichkeit dar, eine Fluchtmöglichkeit aus der Realität. Haben Kinder attraktivere Angebote in ihrer Umgebung, z.B. Unternehmungen mit Freunden, interessante Spiele und Hobbys, so wird sich der Fernsehkonsum von selbst reduzieren.

Da Lesen, wenn man es nicht beherrscht, anstrengt, ist es nicht verwunderlich, daß solche Kinder das bequemere Fernsehen und Video bevorzugen. Hier beißt sich die Katze sozusagen in den Schwanz, und es bestätigt sich: »Viele Kinder lesen keine Bücher, weil sie nicht lesen können; sie können nicht lesen, weil sie keine Bücher lesen« (Richard Bamberger).

Neben der richtigen Auswahl ist besonders für jüngere Kinder das Reden über gesehene Sendungen zur Bearbeitung wesentlich, und keinesfalls sollte direkt vor dem Schlafengehen ferngesehen werden, da die unverarbeiteten Bilder nachts den Schlaf stören.

Hilft ein Computer?

Das hängt von seinem Einsatz ab. Eine Anschaffung unter dem Gesichtspunkt: »Damit lernt mein Kind besser« lohnt nicht. Neben erheblichen Kosten braucht nämlich die Einarbeitung viel Engagement, Zeit und differenzierte Lesefähigkeit, die andersweitig sinnvoller benötigt wird. Trotz großen Preissturzes in den letzten Jahren kostet die Anschaffung eines Computers und seines Zubehörs (Drucker, Software, Betriebssystem) noch immer einige tausend Mark, mit denen viele Therapiestunden finanziert werden könnten.

Hinzu kommt, daß die Verlockung, den Computer überwiegend für Spiele zu benutzen, sehr groß und auch schwer zu kontrollieren ist.

 **Tip**

Die Bundeszentrale für politische Bildung, Referat Neue Medien, (Postfach 2325, 53013 Bonn) versendet auf Anfrage seit 1992 kostenlose Informationen »Computerspiele auf dem Prüfstand« über neue Spiele.

Dort, wo bereits ein Computer vorhanden ist, kann er als motivierende Schreibhilfe eingesetzt werden. Je nach Leistungsfähigkeit der Hard- und Software (Textverarbeitungssystem) lassen sich Texte beliebig gestalten und verändern, Fehler einfach löschen und Sprache kreativ verwenden. Zusätzlich können persönliche Grundwortschätze und Vokabellisten erstellt, gespeichert und zur Übung abgerufen werden. Außerdem gibt es inzwischen zu den verschiedenen Computersystemen Software zum Lesenlernen, allerdings noch immer wenig Brauchbares für diesen Förderbereich. Ausnahmen sind einige Programme der Serie »Spielend lernen mit der Comles-Familie« wie »Mit Lalipur auf Schatzsuche«, »Reise mit Käpten Tom« (RELE Lernsysteme in München) oder der »Creative Writer« (Microsoft), der für seine Schreib- und Malideen allerdings die Benutzeroberfläche Windows braucht. Die meisten Computerprogramme zur Rechtschreibung arbeiten nach den im Kapitel 8 kritisierten Ratestrategien und sind für Kinder mit Lernproblemen nicht hilfreich.

6. Lernen im Spiel – spielend lernen

Tips zum Spielen

- Zum Spielen darf kein Kind gezwungen werden. Ist es aber ins Spiel vertieft, so sollten Eltern es möglichst nicht unterbrechen und den Spiel- und damit Lernprozeß stören.
- Spielen ist schön als gemeinsame Tätigkeit. Wer also sein Kind zum Spielen motivieren will, sollte selbst Freude und Spaß am Spielen haben, sonst wird jeder gutgemeinte Versuch scheitern. Nur in einer entspannten, fröhlichen Atmosphäre werden alle ihre Bedürfnisse und Gefühle einbringen können. Eltern sollten sich überlegen, wie sie ihrem LRS-Kind echte Gewinnchancen einräumen können – z.B. indem sie es mit mehr Macht ausstatten – und sich selbst im Spiel zurücknehmen. Frustrationen und Enttäuschungen erlebt Ihr Kind schon täglich im Übermaß! Kreisspiele machen um so mehr Spaß, je mehr Personen mitspielen!

- Will Ihr Kind mit Ihnen spielen, so sollte es die Auswahl des Spiels mitbestimmen dürfen. Prüfen Sie, ob das ausgesuchte Spiel auch im Alter und Schweregrad paßt, damit nicht gleich von vornherein Frustration und Ärger drohen. Zum Abreagieren eignen sich übrigens Aktionsspiele wie »Hau drauf« (Parker), »Monster Mix« (Parker) oder »Looping Louie« (MB).

- Planen Sie genügend Zeit fürs Lesen der Spielanleitung ein. Zum einen gibt es dann weniger Mißverständnisse, zum anderen sollte dieser echte Leseanlaß für Ihr Kind unbedingt genutzt werden, auch wenn es langsam geht. Ist die Anleitung zu schwierig abgefaßt, so kann sie eventuell reihum absatzweise vorgelesen und das Spiel dabei gleich aufgebaut und angespielt werden.

- Es ist wichtig, daß Spielregeln, vor allem bei Kreisspielen, eindeutig und einfach formuliert sind. Eine Proberunde zeigt, ob alle die Anleitung verstanden haben. Bei Brettspielen ist es sinnvoll, die Regeln je nach Sprachstand und Lesefertigkeit des Kindes neu zu fassen oder die wichtigsten Abschnitte farbig zu markieren.

- Bei der Auswahl der Spiele ist zu beachten, daß sie nicht nur inhaltlich, sondern auch sprachlich auf das Alter der Kinder Rücksicht nehmen und keine zu schwierigen Satzmuster und grammatikalischen Strukturen enthalten. Fast alle Spielanleitungen lassen sich auch verändern und neu schreiben (verbindet Lese- und Schreibgelegenheit).

Warum sind Spiel und Bewegung für Kinder und Jugendliche mit LRS so wichtig?

Hier spielen ich, der Marco, der Lodi, Sascha und der Andreas. Das sind die „Stars von Heute". Sie heißen Memorystars weil sie jede Karte aufdecken. Dabei müssen sie sich den Kribs anstrengen.

Diese Fünftkläßler spielen im LRS-Förderkurs gerade Memory. Was, mögen Sie fragen, hat das mit Lese-Rechtschreib-Förderung zu tun? Sollten die Kinder nicht besser Diktate und Aufsätze üben? Die Antwort ist: Kinder »lernen« im Spiel. Für sie sind Spiel, Arbeit und Lernen keine Gegensätze. Daß Spiel und Bewegung für die gesunde Entwicklung des Kindes von großer Bedeutung sind, ist allgemein bekannt. Nach Piaget, dem bekannten Schweizer Psychologen und Pädagogen, gilt das Spiel als das prägende Mittel der Intelligenz- und Persönlichkeitsentwicklung. Leider stellen heute jedoch Erzieher(innen), Lehrer(innen) und Therapeut(inn)en immer häufiger fest, daß Kinder in den ersten fünf bis sechs Lebensjahren nicht ausreichend spielen und sich bewegen gelernt haben – und als Folge Schwierigkeiten im schulischen Lernen entwickeln.

Bedeutung von Spielen

● *Gesunde Entwicklung*

Das Spannende ist, daß beim Spielen noch ausstehende Entwicklungsschritte erkannt und gleichzeitig nachgeholt werden. Was wird nicht alles bei einem Spiel wie »Feuer, Wasser, Erde, Luft« sichtbar und gefördert!

Feuer, Wasser, Erde, Luft

Material:	Tennisball, Softball oder verknotetes Tuch
Beschreibung:	Die Spieler sitzen in einem großen Kreis. Nach der Einführung steht eine Person in der Mitte mit dem Ball, wirft ihn einem Kind im Kreis zu und sagt dabei einen der vier Begriffe, z.B. »Erde«. Derjenige, der den Ball fängt, nennt nun ein Tier, das auf der Erde lebt, z.B. »Hase«, und wirft den Ball in die Mitte zurück. Der Spieler in der Mitte kann dies mit anderen Kindern wiederholen und sich jeweils zu den Elementen »Erde«, »Wasser« und »Luft« entsprechende Tiernamen sagen lassen. Wer ein falsches Tier ruft oder eines, das bereits genannt war, löst den Werfer in der Mitte ab. Möchte er überhaupt abgelöst werden, so wirft er den Ball in die Höhe und ruft »Feuer«, das Zeichen, daß alle Spieler ihre Plätze wechseln müssen. Wer keinen Stuhl erwischt, geht in die Mitte, und das Spiel geht weiter.
Variation:	Der Spieler in der Mitte ruft beim Werfen einen Tiernamen, zu dem das den Ball fangende Kind das entsprechende Element nennen muß, also z.B. »Taube« – »Luft«. Wenn einem Kind kein Tier einfällt, dürfen die jeweiligen Nachbarn helfen.

Der genaue Beobachter kann folgendes erkennen: Wie kommt das Kind mit den Bewegungsabläufen zurecht, welche Hand bevorzugt es, wie sieht es mit seiner grob- und feinmotorischen Entwicklung aus? Gibt es in der Aussprache bestimmter Laute Probleme, welche Tiere kennt das Kind, wie sieht seine Merkfähigkeit aus? Wie lange kann es sich konzentrieren? Wie verkraftet es einen Fehler? Gleichzeitig wird dabei mit Spaß das Werfen, Fangen und sachkundliches Wissen trainiert.

● *Kinder brauchen positive Erfahrungen*

Kinder und Jugendliche, die durch ihre LRS Schulunlust oder Schulangst entwickelt haben bzw. emotionale Probleme aufweisen, müssen ihre Ängste abbauen, um wieder Freude an der Schule zu bekommen. Dies geht, wie langjährige Erfahrungen gezeigt haben, im Förderunterricht wie auch zu Hause nur dann, wenn sie ermutigende und vergnügliche Situationen erleben und damit ihr angeknackstes Selbstwertgefühl aufbauen. Bettelheim beschreibt in seinen Büchern sehr eindringlich, wie wichtig Gewinnen für die Entwicklung des Selbstwertgefühls ist.

● *Spiele schaffen neue Motivation*

Müdigkeit, Aggression, Resignation oder Unkonzentriertheit können beim Spielen verschwinden, wenn sich das Kind dabei wohl fühlt. Besonderes Vergnügen machen vielen Kindern lustige Lieder mit Bewegungen wie »Meine Tante aus Marokko«, die Lieder von Fredrik Vahle und anderen Liedermachern oder Sprachspiele und Zungenbrecher, an denen Kinder besonders viel Spaß haben, z.B.

● *Kinder lernen spielend Lesen und Schreiben*

Bei Lese-, Schreib- und Wörterspielen, die es in vielfältiger Form gibt – selbst herzustellen, in Büchern oder als käufliche Spiele –, ist der Bezug zum Lesen und Schreiben ersichtlich. Wer nimmt sich aber heute noch Zeit, um mit seinen Kindern »Stadt-Land-Fluß« oder »Gefüllte Kalbsbrust« oder »Onkel Otto plätschert lustig in der Badewanne« zu spielen?

Dies gilt auch für Spiele, die auf ersten Anschein gar nichts mit Lesen und Schreiben zu tun haben. Ein paar Beispiele: Ball-, Hüpf- oder Seilspiele, wie z.B. »Teddybär, Teddybär, dreh dich um«, helfen nicht nur dem Zusammenleben und -lernen der Kinder, sie schulen die Grob- und Feinmotorik – die für das Schreiben so wichtig ist –, die Orientierung im Raum (fürs Lesenlernen) und durch die dazugehörigen Reime neben der Ausdrucksfähigkeit die Sprachanalyse, die wiederum Voraussetzung für das Lesen ist.

Für jüngere Kinder sind Fingerspiele, Abzählreime und Zungenbrecher eine vorzügliche Vorbereitung fürs Lesen- und Schreibenlernen, da sie die Aufmerksamkeit auf den »Klangteil der Sprache« (Bosch 1984) lenken. Bosch empfahl Verse wie:

Ene, mene, mink, mang,
Ping, pang, ort, port,
Eier, deier, weier, weier, weg!

oder

Meine Mu-, meine Mu-, meine Mutter schickt mich her,
ob der Ku-, ob der Ku-, ob der Kuchen fertig wär.
Wenn er no-, wenn er no-, wenn er noch nicht fertig wär,
käm ich mo-, käm ich mo-, käm ich morgen wieder her.

Zur Anregung der kindlichen Phantasie und gleichzeitigen Einstimmung ins Lesenlernen ist es bestimmt sehr viel sinnvoller, mit seinem Kind vor dem Einschlafen zu spielen oder ihm am Bett Geschichten zu erzählen bzw. vorzulesen, als vor dem Fernseher allein zu lassen, dessen unverarbeitete – und meist ungeeignete – Bilder es nachts im Traum verfolgen. Ebenso ungeeignet ist es, Ihrem Kind mit einem Frühlesetraining den Spaß an Büchern zu verderben.

Auch wenn die Kritik das »Mad-Spiel« (Parker) verrissen hat, so ist es bei Kindern ab der vierten Klasse eines der beliebtesten Spiele und nebenbei mit seiner makaber-witzigen Spielanleitung und den Aufträgen ein vorzügliches Lesematerial, ähnlich wie das »Spiel des Lebens« (MB), »Wahr oder gelogen« (Noris), »Schatz im Silbersee« (Klee) u.a. Bei älteren Kindern und Jugendlichen erfreuen sich Fantasy-Spiele großer Beliebtheit. Sie bestehen aus Geschichten, die in Rollenspiele umgesetzt werden, ganz nebenbei ein erfolgreiches Lesetraining! Mit dem leider inzwischen vergriffenen »Dudenkönig« (Ravensburger) lernen Kinder und Jugendliche spielerisch den Umgang mit dem Wörterbuch und gleichzeitig witzige Schreibspiele. Nebenbei läßt sich die Spielanleitung

noch vorzüglich als Lesetraining verwenden (s. Kapitel 7). Die »Würfelspiele zur Rechtschreibung« (Neuer Finken Verlag, Oberursel) sind in
vielen Schulen vorhanden und können vielleicht ab und zu ausgeliehen
werden, denn sie schaffen auch Kindern mit großen Rechtschreib- und
Leseproblemen Erfolgserlebnisse und verbessern deren Lese- und Rechtschreibfertigkeiten. Ähnliches gilt für die Spiele »Rechtschreibkönig« (ab
10 Jahren) und »Schatzsuche« (ab 8 Jahren) aus dem Veritas-Verlag in
Linz/Österreich.

Zurück zum Memory-Spiel vom Anfang dieses Kapitels. Oli beschrieb
das Spielziel mit »den Kribs anstrengen«. Die Kinder übten »spielend«
neben genauer Beobachtung, Orientierung, Kombinationsfähigkeit auch
ihre Begriffsbildung durch das gezielts Benennen der aufgedeckten Kärtchen.

Was passiert in einer Spieltherapie?

Es gibt Kinder und Jugendliche, bei denen seelische Probleme, Ängste
oder traumatische Erlebnisse Auslöser oder Folge ihrer Schwierigkeiten
sein können. Ein Kind kann sich abgelehnt fühlen, glaubt, daß es nur bei
guter Leistung geliebt wird oder nur über Versagen die Beachtung der
Eltern erhält, und entwickelt so psychosomatische Beschwerden. Heute

wird bei spieltherapeutischen Maßnahmen zunehmend eine Verbindung mit Familientherapie als sinnvoll erachtet.

In einer Spieltherapie lernt das Kind, im Spiel seine Probleme zu überwinden, d.h., die heilende und freisetzende Rolle des Spiels wird als psychologische Behandlungsmethode verwendet. Es gibt zahlreiche Literatur zu den unterschiedlich ausgerichteten Spieltherapien. Bei der Suche nach einer geeigneten Therapie ist abzuwägen, welche Probleme das Kind besonders belasten. In einer reinen Spieltherapie bleiben die schulischen Lernprobleme meist ausgeklammert. Dies ist bei der Suche zu berücksichtigen. Viele LRS-Therapeutinnen und -Therapeuten haben spieltherapeutische Elemente in ihre Arbeit integriert.

Tips, wie Spiele Lesen und Schreiben fördern können

● Spielanleitungen sind immer eine gute Übung für das sinnverstehenden Lesen. Falls sie sehr kompliziert sind, sollten alle Mitspieler reihum lesen, auch das Kind mit Leseproblemen.
  In den letzten Jahren sind erfreulicherweise immer mehr anregend gestaltete und gut gegliederte Spielanleitungen erschienen, z.B. zu »Froschkönig« (Vogel), »Das verrückte Labyrinth«, »Der Natur auf der Spur« (Ravensburger) u.a.
● Spielregeln können verändert, neue Regeln erfunden und aufgeschrieben werden, oder ganz neue Spiele können erfunden und aufgeschrieben werden. Hierbei hilft der Einsatz eines Computers oder einer Schreibmaschine.

Sirius, der Junge, den Sie aus der Einleitung bereits kennen, hat bei der Entwicklung der Anleitung zu seinem »Kannibalenspiel« nicht nur viele andere Spielanleitungen erlesen, sondern dabei auch seine Probleme mit der Rechtschreibung abgebaut – allerdings haben wir daran auch viele Wochen gearbeitet. Als Lohn für seine Mühe wurde er von einer Fernsehsendung als Wochensieger für seine Spielidee ausgezeichnet.

● Spielezeitungen und -bücher mit Kreuzworträtseln und sonstigen Spielereien mit Buchstaben und Wörtern haben schon manches Kind zum Lesen und Schreiben gebracht. Als Geschenke zu Geburtstagen oder Festtagen eignen sich selbstgemachte Spiele- oder Rätselhefte. Gruselfans haben mit Lese- und Denkspielen viel Spaß, z.b.»Enemene-Rätselspaß mit Vampiren« (Loewe, Bindlach).

● Wörterbücher und Lexika können anregende und kurzweilige Spiele bieten, z.b. reihum eine beliebige Seite aufschlagen und einen Begriff aussuchen lassen, der dann von der Runde erklärt werden soll. Da kommt oft etwas Lustiges heraus – und gleichzeitig wird gelesen und Wissen erworben! Als käufliches Spiel gibt es»Das verrückte Lexikonspiel« (Noris).

● Zauber- und Experimentierkästen oder Zauberhefte (Carlsen) und Zauberbücher sind für manche Kinder attraktive und fesselnde Freizeitbeschäftigungen. Hierbei ist auf die Altersangaben zu achten.

 Eine Warnung zum Schluß:

Nicht jedes Spiel und nicht alles Spielen bedeutet Entwicklungsförderung und Lernen im positiven Sinn. Stundenlanges Video- und Computerspiel ist nicht nur wegen der häufig problematischen Inhalte der Spiele, in denen es um Vernichtung und Zerstörung geht, schädlich, sondern kann auch gesundheitsschädlich sein. Viele dieser Spiele können Ängste, Aggressionen und Nervosität verstärken oder geradezu süchtig machen; manches von der Werbung angepriesene »Lern«spiel fördert nur den Umsatz der Firma – nicht aber das Kind.

Materialien zum Spielen

Es ist schwierig, sich im vielfältigen Literatur- und Spieleangebot der Verlage, der Auswahl in den Geschäften und unter dem Einfluß der Werbung zurechtzufinden. In Illustrierten, Spielezeitungen oder den Wochenendausgaben der Tageszeitungen werden Neuerscheinungen vorgestellt und oft auch bewertet. Jedes Jahr werden mit viel Werbung »Spiele des Jahres« gewählt, die in den letzten Jahren mehr für Spielefreaks als für »normale« Spieler interessant waren. Selbst Verbraucherzentralen informieren über Spiele. Viele öffentliche Büchereien verleihen Spiele, es gibt Spielotheken, oder man kann Spiele zunächst bei Freunden testen.

Tips und Hilfen beim Kauf von Spielen

● Überlegen Sie vor dem Kauf, ob das Spiel Ihrem Kind gefallen und seine Kreativität fördern wird. Falls Sie bemerken, daß die Wünsche vor allem durch Werbung oder Gruppendruck bestimmt sind und Sie das Spiel nicht für geeignet halten, besprechen Sie dies gemeinsam mit Ihrem Kind und erläutern Sie die Gründe für Ihre ablehnende Haltung. Oft genügt schon, wenn Kinder das Spiel im Laden sehen und feststellen müssen, daß die Aufmachung wenig mit dem Werbespot übereinstimmt. Heilsam ist auch eine Proberunde, die in manchen Spieleläden möglich ist.

● Da Spiele teuer sind, lohnt es, sich vor dem Kauf über Spielidee und Umsetzung zu informieren – bei Bekannten, in der Schule, im Hort, in der Jugendgruppe sowie über die Medien.

● Überfliegen Sie die Informationen auf der Verpackung, die schon grobe Hinweise auf Anzahl der Spieler, Altersgruppe und Spieldauer geben können. Kommt das Spiel in die engere Wahl, so lassen Sie im Laden die Verpackung öffnen, damit Sie einen Blick auf die Bestandteile und die Spielanleitung werfen und überprüfen können, ob der Inhalt den Erwartungen entspricht.

● Spiele unterliegen im Gegensatz zu Büchern keiner Preisbindung. Vergleichen Sie daher die Preise. Berücksichtigen Sie aber auch, wie wertvoll eine gute Beratung ist, die Ihnen einen Mißgriff vermeiden hilft. In manchen Spieleläden können Sie auch Spiele ausprobieren.

● Lassen Sie sich nicht nur vom äußeren Erscheinungsbild, sondern vielmehr von der Spielidee beim Kauf leiten.

● Denken Sie daran, daß viele Spiele LRS-Kindern vielfältige motivierende Leseanlässe bieten können, wenn sie richtig genutzt werden!

Auswahl von Spielebüchern, die u.a. sprachfördernd wirken

Da die Auswahl an Spielebüchern und -karteien riesig ist, beschränke ich mich hier auf eine kleine Auswahl an Sprachspiel- und Liedsammlungen und nenne einige Kontaktadressen für Spiele oder Spielaktionen.

Andresen, U./Popp, M.: ABC und alles auf der Welt. Ein Lese-Schatz-Buch. Otto Maier, Ravensburg.
Böseke, H.: Spiele mit Wörtern. Rowohlt, Reinbek.
Brüggebors, G.: So spricht mein Kind richtig. Rowohlt, Reinbek.

Gellmann, D.E.: Die Reise um die Rätselwelt. Union, Stuttgart.

Grasso, M.: Mario Grasso's Wörterschatz. Spiele & Bilder mit Wörtern von A bis Z. Beltz & Gelberg, Weinheim.

Guggenmos, J.: Oh, Verzeihung, sagte die Ameise. Beltz & Gelberg, Weinheim.

Jacoby, E./Berner, R.S.: Himmel, Hölle, Blindekuh. Kinderspiele für drinnen und draußen. Hanser, München.

Kreusch-Jacob, D.: Da hüpft der Frosch den Berg hinauf. Allerlei Krabbelverse und Handspielereien. dtv junior, München.

Maar, P.: Konrad Knifflichs Knobelkoffer. Oetinger, Hamburg.

Mann, M.: Pitsche, patsche, Peter ... Die beliebtesten Fingerspielreime mit Spielanleitungen. Pestalozzi, Erlangen.

Manz, H./Rudelius, W.: Lieber heute als morgen. Sprechen, hören, träumen, hoffen. Texte für Kinder. Beltz & Gelberg, Weinheim.

Menzel, W.: Fischers Fritz bricht sich die Zunge. Benziger, Würzburg.

Naegele, I.M./Haarmann, D. (Hrsg.): Darf ich mitspielen? Kinder verständigen sich in vielen Sprachen. Beltz, Weinheim und Basel.

Portmann, R./Schneider, E.: Spielen mit Buchstaben, Wörtern, Texten. Don Bosco, München (ab 10).

Pousset, R.: Fingerspiele und andere Kinkerlitzchen. Rowohlt, Reinbek.

Schobers, M.: Klitzekleine Kinderreime. Boje, Erlangen.

Ungerer, T./Janosch: Das große Buch vom Schabernack. Diogenes, Zürich.

Vahle, F./Helme, H.: Mäusepfiff und Himmelsblau. Middelhauve, Köln.

Vahle, F.: Guck mal, wer da guckt. Patmos-Schwann, Düsseldorf.

Vohland, U.: Kinderspiele mit Buchstaben und Wörtern. Falken, Niedernhausen.

Wisser, A./Thoenes, B.: Wer spielt mit. 211 Spiele von damals und heute. Carlsen, Hamburg.

Liedsammlungen

Hoffmann, K. u.a.: Hundert flinke Hasen. 16 Lieder zum Hoppeln. Igel Records, Aktive Musik Verlagsges., Dortmund (auch als Igelbuch).

Hoffmann, K.: So singt und spielt man anderswo. Igel Records, Aktive Musik Verlagsges., Dortmund (auch als Igelbuch).

Kreusch-Jacob, D.: Das Liedmobil. Ellermann, München.

Kunterbunt: Komm, wir spielen ... Kinderlieder zum Mitmachen. Fidula, Boppard (mit Kassette).

Meyerholz, B./Hering, W.: Kinderlieder zum Einsteigen und Abfahren. Voggenreiter, Bonn (mit Begleitkassette).

Schöntges, J. (Hrsg.): Freche Lieder – liebe Lieder. Beltz & Gelberg, Weinheim (mit 2 Kassetten).

Vahle, F.: Das Anne Kaffeekanne Liederbuch. Igel Records, Aktive Musik Verlagsgesellschaft, Dortmund (Kassette Patmos, Düsseldorf).

Vahle, F.: Gehupft wie gesprungen. Lieder für fröhliche Füße und neugierige Ohren. Patmos, Düsseldorf (Kassetten).

Vahle, F./Krause, U.: Das Fredrik-Vahle-Liederbuch. RTB, Ravensburg.

Adressen, die weiterhelfen können

Akademie Remscheid, Küppelstein 34, 42857 Remscheid (mit Robin Hood-Versand).

Arbeitsausschuß »Gutes Spielzeug«, Marktplatz, 89073 Ulm.

Arbeitsgemeinschaftz Spielzeug e.V., Schützenstr. 30, 32105 Bamberg (mit Zeitschrift »Spielmittel«).

Ökopatia-Verlag, Hafenweg 26, 48155 Münster.

Psychomotorische Materialien, Bücher und Spielideen, An den drei Hasen 22, 61440 Oberursel.

Spieleversand »Adam spielt«, Königsberger Str. 10, 61169 Friedberg.

Spiel- & Lernzentrum Braunschweig e.V., Bruchtorwall 1–3, 38100 Braunschweig.

Verlag für gruppenpädagogische Literatur, Postfach 26, 61273 Wehrheim.

Verlag ISKO-PRESS, Sievekingsallee 86, 20535 Hamburg (Interaktionsspiele).

Buchversand und Verlag Villa bossaNova, Postfach 130251, 42817 Remscheid (Lernspiele).

Was taugen Video- und Computerspiele?

Beobachten Sie Kinder in Spieleläden oder Kaufhäusern! Gebannt stehen sie in Trauben um die Video- und Computerspiele herum und sind fasziniert und konzentriert als Supermario, Leonardo oder Buggs Bunny auf Abenteuerjagd.

Binnen kürzester Zeit sind die tragbaren Gameboy- oder Sega-Geräte mit ihren vielfältigen Kassettenprogrammen zu einer Lieblingsfreizeitbeschäftigung vieler Kinder und Jugendlicher geworden – und ein Supergeschäft für die Herstellerfirmen! Dazu haben ausgeklügelte Marketingprogramme mit Werbe-Kinder-Zeitung und spannend aufgebauten Spielideen beigetragen. Eltern und Pädagogen diskutieren kontrovers, ob das Spielen mit diesen Geräten schädlich oder förderlich für die Kinder ist. Ich finde es bedauerlich, daß bisher in den Programmen wenig Förderung im Sinne von Konzentrationssteigerung, Anregung der Phantasie, des Problemlösungsverhaltens oder geistiger Beweglichkeit zu finden ist. Rasche Befriedigung des Spieltriebs, Abschalten und Abreagieren in Form von normalerweise unsozialen Verhaltensweisen werden belohnt, wie z.b. bei den »harmlosen« Gameboy-Spielen Punkte- oder »Leben«gewinn beim Zertrampeln des Rasens oder Einwerfen der Scheiben bei »Paperman«, Zertreten von Schildkröten, Pilzen und Schießen bei »Supermario« oder beim Zerbomben der »Lemmings«. Begrenztes Spielen und Tüfteln schadet sicherlich keinem Kind, aber es stellt sich die Frage, ob Sie als Eltern überhaupt die Spielauswahl und Spielzeit dieser Geräte überblicken können. Kollegen und Kolleginnen in Schulen und in anderen Einrichtungen bestätigen meine Beobachtungen, daß Kinder mit Lernschwierigkeiten besonders häufig mit dem Gameboy und anderen Video- und Computerspielen spielen, vielleicht, weil sie da nicht lesen müssen und sie Flucht und Ausweg aus den täglichen Mißerfolgen bieten. Mich beunruhigt, wie verkrampft und nervös vor allem jüngere Kinder nach längerem Spielen sind und wie stark das konzentrierte Starren auf den kleinen Bildschirm die Augen anstrengt.

Kindern und Jugendlichen mit einer Photosensibilität ist wegen der krampfauslösenden Lichtreize Zurückhaltung bei Videospielen geboten. Ob Gefahr beim Umgang mit Video- oder Computerspielen für Ihr Kind besteht, kann fachärztlich geklärt werden.

Ein pauschales Spielverbot ist sicherlich das Falscheste, denn dies erhöht höchstens seine Attraktivität. Versuchen Sie herauszufinden, welches die Gründe für das Begehren sind.

Ist es der Gruppendruck, die Chance, von der Gruppe akzeptiert zu werden, Langeweile, Neugier? Hat das Kind keine realen Spielpartner? Kann es sich nicht auf normale Spielsituationen einzulassen, weil es nicht verlieren kann? Braucht das Kind den Computer als Entschädigung für Mißerfolge und Niederlagen oder um sich elterlicher Bevormundung zu entziehen?

Unter den Computerspielen gibt es neben den Sport-, Denk-, Merk- und Reaktionsspielen einige spannende, relativ gewaltfreie Spiele wie z.B. »Ports of Call«, »Sim-City«, Teile von »Monkey Island« u.a., die aber schnell wieder vom Markt verschwinden, leider überwiegen Brutalität und sinnlose »Action«. Nach einem »Stern«-Bericht vom Dezember 1993 standen 193 Computerspiele auf der Liste der jugendgefährdeten Schriften, die Umfragen zufolge weit verbreitet sind, so daß sich Eltern dringend die Spiele, die sich ihre Kinder wünschen oder mit denen sie spielen, zeigen lassen sollten, sie auch selbst ausprobieren und die Kontrolle über den Zugang steuern sollten – allerdings nicht als Belohnungssystem. Computerspiele sind jedoch nicht nur kostspielig, sondern auch zeitintensiv. Selbst wir Erwachsenen erliegen leicht der Faszination und können, einmal begonnen, kaum abschalten. Um wieviel schwieriger ist dies für Kinder, vor allem solche mit Lernproblemen, die hier endlich einmal Erfolge verbuchen können, in die Rolle eines Helden schlüpfen und mit genügend Ausdauer Abenteuer durchstehen können. (Danach flacht das Interesse merklich ab.) In diesen Spielen sind Kinder auch fast immer schneller und geschickter als die Erwachsenen.

Lohnen Lern- und Spielcomputer?

Spielekataloge, Kaufhäuser oder der Fachhandel führen inzwischen ein ganzes Sortiment an sogenannten Lern- und Spielcomputern unter Werbesprüchen wie »Spielend fürs Leben lernen«. Eltern wollen ja für ihr Kind das Beste und hoffen, ihm mit der Anschaffung eines dieser teuren Geräte Vorsprünge im Lernen zu bieten. Diesen Anspruch haben die Hersteller bisher noch nicht einlösen können. Sicherlich machen manche der elektronischen Spielereien Spaß, sofern eine erwachsene Bezugsperson mitspielt und erklärt. Während es im Rechenbereich schon einige hilfreiche und sinnvolle Spielcomputer gibt, z.B. den »Little Professor« von Texas Instruments, fallen die Lese- und Schreibprogramme durch eklatante Mängel auf. Da es sich oft um amerikanische Programme handelt, wird buchstabiert statt lautiert, die Großschreibung fällt ebenso unter den Tisch wie das ß, und manchmal werden sinnlose Rateübungen angeboten. Falsche Wortbilder und Lückenwörter sind für Kinder mit LRS keine Hilfe!

Da jedoch die Entwicklung auf dem Elektronikmarkt mit rasanten Schritten weitergeht, sollten Eltern die Angebote individuell an den Kriterien messen, die auch an Lese- und Rechtschreibmaterialien gestellt werden (Kap. 7 und Kap. 8).

Gute deutsche Lernsoftware ist noch eine Rarität. Zwar wird in der Presse (Spiegel, Focus, Stern) lautstark dafür geworben, dabei werden aber die Hardwarekosten dezent verschwiegen und neben Allgemein-plätzen kaum Titel genannt, da es bisher, vor allem zum Schriftspracher-werb, wenig dem Papier Überlegenes gibt, auf das hier in den entspre-chenden Kapiteln (Lesen, Schreiben, Rechtschreiben) gesondert einge-gangen wird.

 **Lesetip**

Computerspiele. Bunte Welt im grauen Alltag. Ein medien- und kulturpäd-agogisches Arbeitsbuch. Bundeszentrale für politische Bildung, Bonn. Dort wird auch eine Loseblattsammlung erstellt und versandt: »Computerspiele auf dem Prüfstand«. Anschrift: Bundeszentrale für politische Bildung, Post-fach 1369, 53003 Bonn.

Persönliche Spieleliste

Aus dem riesigen und ständig wechselnden Verlagsangebot möchte ich eine kleine Auswahl an Spielen vorstellen, die in unserer therapeutischen Praxis gern gespielt werden. Sie sind nach Verlagen, nicht nach Alters-gruppen, Spielarten oder Förderaspekten geordnet. Meist haben die Kinder und ich die Spielanleitungen unseren Bedürfnissen angepaßt, neu geschrieben oder die wichtigsten Passagen farbig markiert.

ASS-Spiele, Leinfelden	*Franckh, Stuttgart*
Barbarossa (ab 10)	Müller & Sohn (ab 9)
Formel 1	Wabanti (ab 9)
Taschengeld-Spiel	
Wortwurm	*Hartung, Berlin*
	Fragulux
Carlsen, Hamburg – Spielebücher	
Der Drachenschatz,	*Herder-Spiele, Freiburg*
13 neue Würfelspiele	Aventuria (ab 10)
Lauf, Dino, lauf	Bärenspiel
Rette sich, wer kann!	Corsaro
Zauberhafte Kartentricks	Drachenspiel
	Momo
Eigenverlag W. Kraul, Irschenhausen	Orientexpress (ab 10)
Waldschattenspiel	Räuber Hotzenplotz
	Wundergarten

Jumbo, Amsterdam (NL)
Schatzinsel (ab 10)

Mattel-Spiele, Dreieich
Café International
Till Eulenspiegel

Milton-Bradley-Spiele, Fürth
Detektivbüro
Jenga
Junior Tabu
Looping Louie
Mankomania (ab 9)
Mini Senso
Reinfall
Slotter
Spiel der Spiele
Spiel des Lebens (ab 9)
Vier gewinnt
Wer ist es?
Wort-Tüftel

Klee, Karl-May Verlag, Bamberg
Schatz im Silbersee

Neuer Finken Verlag, Oberursel
Würfelspiele zur Rechtschreibung
   A–C

Noris-Spiele, Fürth
Igel, Frosch und Maus
Im Bärenwald
Mein allererstes Wissens-Quiz
Das blaue Amulett (ab 10)
Der Feuersalamander (ab 10)
Die drei Magier (ab 10)
Die sieben Weltwunder (ab 10)
Piratenschatz
Wahr oder gelogen? Käpten Blaubär
Warum ist die Banane krumm?
   (ab 10)

Parker Spiele – Tonka International,
Rodgau
Boggle
Captain Planet
Cluedo Junior/Cluedo (ab 7/10)

Hau drauf
Mad-Spiel (ab 9)
Monster Mix
Scree
Skill
Stimmt
Tempo
Topwords

Ravensburger Spieleverlag,
Ravensburg
Blinde Kuh
Das Labyrinth der Meister (ab 9)
Das Nilpferd in der Achterbahn
   (ab 9)
Das verrückte Labyrinth
Der kleine Zauberer
Der Natur auf der Spur
Deutschlandreise
Deutschlandmemory
Differix
Elexikon (4 Fassungen)
Erstes Zaubern
Europareise (ab 10)
Heimlich & Co.
Jagd der Vampire
Koffer packen
Kommissar Spürnase
Mein Bauernhof
Memorys
Quiz & Co.
Sagaland
Schau genau
Scotland Yard (ab 9)
Stop & Go
Tieren auf der Spur (ab 10)

F.X. Schmidspiele, Prien
Alles lacht
Auf Achse
Bauernschlau
Das Geisterschloß
Der goldene Drache
Hexentanz
Quiz mit Pfiff (ab 9)
Rate fix
Wer's weiß gewinnt (ab 9)

Schmidt Verlag, Eching
Breakout
Buchstabensuppe

Spear Spiele, Nürnberg
Denkfix
Kinderparty
Scrabble
Würfelwörter

Veritas Verlag, Linz (A)
Rechtschreibkönig (ab 10)
Schatzsuche

Vogel Verlag, Braunschweig
Froschkönig
Einige Hefte des Lernspiels
    mini-LÜK und LÜK

7. Lesen lernt man nur durch Lesen!

Tips für Eltern

● Trotz vieler Mühen hat Ihr Kind aller Wahrscheinlichkeit nach bisher wenig Erfolg beim Lesenlernen gehabt. Deshalb ist es besonders wichtig, daß es nun positive Erfahrungen macht, daß es spürt: Es macht Spaß, sich durch Lesen eine neue Welt zu eröffnen und unabhängig von anderen zu werden. Erfolge stellen sich dann ein, wenn Ihr Kind Bestätigung und Zutrauen in die eigenen Fähigkeiten bekommt.

● Freuen Sie sich, wenn Ihr Kind lesen will, und unterstützen Sie es. Üben Sie aber nie Zwang aus. Lassen Sie Ihr Kind selbst aussuchen, *wann, was* und *wie* es lesen will. Auch Comics!

● Unterbrechen Sie die Beschäftigung Ihres Kindes mit einem Buch nur, wenn wirklich triftige Gründe vorliegen. Denken Sie daran, Lesen ist für Ihr Kind eine wichtige geistige Arbeit.

● Wenn Sie gemeinsam lesen, sollte es gemütlich sein. Dabei können Sie darauf achten, daß Ihr Kind beim Lesen möglichst gerade sitzt und das Buch schräg ca. 30 cm vor sich hält oder auf einem Leseständer stehen hat. Damit wird Seh- und Haltungsschäden vorgebeugt. Zur Orientierung beim Lesen eignet sich ein durchsichtiger Lesepfeil aus bunter Plastikfolie besser als ein Finger oder Lineal.

● Lesen Sie gemeinsam mit Ihrem Kind, so betrachten Sie zunächst die Bilder, beantworten dann die Fragen Ihres Kindes zum Text und sprechen darüber. Stellen Sie Beziehungen zu eigenen Erlebnissen oder anderen Büchern/Filmen her, oder suchen Sie, wenn Interesse besteht, in der Bücherei/im Buchhandel weitere Lektüre zum Thema. Lassen Sie Ihr Kind eine Geschichte weiterspinnen, verändern, dazu malen, an den Autor schreiben (über den Verlag des Buches) u.a. Hat Ihr Kind jedoch Schwierigkeiten mit dem Entschlüsseln des Textes, so loben Sie es trotzdem und suchen Sie die Schuld bei sich selbst, denn Sie haben einen zu schweren Text ausgesucht.

● Im ersten Schuljahr sowie bei großen Leseschwierigkeiten ist es wichtig, daß Ihr Kind lautiert und nicht buchstabiert, um so leichter zum

Verstehen des Gelesenen zu kommen. Machen Sie es nicht wie die »Sesamstraße«, sondern sprechen Sie die Konsonanten mit ihrem Lautwert aus: »sss« statt »eß« oder »k« statt »ka«. Sonst erschweren Sie Ihrem Kind den Sprung von der Wortvorgestalt zum Wort.

- Lesen Sie Ihrem Kind regelmäßig vor, auch dann, wenn es schon selbst lesen kann. Es mag dabei mitlesen, bei Dialogen eine Person übernehmen oder Sie zwischendurch ablösen. Vergessen Sie auch hier das Loben nicht!

- Nutzen Sie die zahlreichen Informationsangebote über Neuerscheinungen oder besonders empfehlenswerte Bücher, wie sie in Buchhandlungen, Bibliotheken, von Verlagen oder vom »Deutschen Jugendschriftenwerk«, der »Stiftung Lesen« oder dem »Börsenverein des Deutschen Buchhandels« u.a. angeboten werden. Viele Tageszeitungen oder »Die Zeit« stellen regelmäßig Kinderbücher vor. Zeigen Sie Ihrem Kind die nächste Bibliothek, und lassen Sie es Bücher ausleihen.

- Liest Ihr Kind allein, so ist es ratsam, ab und zu Fragen zum Inhalt zu stellen. So erfahren Sie, ob es ihn verstanden hat. Bei Zweifeln oder Widersprüchen beim Erzählen sollte noch einmal gemeinsam nachgelesen werden.

- Besonders wichtig ist jedoch, daß Ihr Kind *Sie* als Leserin oder Leser erlebt. Damit schaffen Sie ein Vorbild, das weit mehr als alle Hinweise und Ermahnungen wirkt. Denken Sie daran, eine positive Einstellung zum Lesen und zu Büchern wird hauptsächlich in der Kindheit und Jugend gelegt, aber nur dann, wenn die Anregung nicht zu sehr gesteuert und nicht erzwungen war. Dies zeigen Untersuchungen zum Leseverhalten ganz deutlich.

Lesetip

Andresen, U.: Versteh mich nicht so schnell. Gedichte lesen mit Kindern. Beltz, Weinheim und Basel.

Lesen als Problem

Zwei Beispiele:

> »Ich soll mehr zu Hause üben, war das Fazit des Gesprächs mit der Lehrerin«, berichtet der Vater von *Markus*, »aber Hilfen, was und wie ich mit ihm lesen sollte, gab sie mir nicht. So verließ ich mich auf die Empfehlung der Buchhändlerin und die Erfolgsaussichten, die auf dem Buchumschlag angepriesen wurden. Die ganze Familie mühte sich, *Markus* über die seitenweisen sinnlosen Silben- und Wortleseübungen zum Lesen zu bringen. Vergebens. Er ist mehr denn je überzeugt, es nie zu lernen.«

> *Claudia* besucht die dritte Klasse. Die Eltern wundern sich, weshalb ihre Tochter seit einiger Zeit an bestimmten Tagen so bedrückt ist, über Bauchschmerzen klagt und schlecht schläft. Es stellt sich heraus, daß diese Zeichen einer Krise mit der schulischen »Lesestunde« zusammenhängen, in der unbekannte Texte vor der Klasse laut vorgelesen werden müssen. *Claudia* weiß, daß sie noch viel langsamer als die meisten Mitschüler und Mitschülerinnen liest. Sie hat noch Schwierigkeiten mit langen Wörtern und verwechselt häufig die kleinen Wörtchen wie »der, den, dem, ein, eine, einen, einem, einer«, die aber für die Satzbedeutung so wichtig sind. Bei langen Zeilen verheddert sie sich oft, muß wieder von neuem beginnen, wird dann von der Lehrerin korrigiert, kann den Faden nicht wiederfinden und verliert in ihrer Angst die Zeile, während der Rest der Klasse immer unruhiger wird, unfreundliche Zwischenrufe kommen und schließlich ein anderes Kind aufgerufen wird. Sie haßt Lesen!

Zwei typische Berichte von Eltern, die um Hilfe suchen. Sie leiden mit ihrem LRS-Kind und wollten etwas Gutes tun.

Zu den beiden Beispielen:

- Der Vater von *Markus* hätte auf Vorschlägen zur Abhilfe bestehen sollen. In den meisten Bundesländern sind Lehrer und Lehrerinnen sogar per Erlaß zur Elternberatung verpflichtet. Eine Entschuldigung gibt es nicht, denn Lehrerfortbildung und Fachzeitschriften bieten seit Jahren Hilfen zum Lesen- und Schreibenlernen.
- *Claudias* Eltern wurden im Beratungsgespräch ermutigt, die Lehrerin ganz dringend über die Probleme ihrer Tochter zu informieren. Wie vermutet, war die Lehrerin überzeugt gewesen, mit ihrer Methode gerade den schwachen Lesern zu helfen. Sie war betroffen, als sie von

Claudias Ängsten erfuhr. In Absprache mit der Therapeutin wurden andere Formen des Lesetrainings vereinbart. So konnten die Kinder z.B. selbstausgewählte Texte, die sie zu Hause vorbereitet hatten, der Klasse vorlesen. *Claudia* bekam langsam Zutrauen. Ihre Ängste verschwanden, und das Lesen ging immer besser.

> Mich ergert es dasandere Schühler sich lustig machen wenn ich beim lesen stotere
>
> Alexander

Da Probleme beim Lesenlernen
- auf vielfältigste Weise,
- an den unterschiedlichsten Stellen,
- aus den verschiedensten Gründen und
- in allen Altersstufen

auftreten können, sollen hier nur einige langjährig erprobte Ideen zur Förderung des Lesens angeführt werden. Sie können jedoch professionelle Hilfe im Einzelfall nicht ersetzen.

Wer richtig helfen will, muß an den bereits erworbenen Fähigkeiten und Interessen des Kindes anknüpfen.

Wie können Eltern helfen?

Als erstes gilt es herauszufinden: *Wie liest mein Kind?* Wenn Ihr Kind sich nicht sperrt, mit Ihnen zu lesen, und Sie sich zutrauen, genügend Geduld und Ruhe zu bewahren, dann versuchen Sie doch gemeinsam folgendes:

- Lassen Sie Ihr Kind ein paar Minuten aus einem selbstgewählten Buch oder Heft – keinem geübten Text aus Fibel oder Lesebuch – auf eine Leerkassette vorlesen (vgl. Lesen mit dem Kassettenrekorder, S. 146).
- Bleiben Sie ruhig, unterbrechen Sie nicht bei Verlesungen oder Pausen, helfen Sie bei längerem Probieren mit dem richtigen Wort aus oder geben Sie einen Hinweis.
- Loben Sie Ihr Kind dafür, daß es freiwillig diese Anstrengung auf sich genommen hat.
- Stellen Sie ein paar Fragen zum Inhalt, um zu erfahren, was es verstanden hat. Nehmen Sie auch dies auf.

- Hören Sie sich das Band gemeinsam an, und vergleichen Sie es mit der Textvorlage.
- Versuchen Sie gemeinsam herauszufinden und zu notieren, an welchen Stellen das Lesen besonders gut, an welchen es schlecht klappte und warum. Gab es z.B. Probleme mit ...

... einzelnen Buchstaben/Buchstabenv erbindungen?

... der Aufteilung des Wortes in seine Bestandteile (Silben, oft wiederkehrende Buchstabenverbindungen wie »aus«, »ing«, »ich« u.a., Konsonantenhäufungen)?

... mit zusammengesetzten Wörtern?

... dem Zusammenziehen?

... dem Satzbau oder der Schrift?

... mit der Klarheit der Buchstaben, z.B.«l«–»I«, »n«–»m«, »a«–»e«?

... mit dem Inhalt?

Das Ergebnis dieser oder mehrerer solcher »Lesetests« kann Ihrem Kind und Ihnen die richtige Auswahl des Lesestoffs erleichtern.

Vorschläge, ...

Da jedes Kind seinen eigenen Weg in die Welt der Schrift geht, können Erwachsene auch nur Anregungen und Hilfen geben, aus denen sich das Kind die geeigneten aussuchen muß. Alle Kinder in meiner Praxis haben Lesen gelernt, jedoch jedes auf seine Weise.

Hier einige Beispiele:

Florian sprach besonders gut auf »Russisch Brot« und Gummibärchen in Buchstabenform sowie Fühl- und Magnetbuchstaben an, *Umberto* halfen bunte Schaumstoffbuchstaben. *Daniel* lernte es »spielend« über das Erlesen von Spielanleitungen, *Olav* mit »Micky Maus«, *Leo* durch »Alf«, andere mit Büchern wie »Abenteuer der schwarzen Hand« (Ravensburg), »Kommissar Kugelblitz (Breitschopf)« und *Till* durch die Lektüre von »Theo haut ab« (Beltz & Gelberg), in der er seine Familienprobleme wiederfand. *Christoph* entdeckte das Lesen durch das Fantasy-Abenteuer-Spiel »Die Helden des Schwarzen Auges« (Schmidt) und *Oliver* half die »Reise mit Tom«, ein Computer-Lesespiel (Rele). *Maxi* fesselten die »Blitz«-Bücher und *Berkin* die Bilderbücher von Babette Cole und Tony Ross. *Dario* sammelte und las »Was ist was?«-Bücher (Tessloff) und *Philip* faszinierten die Hefte, die mit dem Questron- (Ravensburger Spiele) oder Bib-Stift (Tessloff) erlesen werden konnten.

Der Weg in die Welt der Schrift kann sich sehr unterschiedlich gestalten, manchmal auch mit Hilfe eines Computers, des Lernspiels Questron, mit der Schreibmaschine oder über den Bildschirmtext.

...Ideen,...

Tafeln, Knetgummi, Plastilin, Ton, Schaumstoffwürfel in Buchstaben-form, Montessorimaterial mit Reibebuchstaben, Buchstaben und Zahlen zum Fühlen in Fühlbüchern (Sensor-Verlag Pichler, 82049 Pullach oder Kjellshög Kinderbuchverlag, 82467 Garmisch-Partenkirchen), Magnet-buchstaben, Buchstabenteppich von IKEA, Buchstabenspiele, Holz-buchstaben, Hieroglyphen-Stempel (Tessloff), Plätzchen in Buchstaben-form u.a.

Umberto lernt Lesen mit bunten Schaumstoffwürfeln (Bezug: Zeiss Produc-tions, Freiburg)

...Erleichterungen

➤ *Lesepfeil*
Mitsprechen, Finger, Bleistift oder Lineal sind »Lesekrücken«, weil die Augen und das Gehirn schneller sind als die Zunge, Finger oder die Mus-keln. Viel besser unterstützt ein halbdurchsichtiger Lesepfeil aus farbiger

142

Folie die Orientierung und Gliederung beim Lesen. Ist er nämlich undurchsichtig, so bekommt Ihr Kind eine falsche Vorstellung vom Lesen. Lesen ist kein schematisches Aneinanderreihen von Buchstaben, sondern geht, je nach Buchstabenkombinationen und Schwierigkeit, in größeren oder kleineren Sprüngen vor sich, nach vorn und auch zurück.

Schneiden Sie aus farbiger Plastikfolie – in der Lieblingsfarbe Ihres Kindes – einen rechteckigen Lesestreifen, aus dem auf einer Seite ein kleines Rechteck ausgeschnitten wird. Bei leichteren Texten wird er mit der glatten Seite unter die zu lesende Zeile gelegt, bei komplizierten Texten – oder großen Anfangsschwierigkeiten – sollte die rechtwinklige Kante auf der zu lesenden Zeile so mitgeschoben werden, daß immer nur das zu lesende Wort – oder dessen Teile – sichtbar werden. Damit wird die Aufmerksamkeit – quasi wie mit einer farbigen Brille – auf einen Wortteil beschränkt, gleichzeitig kann aber nach vorn und hinten der Zusammenhang ermittelt werden.

Je älter Ihr Kind ist, desto unauffälliger wird die Wahl die Farbe des Lesepfeils sein.

Daniel liest mit dem Lesepfeil

➤ *Kennzeichnung schwieriger Buchstabenverbindungen,*
  Silben und Sinnschritte
Für manche Leseanfänger sind Buchstaben/Laute wie »au«, »ie«, »ei« oder Einheiten wie »aus«, »ein«, »der« schwierig zu entschlüsseln. Sie können durch Silbenbögen oder farbige Markierung hervorgehoben werden und somit das Lesen erleichtern.

```
Umberto kann lesen

Es war (ei)n mal (ei)n..........

Er kann ma len,

er kann lau fen,

er kann ren nen,
```

Das gleiche gilt für Buchstaben, die von manchen Kindern verwechselt werden, wie »d«–»b«, »a«–»e«, »u«–»n«.

> *Patrick* kann »d« und »b« noch nicht unterscheiden. Deshalb markiert er alle »b« (wie »blau«) als Sinnstütze blau. *Umberto* hilft der Gedanke an den Beginn seines Vornamens, um »n« und »u« zu unterscheiden. »B« und »D« in Druck- und Schreibschrift in unterschiedlichen Farben und mit Bild von Bär und Dino auf einer Karteikarte im Mäppchen erinnern *Rike* im Unterricht.

Eine solche Sinnstütze sollte nur für die kurze Zeit des Erlernens gelten und dann vergessen werden. Ähnliches gilt für Handzeichen als Hilfe zum Erkennen einzelner Sprechlaute. Generell ist von solchen Lautgebärden eher abzuraten, da sich das Kind noch ein weiteres Schriftsystem merken muß.

➤ *Erweitern der Blickspanne*
Lesen macht nur dann Spaß, wenn man dabei möglichst rasch versteht, wovon der Text handelt. Sind die Augen so mit dem Entschlüsseln von Buchstaben und Buchstabenketten (Wörtern) beschäftigt, daß das, was mit den Wörtern an Inhalt ausgedrückt werden soll, verlorengeht, entsteht wenig Motivation, weiter zu üben. Da bleibt dann das Erlebnis Fernsehen und Kassette viel schöner.

Also müssen Hilfen gesucht werden, die das Verstehen des Gelesenen unterstützen und das Erlebnis Lesen mit schönen Gedanken verbinden.

Dazu ist wichtig, die Blickspanne vom einzelnen Wort auf größere Zusammenhänge hin zu erweitern, um möglichst wenig zurückzugucken und schneller lesen zu lernen.

Viele Erstlesebücher erleichtern dies durch »Flattersatz« mit kurzen, zusammengehörigen Satzeinheiten pro Zeile:

Da ist Mutter.

Da ist Vater.

Da ist Tim.

Da ist Anna.

Aber

wo ist Pit?

Da ist er –

unter dem

Lesetip

In seinem Schülerarbeitsbuch »Der Lesefreund« (Lentz-Aktivbuch) bietet Ernst Ott Kindern ab zehn Jahren viele sinnvolle Hilfen zur Verbesserung ihrer Lesestrategien.

➤ *Lesen mit dem Kasettenrekorder*
In fast jedem Haushalt findet sich ein Kassettenrekorder, der sich vorzüglich zum Lesenlernen einsetzen läßt:

● Zur Lesedokumentation: Wie bereits erwähnt, lohnt es, regelmäßig Aufnahmen beim Vorlesen zu machen. Ihr Kind lernt, den eigenen Leseprozeß zu beobachten, merkt, wie wichtig es ist, richtig und deutlich zu sprechen, und hat so eine eigene Textsammlung, die es immer wieder hören kann. Damit dokumentieren Sie die Fortschritte, und Ihr Kind hat eine Bestätigung für seine Mühe.

● Als »Listen Along Cassette«: Seit langem werden in den USA und Australien LRS-Kinder und -Jugendliche zum Lesen motiviert, indem sie einen Text gleichzeitig hören und sehen können. Besonders beliebt sind Reimgeschichten oder Textsammlungen mit Dialogen in Sprechblasen. Auch bei uns liegen – ganz oder als Ausschnitt – eine Reihe bekannter Kinder- und Jugendbücher auf Kassette vor, oder Eltern können sie selbst herstellen.

 **Tip**

Jedes Kind mit Leseproblemen hat bei uns eine eigene Kassette, auf die es regelmäßig etwas vorliest. Damit es später seinen Weg zurückverfolgen kann, haben wir bestimmte Rituale festgelegt: Jede Aufnahme beginnt mit Nennung des Datums und Lesestücks, z.B. »Heute ist der 21. September 1994. Ich lese das Buch ›Michael‹ vor«.

 **Lesetip**

Knister: Mikromaus mit Mikrofon. Spiele mit dem Kassettenrekorder. Arena, Würzburg.

➤ *Selbstverfaßte Texte*
Am schönsten und am persönlichsten sind Texte, die von Eltern für ihre Kinder oder von Kindern für andere (als Geschenk, Brief, Tagebuch, Ferienerlebnisse) selbst verfaßt wurden. Sie sind auch in der Schule sehr beliebt, vor allem, wenn sie noch selbst gedruckt werden.

Mit Schreibmaschine und Computer lassen sich leicht motivierende und sinnvolle Lese- und Schreibgelegenheiten finden.

Aus verschiedenen Verlagen gibt es kleine Bilderbücher ohne Text. Hierzu kurze Texte zu verfassen macht bereits Lese- und Schreibanfängern Spaß. Während das Kind den Text in seiner Schrift verfaßt, schreibt ein Erwachsener ihn mit. Später kann er dann mit der Schreibmaschine oder dem Computer in Dudennorm übersetzt werden und aufgeklebt werden (weiteres im Kapitel 8, S. 160ff.).

Tips für ältere Kinder

Meine langjährige Erfahrung zeigt, daß die meisten älteren Kinder und Jugendlichen mit ausgeprägten Rechtschreibproblemen auch mehr oder weniger große Unsicherheiten im Lesen zeigen. Einige lesen zu langsam oder raten, andere sind so mit dem Entschlüsseln bestimmter Buchstabenkombinationen, Wortteile oder Wörter beschäftigt, daß der Inhalt des Textes vernachlässigt wird. Die Folge ist, daß das Verständnis des Texts nicht ausreicht, um ihn zusammenzufassen oder zu interpretieren.

Ständige Enttäuschungen und die mangelnde Aussicht auf Erfolg führen zu dem verhängnisvollen Kreislauf. Auch hier sollte die Diagnose an einem beliebigen Text erfolgen, den man auf Kassette aufnimmt, um ihn später gemeinsam auszuwerten. Fragen zum Text zeigen, inwieweit das Gelesene sinngemäß erfaßt wurde.

Häufig haben sich inzwischen schlechte Gewohnheiten eingeschlichen, wie
– unkonzentriertes, abschweifendes Lesen,
– Mitsprechen, Lippenbewegungen beim Stilllesen,
– Wort-für-Wort-Lesen, das das Verstehen des Inhalts behindert,
– Vor- und Zurückgehen im Text,
– und oft am hinderlichsten: Lesekrücken wie Finger, Bleistift, Lineal.
Für ältere Kinder gelten die gleichen Tricks wie für jüngere, nur brauchen ältere noch mehr Mitgefühl, Lob und Unterstützung.

Zwischenüberschriften, kurze Zusammenfassungen und Fragen zum Gelesenen erleichtern das Leseverständnis und erhöhen die Motivation. Das ist sinnvoller als mehrmaliges Durchlesen.

Eine Methode, die vor allem älteren Schülern helfen kann, einen Text systematisch zu erlesen, ohne den Überblick zu verlieren, ist die »5-Punkte-Methode«:

1. Vor dem Lesen wird der Text überflogen, um Aufbau und Gliederung zu registrieren; Klappentext, Inhaltsverzeichnis, Titel und Untertitel,

Zusammenfassungen, Schlagzeilen oder der erste und letzte Satz des Textes werden betrachtet.

2. Anhand der beim Überfliegen gewonnenen Informationen werden Fragen zum Text formuliert. Der Leser prüft dabei, was ihm bereits zum Thema bekannt ist und was ihm neu erscheint.

3. Nach diesen Vorbereitungen wird mit dem eigentlichen Lesen begonnen, das dadurch aktiver, konzentrierter und mit dem Blick aufs Wesentliche erfolgt.

4. Nach dem Lesen eines Abschnitts, dessen Länge vom Schwierigkeitsgrad des Textes und der eigenen Vertrautheit mit dem Thema abhängt, hält der Leser inne, rekapituliert im Geist den Inhalt, vergewissert sich, daß seine Fragen beantwortet sind, und macht sich Notizen oder bringt Unterstreichungen an.

5. Diese vier Schritte werden nun für jeden weiteren Abschnitt des Textes durchgeführt. Am Schluß folgt noch die Gesamtrepetition, bei der die Zusammenhänge zwischen den einzelnen Kapiteln oder Teilen hergestellt werden.

(Nach: Schräder-Naef 1987, S. 42.)

Für ältere Kinder und Jugendliche mit Leseproblemen ist es nicht leicht, geeignete Texte zu finden. Immer mehr Verlage haben kreative Ideen, wie z.B. »Das tierische Geburtstagsbuch« (Carlsen). Manche mögen auch die Tony-Ross-Bücher oder Comics, z.B. die von Uli Stein. Für das Lesen zu Hause eignen sich Sachbücher mit vielen Abbildungen, Witzsammlungen, Bastelanleitungen, kurze, bebilderte Geschichten mit vielen Wiederholungen, Texte mit Fragen oder Suchrätseln, aus deren Antwort / Reaktion sofort abzulesen ist, ob der Leser oder die Leserin den Inhalt verstanden hat – und vor allem Spielanleitungen.

Wie bereits erwähnt, haben sich selbsthergestellte Texte in der Schulpraxis und in Therapien als die motivierendsten Leseanreize erwiesen.

Leser haben Macht

Das Ziel des Lesens beschreibt Erich Kästner (1973, S. 67) so: »Wenn ein Kind lesen gelernt hat und gerne liest, entdeckt und erobert es eine zweite Welt, das Reich der Buchstaben. Das Land des Lesens ist ein geheimnisvoller, unendlicher Erdteil. Aus Druckerschwärze entstehen Dinge, Menschen, Geister und Götter, die man sonst nicht sehen könnte. Wer noch nicht lesen kann, sieht nur, was greifbar vor seiner Nase liegt oder steht: den Vater, die Türklingel, den Laternenanzünder, das Fahrrad, den Blumenstrauß und, vom Fenster aus, vielleicht den Kirchturm. Wer lesen kann, sitzt über einem Buch und erblickt mit einem Male den Kilimandscharo oder Karl den Großen oder Huckleberry Finn im Gebüsch oder Zeus als Stier, und auf seinem Rücken reitet die schöne Europa. Wer lesen kann, hat ein zweites Paar Augen, und er muß nur aufpassen, daß er sich dabei das erste Paar nicht verdirbt.«

Für Umberto Eco, den bekannten Schriftsteller und Wissenschaftler, hat das Lesen noch weiter gehende Bedeutung, wie er es in einem Interview (Focus 10/1995, S. 113) ausführt:

Focus: Was sagen Sie zu der These, die technologische Revolution der Neuen Medien werde dazu führen, daß die Leute das Lesen verlernen und nur noch Bilder aufnehmen?
Eco: Das ist falsch. Das konnte man vielleicht noch vor 20 Jahren so sagen, als die Neuen Medien nichts anderes als das Fernsehen waren, das in der Tat nur Bilder brachte. Heute gibt es Computer, die uns wieder Texte präsentieren. Was tun die Leute, die ihre Nächte mit Internet verbringen? Lesen sie nicht Texte, Texte und nochmals Texte? Wir sind dabei, zu einer »alphabetischen« Kultur zurückzukehren. Die Menschen der Zukunft werden des Lesens kundig sein müssen. Sonst sind sie verloren. Man kann geradezu sagen, die Macht von morgen wird in den Händen derer liegen, die fähig sind, auf den Monitoren ihrer Computer Texte zu lesen, während die anderen, die nur die Bilder betrachten, Untertanen sein werden. Das zeichnet sich ja schon ab.
Focus: Also sind Sie nicht pessimistisch über die Zukunft des Lesens?
Eco: Jedenfalls nicht über die Zukunft der Lesefähigkeit. Ich glaube nicht, daß das geschriebene Wort verschwinden wird. Es könnte eher zu einem schrecklichen Machtinstrument werden, wenn es in die Hände einer Minderheit fällt und den anderen nur Bilder bleiben.

 **Lesetip**

Pennac, D.: Wie ein Roman. Kiepenheuer & Witsch, Köln. Ein französischer Lehrer und Vater beschreibt sehr einfühlsam, wie und warum junge Menschen dem Lesen ausweichen und wie man sie dazu verlocken kann.

Materialien zur Leseförderung

> »Wir müssen das Lesen zu etwas machen, wofür es sich lebhaft interessiert. Das würde das Kind zum Lesen ›verführen‹. Gelingt uns das, dann werden Kinder ... zu begeisterten Lesern«.

Diese Aussage Bruno Bettelheims (1985, S. 37) wird durch neue Untersuchungen zum Leseverhalten nachdrücklich bestätigt.

Von daher sollte ein Kind seine Lektüre selbst auswählen dürfen, wozu natürlich neben dem Buch auch Heftchen, Zeitschriften, Spiel-, Koch- und Bastelanleitungen, Liedertexte einschließlich Computerprogrammen gehören können.

 Was sollte bei der Auswahl von Lesestoff vermieden werden?

- Bücher in Schreibschrift (Kapitel 1);
- Lesespiele, die für ungeübte Leser unverständlich und verwirrend sind, z.B. die Lesespiele von Lauster (Ensslin) oder die aus dem Duden-Verlag;
- reines Einzelwortlesetraining, wie z.B. in manchen LÜK-Heften und Legastheniematerialien;
- sinnloses Silbenlesen.

ti	di	wi	bi	gi
ta	da	wa	ba	ga
to	do	wo	bo	go
tu	du	wu	bu	gu
te	de	we	be	ge
tei	dei	wei	bei	gei
tau	dau	wau	bau	gau
ter	der	wer	ber	ger
ten	den	wen	ben	gen

Hinweise und Kriterien zur Auswahl von Lesetexten

Zwar ist die Verlagsproduktion heute riesig, die Auswahl ansprechend und vielfältig, oft führt aber das Kinder- und Jugendbuchangebot in den Buchhandlungen ein Schattendasein, und Eltern müssen sich aus Prospekten oder Besprechungen informieren. Vielerorts gibt es jedoch – noch – gut ausgestattete Kinder- und Jugendbüchereien.

Auch Leseanfängern bieten die Verlage heute eine Fülle an motivierenden Texten (Heften und Büchern) für die unterschiedlichen Leseniveaus. Schlechter sieht es für ältere Kinder mit Leseproblemen aus. Paßt die äußere Aufmachung und Wortwahl, ist der Inhalt oft uninteressant.

Inzwischen geben einige Verlage spezielle Serien für Leseanfänger heraus, die zum Teil sehr schön gestaltet sind, jedoch einzeln durchgesehen werden sollten, da nicht alle halten, was sie versprechen. Ebenfalls sind in Schulen vielfältige Lesematerialien vorhanden und in der Regel auszuleihen.

Informationen und Orientierungshilfen über Neuerscheinungen gibt es vielerorts, im Fernsehen, im Radio, durch die Verlage und in Empfehlungslisten wie z.B. der des »Arbeitskreises für Jugendliteratur e.V.« (Elisabethstr. 16, 80796 München), der »Arbeitsgemeinschaft Jugendliteratur und Medien« (Bahnhofstr. 43, 88662 Überlingen), der »Stiftung Lesen« (Fischtorplatz 23, 55116 Mainz) oder unter gleicher Anschrift des »Deutschen Jugendschriftenwerks«. Auch die Buchhändler-Vereinigung (Postfach 100442, 60004 Frankfurt) hat verschiedene Auswahlkataloge aufgelegt. In Österreich erscheint jährlich eine Auswahl der wichtigsten 300 Titel Kinder- und Jugendbücher kommentiert als Heft »Lesefreude mal 300« im Auftrag der Kommission für Kinder- und Jugendliteratur des Bundesministeriums für Unterricht und Kunst in Wien.

Lesetip

Mähler, B./Kreibsch, H.: Bücherwürmer und Leseratten. Rowohlt, Reinbek.

Ob ein Buch seine Leser fasziniert oder nicht, ist jedoch eine ganz persönliche, oft geheimnisvolle Sache zwischen beiden.

Ich habe von den Kindern in meiner Praxis gelernt, daß ihre Buchauswahl von unterschiedlichsten Kriterien bestimmt wird. So gibt es Kinder, die nur bestimmte Autor(inn)en (Nöstlinger, Kordon, Ross, Cole, Maar, Dahl u.a.) lesen wollen, andere hängen am Layout eines bestimmten Verlags, wieder andere interessieren sich nur für eine Gattung: Krimis, Tierbücher, Ritter, Geister u.a. Und manche Kinder sehen jedes vorgeschlagene Buch zunächst einmal auf Druckgröße, Bebilderung und Textumfang durch. *Stephan* hatte jedoch eine besondere Motivation: Er hatte ein Buch geschenkt bekommen, in dem er und seine Familie und Freunde namentlich auftreten. Obwohl der Text selbst recht schwer zu erlesen war, reichte diese Faszination zum Durchhalten (My word. H. Gondrom Verlag, Postfach 2780, 67615 Kaiserslautern). Und natürlich sind auch die Dialoge von Computer-Abenteuerspielen Leseanlässe, häufig jedoch recht dürftig eingedeutscht.

Kriterien zur Auswahl von Lesetexten für Beginner

Damit ein Scheitern aber nicht vorprogrammiert sein muß, werden Hinweise für die Auswahl gegeben, mit denen man sich beim Blättern im Buchladen oder in der Bücherei die Auswahl erleichtern kann:

- *Äußere Aufmachung:* Die ausgewählte Lektüre muß von ihrer Aufmachung, Umfang, Satz, Farben, Illustrationen und Inhalt her neugierig machen. Da die Wirkung individuell sehr unterschiedlich ist, sollte das Kind, für das das Buch bestimmt ist, selbst wählen können.
- *Textgliederung:* Eine übersichtliche Gliederung der Seiten in kurze Sätze, Abschnitte, Zwischenüberschriften und breite Ränder ist für die meisten Leseanfänger hilfreich. Günstiger als vollgepackte Zeilen ist »Flattersatz«. Hier sind jeweils Sinneinheiten in einer Zeile oder auf einer Seite zusammengefaßt. Die Zeilenabstände sollten relativ groß sein, Trennungen vermieden werden.
- *Wortwahl:* Sie sollte dem Wortschatz des Kindes angepaßt sein. Jüngeren Kindern erleichtern Reime und häufige Wiederholungen das Lesen. Zu vermeiden sind lange, komplizierte Satzstrukturen mit Nebensätzen.
- *Illustration:* Bilder sind besonders wichtig, da sie Hinweise auf den Inhalt bieten. Sinnvoll ist eine motivierende, das Verständnis des Textes unterstützende Bebilderung, die aber auch nicht zu viel erklärt und zum Weiterlesen lockt.
- *Schrift und Druckgröße:* Je langsamer das Lesen noch geht, um so größer und klarer sollte die Druckschrift sein und um so weniger Text pro

Zeile und Seite enthalten. Besonders gut lesbar für Anfänger sind Texte in Steinschrift (lateinische Großbuchstaben) oder Gemischtantiqua (lateinische Druckschrift mit Groß- und Kleinbuchstaben), wo am wenigsten Verwechslungen vorkommen können. Schreibschrift behindert das Lesenlernen.

STEINSCHRIFT – Gemischte Antiqua

Schreibschrift

Buchempfehlungsliste (Lieblingsbücher in unserer Praxis)

Bücher für Leseanfänger, die durch besondere Gestaltung motivieren

Alborough, J.: Wo ist mein Teddy? Carlsen, Hamburg.

Blake, J.: He Duda! Beltz & Gelberg, Weinheim.

Bradman, T./Ross, T.: Michael Lentz, München.

Burningham, J.: Hans Magnus Deubelbeiss. Sauerländer, Frankfurt a.M.

Campbell, R.: Lieber Zoo. Ars edition, München.

Cole, B.: Immer Ärger mit Mama. Herder, Freiburg (Serie).

de Beer, H.: Kleiner Eisbär, wohin fährst du? Nord-Süd, Zürich.

E wie Ente, S wie Sand. Siebert, München.

Erlbruch, W.: Das Bärenwunder. Hammer, Wuppertal.

Eyles, H./Ross, T.: Unglaublich. Ali Baba, Frankfurt a.M.

Grund, J.C./Geisler, D.: Onkel Otto's Abenteuer und andere Denk-mit-Geschichten. Loewes, Bindlach (Serie).

Guggenmoos, J./Karl, G.: Es gingen drei Kinder durch den Wald. Beltz & Gelberg, Weinheim.

Hellmiß, M.: Im Spukschloß. Kreativitätsspiele. Benziger im Arena Verlag, Würzburg.

Heuck, S.: Pony, Bär und Apfelbaum. Thienemann, Stuttgart (Serie).

Hill, E.: Flecki – Aufklappbücher. Esslinger, Reutlingen.

Holzwarth, W./Erlbruch, W.: Vom kleinen Maulwurf, der wissen wollte, wer ihm auf den Kopf gemacht hat. Hammer, Wuppertal.

Janosch: Rate mal wer suchen muß. Parabel, München.

Kerr, J.: Die Abenteuer von Mog dem verflixten Kater. Otto Maier, Ravensburg (Serie).

Mai, M./Müller, H.: Mein Kinder ABC. Otto Maier, Ravensburg.

Maar, P.: Eine Woche voller Samstage. Oetinger, Hamburg (Serie).

McKee, D.: Nicht jetzt, Jakob. Ali Baba, Frankfurt a.M.

McKee, D.: Du hast angefangen. Nein du. Sauerländer, Frankfurt a.M.

Moerbeek, K.: Der Schwundhund. Thienemann, Stuttgart.

Moser, E.: Das verzauberte Bilderbuch. Beltz & Gelberg, Weinheim.

Oran, H./Ross, T.: Hat jemand Heini gesehen? Este, Buxtehude.

Oran, H./Ross, T.: Die zweite Prinzessin. Carlsen, Hamburg.

Oxenbury, H.: Wir gehen auf Bärenjagd. Sauerländer, Frankfurt a.M.

Rettich, M.: RiRaRutsch – Lesebilderbücher. Loewes, Bindlach (Serie).

Reuker, S./Kowalczyk, W./Heilmann, K.: Der Schatz des Piraten/Der kleine Indianer/Der Zauberwald/Das Mäuschen. 4 Hefte mit Lesespielen. Verlag an der Ruhr, Mülheim.

Ross, T.: Die Schmusedecke. Thienemann, Stuttgart.

Ross, T.: Die kleine Prinzessin. 4 Hefte. Carlsen, Hamburg.

Uebe, I./Weinhold, A.: Drei Freunde bauen ein Haus. Benziger, Würzburg (Serie Buchstabenbär).

Waechter, K.: Wir können noch viel zusammen machen. Parabel, München.

Weinman-Sharmat, M.: Nick Nase und der verschwundene Zettel. Otto Maier, Ravensburg (Reihe: Der blaue Rabe. Erster Krimi-Spaß).

Waddell, M./Oxenbury, H.: Bauer Ente. Sauerländer, Frankfurt a.M.

Walther, K.: Such doch mal! Pixibuch. Carlsen, Hamburg.

Widerberg, S.: Spiel mit mir. Oetinger, Hamburg.

Wittkamp, F.: Du bist da, und ich bin hier. Beltz & Gelberg, Weinheim.

Wyllie, S./Axworthy, A.: Die Baumhausmaus. Ein Spiel- und Spaßbuch. A. Betz, Wien/München.

... und natürlich viele andere Lieblingsbücher, wie z.B. die Leo-Lionni-, Eric-Carle- oder Janosch-Bücher.

Bücher für ältere Kinder mit einfachen Texten

Browne, A.: Der Tunnel. Lappan, Oldenburg.

Cannon, J.: Stellaluna. Carlsen, Hamburg.

Cassin, S./Smith, D./Gordon, M.: Witzig. Wahr. Wissenswert: Dein Körper. Carlsen, Hamburg (Serie).

Dahl, R.: Matilda. Wunderkilch. Rowohlt, Reinbek.

Dahl, R.: Sophiechen und der Riese. Rowohlt, Reinbek.

Dixon, S./Parekh, R.: Das Labyrinth von Lollo Rosso. Carlsen, Hamburg.

Dolby, K. u.a.: Gefahr in der Teufelsbucht. Kniffel-Abenteuer. Ars Edition, München (Serie).

Flessner, M./Flessner, B.: Käpt'n Blaubärs Quiz- und Lügenbuch. Otto Maier, Ravensburg (Serie).

Handford, M.: Wo ist Walter jetzt? Sauerländer, Frankfurt a.M. (Serie).

Heimann, R.: Knifflige Knobeleien. Carlsen, Hamburg (Serie).

Kordon, K.: Die Flaschenpost. Otto Maier, Ravensburg.

McKee, D.: Elmar. Thienemann, Stuttgart.

Nordqvist, S.: Armer Pettersson. Oetinger, Hamburg (Serie).

Packard, E.: Die Insel der 1000 Gefahren. Otto Maier, Ravensburg.

Piers, H.: Dein Hund. Carlsen, Hamburg (Serie über Haustiere).

Press, H.J.: Die Abenteuer der schwarzen Hand. Otto Maier, Ravensburg.

Press, H.J.: Spiel, das Wissen schafft. Otto Maier, Ravensburg.

Roehrig, C.: Spaß mit Hieroglyphen. Tessloff, Nürnberg.

Scheck, F.: Detektivspiel auf Burg Wolfseck. Otto Maier, Ravensburg.

TREFF Schülerbuch 1995. Otto Maier, Ravensburg.

Ungerer, T.: Crictor die gute Schlange. Diogenes, Zürich.

van der Meer, R./van der Meer, A.: Fliegenbein schmeckt: Marmelade! Spiele, Tricks und Wissenswertes über die Sinne der Tiere/Zunge meldet: Sahne-Eis! Spiele, Tricks und Wissenswertes über deine Sinne. Carlsen, Hamburg.

Wilson, D.H.: Jeremy James oder Elefanten sitzen nicht auf Autos. Oetinger, Hamburg (gibt es auch auf DG-Kassette).

... und natürlich viele Brezina-, Ende-, Guggenmoos-, Härtling-, Macaulay- und Nöstlinger-Bücher u.a.

Bücher, die Trost spenden

Es gibt eine Reihe von Kinderbüchern, die von Kindern handeln, die auch Schwierigkeiten mit dem Lesen- und Schreibenlernen hatten. Falls sie zu klein gedruckt sind oder zu komplizierten Satzbau haben, können die Bücher auch vorgelesen, auf Kassette gesprochen oder durch Vergrößern leichter lesbar werden. Hier einige Titel:

Defromont, J.M.: Ein Herz voller Hoffnung. Herder, Freiburg (ab 12).

Fritzsche, T. (Hrsg.): Pechvogelgeschichten. Arena, München (ab 9).

Gilson, J.: Das Wort kann ich nicht lesen. dtv junior, München (ab 11).

Hasler, E.: Der Wortzerstückler. In: Dirx, J.-P. (Hrsg.): Lach & Quatschgeschichten. Otto Maier, Ravensburg (ab 10).

Hüttner, D.: Die linke Pinke. Rowohlt, Reinbek (ab 8).

Hüttner, D.: Komm, ich zeige dir die Sonne. Rowohlt, Reinbek (ab 9).

Janosch: Du bist ein Indianer, Hannes. dtv-junior, Stuttgart.

Johannsson, K.: Als ob ich Luft wäre. Ueberreuter, Wien (ab 11/12).

Klages, S.: Mein Freund Emil. Beltz & Gelberg, Weinheim (ab 9).

Lindquist, M.: Katrins verdrehtes B. Klopp, Berlin (ab 8/9).

Lornsen, B.: Nils Puk – Mit der Schule stimmt was nicht. Oetinger, Hamburg (ab 6).

Nahrgang, F.: Katja und die Buchstaben. Anrich, Kevelaer (ab 8).

Nöstlinger, Ch.: Stundenplan. Beltz & Gelberg, Weinheim (ab 12).

Rusch, R.: Zappelhannes. Anrich, Kevelaer (ab 10).

Steinbach, P.: Benni Sprachlos. Middelhauve, Köln (ab 8).

Wendt, I.: Ich habe Knuddel befreit! Rowohlt, Reinbek (ab 8).

Wendt, I.: Fehler übersehen sie nicht – bloß Menschen. Rowohlt, Reinbek (ab 8).

Wippersberg, M.: Max, der Unglücksrabe. Rowohlt, Reinbek (ab 7).

Hilfen zur Auswahl von Leseübungsmaterial

Wenn erst einmal die Angst und Aversion gegen das Lesen überwunden sind, ist gar kein spezielles Training mehr notwendig.

Manchmal wollen Eltern jedoch etwas kaufen, und schließlich wird auf dem Markt ja viel angeboten.

 **Lesetip**

Kein Trainingsmaterial, sondern eine Fülle an Ideen zum Lesenlernen mit wunderschönen Fotos und Grafiken bietet der Schweizer Lehrer Hansheinrich Rütimann in seinem Buch »Die Lesestadt« (Zytglogge Verlag, Bern).

Lassen Sie sich beim Kauf nicht vom Titel des Autors/der Autorin und großen Versprechungen auf dem Umschlag blenden, sondern überprüfen Sie die Qualität anhand der obigen Kriterien. Auch Wörterbücher können zum Lesen anregen, vor allem wenn sie sinnvolle Spiele und Übungen enthalten.

Generell gilt: Ein reines Buchstaben- oder Einzelworttraining ist wenig hilfreich, da die Orientierung am Inhalt fehlt und Kinder glauben läßt, Lesen sei nichts Sinnvolles.

Sinnvoll sind z.B.:

Augenreise I und II. Volk und Wissen, Berlin.
Bunte Lesehefte. Schroedel, Hannover.
Der Lese-Freund. Lentz, München (ab 4. Klasse).
Die Regenbogen-Kiste. Verlag für pädagogische Medien, Hamburg.
Lese-Mal-Blätter zum sinnerfassenden Lesen. CVK, Berlin.
Lese-Safari Sekundarstufe I. Kohl Verlag, Niederzier.
Lesespiele. Ensslin, Eningen.
Lesetips und Schmökerspaß. Klett, Stuttgart.
Lesetraining Bildwörter 1–3 und Sinnentnahme 1. Cornelsen / Hirsch-
    graben , Frankfurt.
Lesewiese 1–3. Volk und Wissen, Berlin.
Meine kleine Lesestunde. Lernen macht Spaß. Carlsen, Hamburg.
Sicher zum Lesen. Heft A und B. Klett, Stuttgart.

Wörterbücher

Grundwortschatz. Verlag für pädagogische Medien, Hamburg.
Kinder-Duden – Mein erster Duden. Bibliographisches Institut, Mann-
    heim.
Von A bis Zett. CVK, Bielefeld.
Luik, G.: Stolpersteine, Band 1: Rechtschreibung und Kommas. Geiger,
    Wiesbaden (für ältere Schüler und Eltern).

Tips, wie Fernsehen und Kassettenhören Lesen fördern können

Fernsehen und Kassettenhören gehören neben dem Spielen zu den Lieblingsbeschäftigungen von Kindern. Eltern irren, wenn sie meinen, daß ein Seh- oder Hörverbot ihr Kind zum Leser macht, wie neuere Untersuchungen belegen. Nicht Verbote, sondern positive Leseerfahrungen in Elternhaus und Schule bewirken, daß ein Kind auch als Erwachsener ein Leser bleibt. Vielleser sehen auch weniger fern.

Eltern sollten diese Medien in ihre Leseförderung einplanen, zur Entspannung, zur Unterhaltung und natürlich zur Wissensvermittlung. Es gibt vielfältige Kombinationen. Das beginnt mit dem Lesen der Ankündigungen in den Programmzeitschriften oder in der Tagespresse. Eltern können z.B. mit ihrem Kind verfilmte oder vertonte Kinderbücher im Original nachlesen und gemeinsam die Unterschiede feststellen, Sachbücher zur Vertiefung von Dokumentarfilmen heranziehen und vieles andere. Inzwischen werden auch Medienpakete herausgegeben, die Buch und Kassette ergänzen, z.B. bei Patmos, Impulse, Jumbo, Igel Records, Deutsche Grammophon. Hier drei besonders empfohlene Kombinationen:

Sendak, M.: Higgelti Piggelti Pop! Igel Records 1993. Buch: Diogenes.
Hannover, H.: Die Birnendiebe vom Bodensee. Jumbo. Buch: Rowohlt.
Fühmann, F.: Das Nibelungenlied. Deutsche Grammophon junior. Bücher: LEIV.

Auch Bildschirmtexte und Videos haben schon manches Kind zum Leser gemacht. Neugier ist ein guter Motor!

Hilfe bei der Auswahl von Videos für Kinder und Jugendliche

Dies bietet z.B. die Empfehlungsliste »Top Videos für Kinder und Jugendliche«. Diese Liste wird seit 1985 jedes Vierteljahr vom Auswahlausschuß zum Deutschen Jugend-Video-Preis erstellt, der vom Bundesministerium für Jugend, Familie, Frauen und Gesundheit berufen ist. Das Kinder- und Jugendfilmzentrum in Deutschland, Küppelstein 34, 42857 Remscheid, versendet kostenlos Empfehlungslisten sowie Hinweise zum Bezug der »Videoinformation«, einem Pressedienst mit Besprechungen, Adressenlisten von Videoanbietern und Hinweisen zum Einsatz der Filme.

Tips und Kriterien für die Auswahl von Kinder- und Jugendhörspiel- und Literaturkassetten

- An welche Zielgruppe wendet sich die Kassette?
- Welcher Stoff liegt der Aufnahme zugrunde?
- Entspricht der Inhalt den Wünschen und Bedürfnissen von Kindern, und wie ist er gestaltet?

- Welche künstlerischen Gestaltungsmittel wurden eingesetzt?
- Sind Sprecher, Geräusche und Musik dem Inhalt angemessen eingesetzt?
- Wie ist die Gesamtwirkung der Kassette?
- Welche Informationen liefert das Cover?

(In Anlehnung an Heidtmann 1988.)

Eine Reihe bekannter Kinder- und Jugendbücher liegt auf Platte bzw. Kassette vor. Bei der Fülle des Marktangebots und den laufenden Neuerscheinungen sind Orientierungen schwer. Konrad Kallbach ist es in Zusammenarbeit mit drei Kolleginnen gelungen, Kinderkassetten zu sichten und zu besprechen. Alle zwei Jahre soll das Periodikum erscheinen, das bisher letzte 1994:

Kallbach, K. (Hrsg.): Hören – Lesen – Hören. Kassetten für Kinder. Verzeichnis. Annotationen. Kommentare. Mensch & Leben, Bad Homburg

8. Richtig schreiben lernt man nur durch Schreiben!

Schreiben und Schrift

Schreiben ist viel mehr als Rechtschreibung oder Buchstabenmalen! Es ist neben der Schreibbewegung, dem Drucken, Stempeln, Malen, Tippen vor allem der Inhalt, die Botschaft, die einem anderen übermittelt werden soll und die er so verstehen soll, wie sie der Absender gemeint hat – ohne zusätzliche Erklärungen, Betonung oder Gesten.

Wird Kindern in der Schule das Schreiben verleidet?

»Dann sagte Frau Hoppe: ›Wir wollen mal wieder einen Aufsatz schreiben.‹ Das ist doch eigentlich falsches Deutsch. Sie als Deutschlehrerin müßte das wirklich wissen. Denn noch nie hat sie einen Aufsatz mitgeschrieben. Immer nur streicht sie bei uns alles rot an, was sie falsch findet. Nie braucht sie sich selber etwas ausdenken und muß es hinterher vor der ganzen Klasse vorlesen. Aber von Kindern wird so etwas verlangt, auch wenn es ihnen furchtbar unangenehm ist und alle lachen, wenn man stottert oder rot wird. Ich muß meine Aufsätze fast jedes Mal vorlesen, weil Frau Hoppe den Inhalt hochinteressant findet. Das ist aber auch alles. Denn sie gibt mir trotzdem immer nur eine Vier minus. Weil sie meine Rechtschreibung unbeschreiblich findet und ich auch immer vergesse, wo nun ein Komma hin muß und wo nicht. Meistens mache ich dann zur Sicherheit ganz viele. Aber das ist auch wieder nicht ganz richtig. Als ich Frau Hoppe mal in der Pause gesagt habe, daß ich diese ganzen Regelungen sowieso nicht so wichtig finde, und viel wichtiger wäre doch eigentlich, was in so einem Aufsatz drinsteht, da hat sie nur ganz besorgt geguckt und gesagt: Damit würde ich aber nicht durchs Leben kommen. Ich soll mich mal etwas anstrengen. Sie ist ganz sicher, wenn ich wirklich will, dann kann ich auch. Das hab ich ganz toll gefunden, daß jemand so etwas von mir glaubt. Ich habe es auch ganz ernsthaft versucht. Aber soviel ich auch gewollt habe, der letzte Deutschaufsatz ist doch wieder nur eine Vier minus geworden.«

Auschnitt aus Simone Klages: Mein Freund Emil, Beltz & Gelberg, Weinheim 1990, 2.Aufl., S. 54.

Nach der Lektüre von *Katjenkas* Schulerfahrung, die sicherlich die vieler LRS-Kinder widerspiegelt, muß man die Frages bejahen.

Zwar gibt es auch ganz anderen, freien und kreativen Schreibunterricht, aber der ist selten. Deshalb hier einmal eine positive Idee aus einer sechsten Gymnasialklasse, in der jeder Schüler als Arbeitsthema ein Überraschungsei bekam, dessen Öffnen und Verzehr als Gebrauchsanweisung beschrieben werden sollte.

Häufig werden Kindern die Ferien verdorben durch den obligaten Aufsatz »Mein schönstes Ferienerlebnis«; in den sechsten Klassen werden Bildbeschreibungen nach Schema F abverlangt – um nur zwei Beispiele zu nennen. Viele Lehrerinnen und Lehrer vermiesen das Schreiben durch freizügigen Gebrauch roter Tinte, obwohl in Aufsätzen der Inhalt und der sprachliche Ausdruck im Vordergrund stehen sollten, so daß selbst manchem schreibwilligen Kind nach mehreren ausführlichen Verbesserungen aller Rechtschreib-, Ausdrucks- und Kommafehler die Lust vergeht.

Muß es so weit kommen wie bei dem Kind, das den folgenden Brief geschrieben hat?

> Heute haben wirnmal wieder ein
> diktat zurück gekrikt es ist immer das
> selbe lauter fehler. Imme wenn wir
> ein dichtat schreiben sollen wird
> mir ganz schlecht im bauch vor
> lauter aufregung Habe ich ganz bsw
> schwirige Hende. Meine mutter ist
> so enttäucht weren ich so fiel falch
> schreibe. ich auch aber, was hilft
> immer das uben nützt ja auch
> nichs mehr. Ich lese auch viel aber
> immer das valohe prokamseitschiefin
> und so. Wie soll daß nur weiter gen
> die Einzige rettung ist der aufsatz da kan
> man schreiben weil manwil doch seit
> ich in der heheren klasse bin ist es aus
> domitt. jetzt habe ich auch keine
> luste mer aufsatz zu schreiben.

Wie kann mein Kind Freude am Schreiben gewinnen?

➤ *Seien Sie ein Vorbild!*
Fassen wir Erwachsene uns zuerst einmal an die eigene Nase: Wer von uns schreibt noch richtige Briefe, führt Tagebuch, hält Ereignisse schriftlich fest? Und wenn uns Kinder schreibend erleben, dann sind es meist wenig positive Anlässe: Steuer- oder sonstige Formulare, Arbeitsberichte, Anfechten von Strafzetteln ...

Versuchen Sie also ein Schreibvorbild zu sein, und bemühen Sie sich, möglichst oft Dinge schriftlich statt mündlich oder per Telefon zu erledigen, z.B.

- Benutzen Sie eine Wandtafel in der Küche für Nachrichten!
- Notieren Sie, was zu erledigen oder einzukaufen ist!
- Schreiben Sie Briefe und Geburtstagskarten an Freunde und Verwandte, und unterstützen Sie Brieffreundschaften der Kinder!
- Schreiben Sie für Ihr Kind Geschichten, oder schreiben Sie ihm bei besonderen Anlässen einen Brief!
- Halten Sie Erlebnisse fest und ergänzen sie mit Fotos oder Bildern von Ihrem Kind!
- Lassen Sie Ihr Kind erzählen, und halten Sie die Geschichten schriftlich fest!
- Lassen Sie die ganze Familie abwechselnd ein Ferientagebuch führen mit Fotos, Fahr- und Eintrittskarten und Bildern!

Hier ein Beispiel von Maria, acht Jahre:

Der Montblanc. Als wir die Grenze überschritten hatten, dann gingen wir in ein Museum. Dort gab es Hunde. Sie heißen Bernhardiner.

➤ *Ermutigen Sie Ihr Kind zum Schreiben!*
Nehmen Sie bereits beim Vorschulkind die Kritzelbriefe ernst. Sie sind erste Versuche, mit der Umwelt in Kommunikation zu treten. Ihr Kind lernt so früh, einen Sinn im Schreiben zu sehen.
Selbst Kinder mit sehr großen Schwierigkeiten mit der Orthographie zeigen dann Interesse am Schreiben – und vor allem am normgerechten

Schreiben –, wenn sie wissen, daß das Geschriebene (ver)öffentlich(t) und von anderen gelesen wird, sei es, daß sie an einem der vielen Wettbewerbe von Verlagen, Banken, Fernsehsendern oder Kinderzeitschriften teilnehmen, sei es, daß sie eine Rezeptsammlung als Weihnachtsgeschenk für die Lieblingstante oder ein Ferientagebuch zusammenstellen. Noch eine Schreibidee, die gern gewählt wird: Ein Bild oder ein Satz dient als Auslöser für eine Geschichte, die anfangs meist phantastischen Charakter hat, oft aber eine verschlüsselte Auseinandersetzung mit der eigenen Geschichte darstellt. Nach dem ersten Schreiben (mit Bleistift oder radierbarem Kuli und Leerzeilen für Korrekturen) wird sie vorgelesen und in mehreren Schritten bearbeitet. Dabei ist folgendes zu beachten:

- Sind gedankliche Zusammenhänge durch Kommas oder Punkte für den Leser/die Leserin klar erkennbar?
- Stimmen die Zeiten?
- Sind die Wörter normgerecht geschrieben?

Fertige Geschichten werden nochmals vorgelesen, in Ordnern gesammelt und verschenkt.

➤ *Bieten Sie Ihrem Kind Hilfen an!*
Jüngere Kinder lieben Druckkästen, Magnetbuchstaben oder besondere – hoffentlich umweltverträgliche – Stifte, die gerade in Mode sind.

Machen Sie Geschenke, die zum Schreiben anregen könnten: einen neuen Füller, verschiedenartige Stifte, Radierer, Spitzer, Schreibpapier, Zaubertinte.

Beim Kauf eines Druckkastens sollten Sie darauf achten, daß keine Buchstaben fehlen, z.B. das »ß« oder die Umlaute »ä«, »ö«, »ü«.

Eine alte, ausgediente Schreibmaschine ist sowohl für die Motorik als auch fürs Schreiben ein Gewinn. Und schließlich kann der Computer eine motivierende Schreibhilfe sein, wenn Sie ihn von Computerspielen einigermaßen freihalten können. Hier haben Kinder die Möglichkeit, ihre Texte beliebig zu gestalten und zu verändern, Fehler zu korrigieren und Sprache kreativ zu verwenden – vom Inhalt sowie der äußeren Gestaltung durch unterschiedliche Schriftarten und räumliche Anordnung. Mit einem Textverarbeitungsprogramm können die Bearbeitungsstufen festgehalten werden, und es kann dokumentiert werden, wie sich die Einstellung des Kindes zum Schreiben sowie seine sprachliche Ausdrucksfähigkeit verändert.

▶ *Verlangen Sie nicht zuviel!*
Schreiben macht nur Freude, wenn keine Angst vor Fehlern besteht! Seien Sie also vorsichtig mit kritischen Anmerkungen zu den Schreibprodukten Ihres Kindes. Wir Erwachsenen und auch viele Lehrkräfte sind so auf Orthographie fixiert, daß der Inhalt des Texts oder Briefs ganz in den Hintergrund tritt. Abfällige Kommentare blockieren aber die Schreibfreude!

Die folgende Anmerkung eines Lehrers, auch noch in der Signalfarbe rot, macht sicherlich wenig Mut zum Schreiben!

Können Probleme weggeschrieben werden?

Manche Kinder und Jugendliche können sich das, was sie belastet, regelrecht von der Seele schreiben und damit verarbeiten.

Alexanders Therapie dauerte nur wenige Monate. Unverarbeitete häusliche Erlebnisse und Ängste hatten ihn blockiert. Er schrieb zu Hause und in den Therapiestunden seitenlange Märchen und Vampirgeschichten, die er dann auf Kassette vorlesen wollte. Diese Geschichten waren ihm so wichtig, daß er sie auch bearbeiten wollte, wobei ihn zum Glück ein Computer unterstützte.

```
                        ... Dort stieg er in ein Auto
    im Auto xxxx    saß eine Frau und Trakular wolte gerade zu-
    Beisen als er einen schlag auf den Kopf bekam und der Mann der
    Frau sagte " jetzt drifst du dich auch schon in meinen Auto X
    mit deinen vererer." Der Mann der Frau SCHMIS DEN Vampir aus dem
    Auto und fuhr weg. Trakular flog weiter und suchte ein Opfer
    X für die Vampirinen . Da unten ein kleines Kind er Holte esxx
    und flog zurückins Schloß und gab den Vampirinen das Kind .
    und sagte " TEIL ES EUCH AUF und gebt mir dam was weil ich
    Heute noch nichts gegrigt hab ." Dan legte er sich Hin und
    Schlif ein. Am nagsten Abend Wolte er eimen verwanten Besuchen
    der in Frankfurt lebt . Er flog nach Frankfurt und xikxx
    ging zum  Heniner Tor . Dort lebte sein Onkel Haribalt.
    Als er eintrat Weinte sein Onkel . Trakular fragte"
    warum Weinst du u. " Weil ich meinen Beruf Wekleln Muß."
    "Und warum muß du deinen Beruf wekleln"=. " Wegen AIDS.
```

Die Botschaften des Kindes können verschlüsselt in Märchen und Geschichten verpackt sein, aber auch unvermittelt in Tagebüchern oder kurzen Botschaften auftauchen, so daß unvorbereitete Eltern irritiert werden.

Wie sollten Sie damit umgehen? Akzeptieren Sie die Privatspäre Ihres Kindes, und dringen Sie nicht heimlich in seine Geheimnisse und Tagebücher ein. Manchmal will ein Kind jedoch, daß die Eltern seine Botschaften lesen. Sie wird bewußt offen liegengelassen oder Ihnen sogar gegeben. Versuchen Sie sich beim Lesen in die Situation Ihres Kindes einzufühlen und seine Lage zu verstehen. Falls Ihr Kind vorliest, unterbrechen Sie nur, wenn Sie Verständnisfragen haben. Ignorieren Sie Ausdrucks- oder Rechtschreibfehler. Sprechen Sie darüber. Nehmen Sie die Hinweise, die Ihnen Ihr Kind geben will, ernst, aber interpretieren Sie nicht zu viel. Psychoanalytische Deutungen sollten Fachleuten vorbehalten bleiben.

```
Baby des Teufels

Ich hatte einen Streit mit der Lehrerin. Darauf
beschloß sie mich zu besuchen.In der Pause lud ich
Jörg, Daniel S. und Dani F. ein.

Meine Mutter holte uns nach der Schule ab. So gegen 5
Uhr, als wir schon erschöpft vom Computerspielen waren,
hörte ich ein Geräusch an der Tür. Es war ein kleines
Baby. Wir nahmen es rein und setzten ins Wohnzimmer. Es
läutete wieder an der Tür. Es war ein schreckliches
Monster nämlich meine Lehrerin. Daniel sagte: "
Oh,nein, nicht die!" Frau ████ kam rein, ohne zu fragen.
Sie stolperte über das Baby und fiel in ein Messer.

Wir alle waren froh, daß der Spuk ein Ende hatte. Da
verwandelte sich das Baby in einen Prinzen.

Ende
```

Wie kann die Handschrift verbessert werden?

Das Schriftbild vieler LRS-Kinder ist oft noch nicht einmal von ihnen selbst zu entziffern. Die Schrift wirkt ungelenk, fahrig, ist häufig durchgestrichen oder mit einem Tintelkiller korrigiert. Um Fehler zu kaschieren, werden im Zweifelsfall beide Möglichkeiten angeboten, in der Hoffnung, daß sich die Lehrerin nur die Duden-Norm aussucht.

Manche Kinder haben auch zwei ganz unterschiedliche Schriften, zu Hause ausgeglichen, auf der Zeile, relativ sauber – und in der Schule – vor allem unter dem Druck der Arbeiten – krakelig, ungelenk, strotzend von Fehlern und unvollständigen Wörtern. Die Gründe, warum LRS-Kinder häufig so schludrige Handschriften haben, sind individuell unterschiedlich und spiegeln sicherlich oft den Seelenzustand und die Gefühle wider, die mit der ungeliebten Tätigkeit Schreiben verbunden sind. Es können sein:

● feinmotorische Probleme, die unbehandelt blieben,
● falsche Bewegungen bei manchen Buchstaben,
● falsche Schreibhaltung, vor allem bei Linkshändern.

Von daher sollten Hilfen zur Verbesserung der Handschrift nie isoliert als reines Training ohne Änderung der Einstellung zum Schreiben erfolgen.

- Lassen Sie Ihr Kind für sein privates Schreiben zu Hause das Material und Format selbst aussuchen. Es gibt Kinder, die schreiben am liebsten ganz großformatig, andere auf möglichst kleinen Notizblöcken. Desgleichen sollte die Wahl des Schreibgeräts freigestellt werden. Je nach Anlaß sucht sich Ihr Kind schon das Passende aus.
- Um die Wahl des »richtigen »Schreibgeräts wurden schon Glaubenskriege geführt. Erfahrene Schreibdidaktiker raten, Kinder möglichst lange mit Wachsmalstiften oder Bleistiften schreiben zu lassen, bevor sie dem Schulfüller das Feld überlassen.
- In den Therapien bevorzuge ich Bleistifte. Sie verschmieren nicht, und Fehler lassen sich leicht wegradieren.

 **Tip**

Seit einiger Zeit werden Kalligraphiestifte in verschiedenen Breiten und Farben angeboten. Sie haben bei einigen Kindern ganz erstaunlich positive Auswirkungen auf die Handschrift gezeigt. Auch radierbare Kugelschreiber in mehreren Farben erfreuen sich großer Beliebtheit.

Hilft eine neue Schreibschrift?

Spätestens mit dem Übergang von der Grundschule zur weiterführenden Schule braucht jedes Kind eine einigermaßen lesbare, der Diktiergeschwindigkeit der Lehrkräfte wenigstens annähernd folgende, unverkrampfte Handschrift. Sicherlich kann Ihr Kind im Einzelfall einmal Texte des Nachbarn kopieren oder eine Überspielung auf dem Kassettenrekorder machen und von Ihnen abschreiben lassen. Das sind jedoch Krücken, die langfristig der Selbständigkeit im Wege stehen. Überlegen Sie mit Ihrem Kind und der Klassen-/Deutschlehrerin, ob vielleicht eine Änderung der Handschrift zu mehr Klarheit und Schnelligkeit führen könnte. Warum kann es nicht Druckschrift sein? Sie ist in vielen anderen Ländern die Normalschrift, und ich bin immer wieder fasziniert, wie schnell – und sauber – manche Jugendliche drucken können.

Es ist nie zu spät, noch einmal einen Schnellkurs in einer der verschiedenen Schriften zu absolvieren. Ich habe die besten Erfolge mit einer modifizierten Schulausgangsschrift (SAS) erzielt, die die Schwächen der Vereinfachten und Lateinischen Ausgangsschriften ausgleicht und zu der es Übungshefte gibt, die von einem Kind leicht bearbeitet werden können. Zur Schreibmotivation markiere ich die jeweils sauber und formgerecht geschriebenen Buchstaben oder Wörter mit einem Stern und verabrede kleine Belohnungen für eine – individuell festzulegende – Anzahl (vgl. Kap. 1).

Schreiben ist wichtig!

Dies ist die Mitteilung eines achtjährigen türkischen Mädchens an seine Lehrerin, die sich über die vielen Fehler in ihren Geschichten beklagte. Dieses Kind macht seiner Lehrerin die Rangordung deutlich, auf was es beim Schreiben ankommt: erst der Inhalt, dann die Form. Dieses Mädchen hat verstanden, worum es geht!

 **Lesetip**

Neben Kinderkalendern, Tagebüchern, Klassenchroniken hier vier weitere Tips:

Erker, R.: Mein Aufschreibe-Buch. Otto Maier, Ravensburg.
Fischer, Ch. / Fischer, R.: Mein Buch. Arena, Würzburg.
Grasso, M.: Heute tanzt der Tangobär. Das große Mitmachbuch für das ganze Jahr. Beltz & Gelberg, Weinheim.
Kölle, C.: Das Ferienbuch für unterwegs. Otto Maier, Ravensburg

Rechtschreibung

Wenn ein Kind viele Rechtschreibfehler macht, wird es heute immer noch von manchen Lehrern und Lehrerinnen – und leider auch Eltern – fälschlicherweise als dumm oder faul abgestempelt. Ein solches Kind gerät leicht in einen Teufelskreis von Lern- und Verhaltensauffälligkeiten. Manches Kind fällt auch zunächst nicht auf, da es die meist wörtlich lange geübten Diktate auswendig gelernt hat. Die Probleme können in diesem Fall so lange verschleppt werden, bis sie ungeübte Diktate in der dritten Klasse zu Tage treten lassen.

Wir Erwachsenen haben entweder unsere einstigen Schwierigkeiten verdrängt (Eltern möchten verständlicherweise ihren Kindern Schwierigkeiten ersparen, an denen sie selbst gelitten haben), oder wir wissen, wie wir uns in Zweifelsfällen helfen können (im Duden nachschlagen, das Wort mehrmals schreiben). Bei welchem Erwachsenen werden auch schon ähnlich kritische Maßstäbe angelegt wie bei Schulkindern? Im Büro können selbst die Spezialist(inn)en die Rechtschreibung ihrer Texte überprüfen, indem sie den Duden, ein Rechtschreibprogramm in der Schreibmaschine oder die Rechtschreibkontrolle im Computertextverarbeitungssystem benutzen.

Fehler sind wichtig

Aus Fehlern wird man klug, sagt das Sprichwort. Nur beim Schreiben wird von Kindern erwartet, daß sie es von Anfang an »norm«gerecht und fehlerfrei können. Wie die Beobachtung der Schreibentwicklung zeigt (Kapitel 2), machen alle Kinder Fehler. Diese sind wichtige Schritte auf dem Weg zur Normschreibung. Der bekannte amerikanische Leseforscher Goodman nennt Fehler »Fenster in das Bewußtsein des Lernenden«.

Wenn ein Kind z.B. »Blüte« mit »üh« schreibt, so kann sich beim Nachfragen herausstellen, daß es eigentlich eine intelligente Leistung vollbracht hat, nämlich die Anwendung des Prinzips der Ableitung von »blühen«. Pech war, daß es auf eine der zahlreichen Ausnahmen traf: Das »h« gehört hier zur Endsilbe »hen« und nicht zum Stamm »blü«.

Beim Üben ist es meist am sinnvollsten, an den eigenen Fehlern des Kindes anzusetzen und ihm mit Hilfe einer Lernkartei zur Richtigschreibung der gebräuchlichen Wörter zu verhelfen, statt zeitaufwendig Trainingshefte durcharbeiten zu lassen.

Vieles von dem, was heute als Fehler angestrichen wird, war früher einmal Normalschreibung. Interessant ist z.B., daß im Mittelhochdeutschen um 1200 in »Der Nibelunge Not« außer Eigennamen und Satzanfängen alles klein geschrieben wurde.

Uns ist in alten mæren   wunders vil geseit
von heleden lobebæren,   von grôzer arebeit,
von fröuden, hôchgezîten,   von weinen und von klagen,
von küener recken strîten   muget ir nu wunder hœren
                                          sagen.

Entsprechend der damals durchgängigen Regel, daß man so schreibt, wie man spricht, war früher z.B. die Mehrzahl von »hant« »hende« oder das ie wurde getrennt gesprochen: Li-ebe wie in Ferien oder Familie.

 **Lesetip**

Wen die Geschichte der Rechtschreibung interessiert, der kann sich näher u.a. in folgenden Veröffentlichungen informieren, die allerdings mehr für die Hand von Lehrkräften verfaßt wurden:

Nemitz, W.: So einfach sind Rechtschreibung und Zeichensetzung. Herder, Freiburg.
Naegele, I.M./Valtin, R. (Hrsg.): Rechtschreibunterricht in den Klassen 1–6. Arbeitskreis Grundschule, Frankfurt a.M. Neubearbeitung 1994

Gegen die Diktatur des Diktats

Obwohl Diktate seit Jahrzehnten wegen ihrer höchst zweifelhaften Rolle für das Erlernen der Rechtschreibung von Fachleuten angegriffen werden, halten sie sich in der Schulpraxis als die am weitesten verbreitete Übungs- und leider auch Kontrollform im Deutschunterricht. Gisela Süsselbeck folgert 1991 in der Zeitschrift »Grundschule«: »Rechtschreiben lernt man eben nicht durch Diktate und für Diktate, allenfalls können sichere Rechtschreiber u.a. auch fehlerfreie Diktate schreiben.« (S. 67.)

Gegen eine starre Benotung der Diktate ihres LRS-Kindes können sich Eltern mit Verweis auf den gültigen LRS-Erlaß in ihrem Bundesland (Kapitel 4) zur Wehr setzen, und generell müssen weder alle Kinder einer Klasse das Gleiche schreiben noch nach den gleichen Kriterien bewertet werden.

Es folgen die Diktate von zwei Frankfurter Schülern, die wegen ihrer LRS außerschulische Hilfe erhielten.

Dirk, Schüler der fünften Klasse einer Gesamtschule mit 44 Fehlern, Note sechsten und *Leo*, der in eine vierte Klasse geht, mit einem Lükkentext: 10 Fehler, Note 3–. Beide waren in ihren Klassen als LRS-Schüler anerkannt, und *Dirk* hätte laut gültigem Erlaß gar nicht benotet werden dürfen. Die Nachlässigkeit der Lehrerin hatte zur Folge, daß die mühsam aufgebauten Therapieerfolge um Monate zurückgeworfen wurden. Da

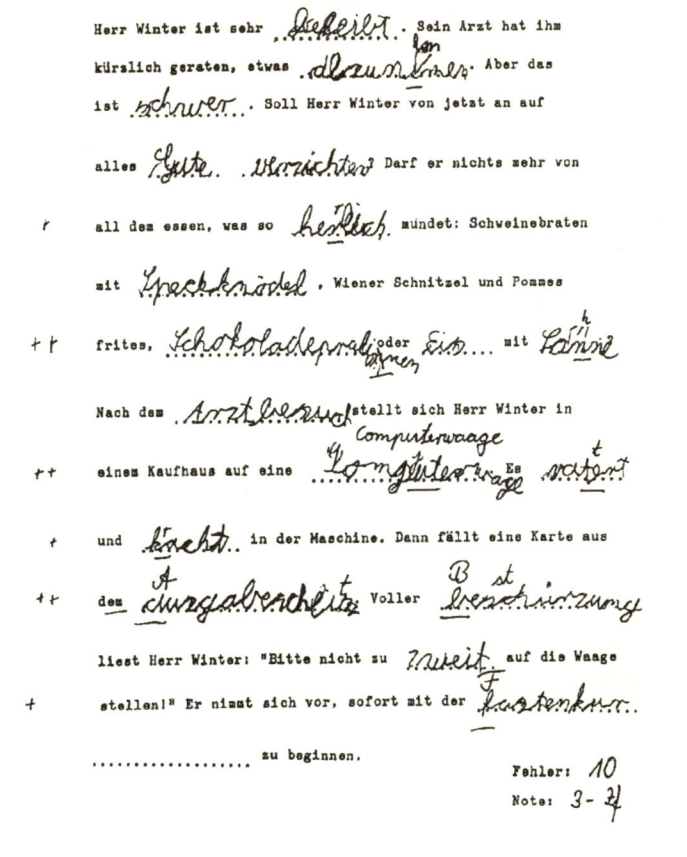

Herr Winter ist sehr _*gebeilt*_. Sein Arzt hat ihm kürzlich geraten, etwas _*abzunehmen*_. Aber das ist _*schwer*_. Soll Herr Winter von jetzt an auf alles _*Gute*_ _*verzichten*_? Darf er nichts mehr von all dem essen, was so _*herrlich*_ mundet: Schweinebraten mit _*Speckknödel*_, Wiener Schnitzel und Pommes frites, _*Schokoladepralinen*_ oder Eis _*mit Sahne*_?

Nach dem _*Arztbesuch*_ stellt sich Herr Winter in einem Kaufhaus auf eine _*Computerwaage*_ und _*lacht*_ in der Maschine. Dann fällt eine Karte aus dem _*Ausgabeschlitz*_. Voller _*Bestürzung*_ liest Herr Winter: "Bitte nicht zu _*zweit*_ auf die Waage stellen!" Er nimmt sich vor, sofort mit der _*Fastenkur*_ .... zu beginnen.

Fehler: *10*

Note: *3–4*

---

half auch wenig, daß die Lehrerin auf Einspruch der Mutter die Note zurücknehmen mußte. *Leos* Probleme waren insgesamt gravierender. Er hatte aber das Glück, eine Lehrerin zu haben, die ihm auf seine speziellen Bedürfnisse abgestimmte Diktate gab, in diesem Fall einen Lückentext. Dies war für ihn bereits ein Fortschritt, denn zu Beginn der vierten Klasse hatte er die Diktattexte noch abgeschrieben. Auch zählte sie die richtig geschriebenen Wörter und schrieb *Leo* als Vorbereitung für die Karteiarbeit die richtigen Wortbilder über seine Fehler. Die Benotung orientierte die Lehrerin an seiner Leistungsfähigkeit, nicht an der der Klasse.

Die Menge an Fehlern beim Schreiben hängt auch mit dem Druck der Schreibsituation zusammen. Angst blockiert! Betrachten Sie bitte die beiden Schriftbilder des gleichen Texts eines Zweitkläßlers:

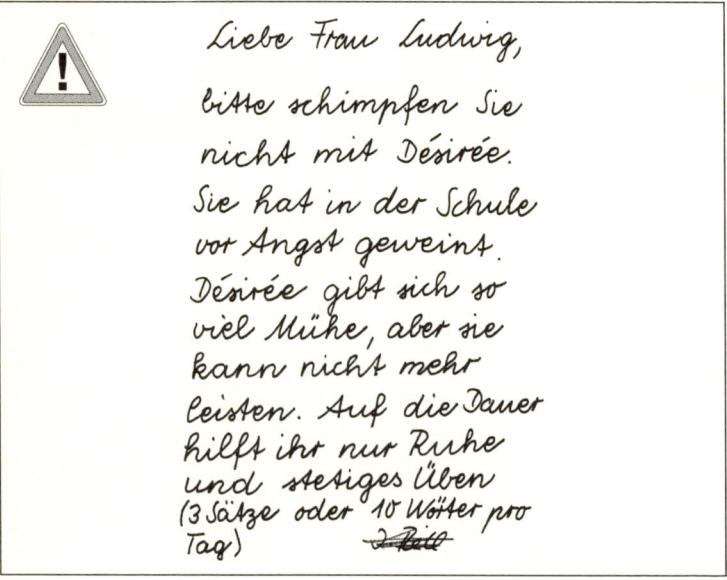

Beide Texte wurden nach Diktat geschrieben. Es fällt nicht schwer zu erkennen, welcher der Texte in der entspannten Fördersituation und welcher im Klassenunterricht entstand!

Lehrerinnen und Lehrer sollten die Wirkungen ihrer Kommentare einmal selbst oder bei ihren eigenen Kindern erfahren, dann würden sie sie garantiert anders formulieren.

Liebe Frau Ludwig,

bitte schimpfen Sie nicht mit Désirée.
Sie hat in der Schule vor Angst geweint.
Désirée gibt sich so viel Mühe, aber sie kann nicht mehr leisten. Auf die Dauer hilft ihr nur Ruhe und stetiges Üben (3 Sätze oder 10 Wörter pro Tag)

Persönliche Vorwürfe, falsche didaktische Ratschläge und die Vorstellung, das Kind müsse nur wollen, fördern sicher nicht eine positivere Einstellung zur Rechtschreibung. Hinzu kommt, daß ein Kind, das viele Fehler schreibt, nicht nur mit den negativen Reaktionen seiner Umwelt leben muß, sondern auch noch durch Korrekturen oder Abschriften mit einem Vielfachen an Hausaufgaben gestraft ist.

Tips für das Diktatschreiben

- Nicht ärgern oder vorher nervös machen lassen! Schlechter als eine 6 kann es nicht werden, nur besser.
- Entspannen! Vergiß nicht Deine Entspannungsübungen!
- Habe Deine Schreibwerkzeuge und eine Ersatzpatrone parat!
- Hör beim ersten Vorlesen gut zu, damit Du den Inhalt verstehst!
- Markiere Wörter, bei denen Du Zweifel hast, mit einem Punkt, den Du beim Durchlesen wieder killern kannst!
- Falls Du hinterher Zeit zum Durchlesen hast, geh den Text von hinten Wort für Wort durch, dann überliest Du nicht so schnell Fehler!

Was kann mein Kind?

Analog zum Lesen läßt sich beim Diktieren eines kleinen Textes aus dem Sprach- oder Lesebuch der Stand der Rechtschreibung weitaus besser feststellen als mit einem Rechtschreibtest, der vor allem bei Grundschülern wenig mit dem Klassenwortschatz zu tun haben muß. Durch Vergleich der Schreibungen mit der Entwicklungstabelle (Kapitel 2, S. 52) werden Sie feststellen können, auf welchen Stufen sich Ihr Kind befindet, welche Einsichten es schon hat, welche es noch erwerben muß.

Meist genügt jedoch schon ein Blick in die Haus- und Arbeitshefte, um Auskunft über die spezifischen Schwierigkeiten zu erhalten.

Tips zum Erlernen der Rechtschreibung

- Wenn Sie zu Hause in Ruhe und mit Geduld regelmäßig in kleinen Übungen mit Ihrem Kind wichtige Wörter und Begriffe festigen, werden sie nach und nach auch unter schulischem Druck verfügbar sein.
- Lassen Sie Ihr Kind die Wörter schreiben, mit denen es Probleme hat, nicht die Wörter, die andere als schwierig bezeichnen. Am besten eignet sich das Lernen mit einer Lernkartei.

Zugangswege oder »Kanäle« beim Rechtschreiblernen

1. Der Weg über das *Auge*: die optische (visuelle) Lösungshilfe.
   Wortbilder lesen und sich einprägen, schwierige Einzelbuchstaben herauslesen (»Analyse«) und unterstreichen. Schwierige Wörter »zur Probe« auf einen Zettel schreiben und das Wortbild nach dem »Sprachgefühl« überprüfen (s. 4.).
2. Der Weg über das *Ohr*: die akustische (auditive) Lösungshilfe.
   Das Klangbild von Wörtern erfassen, genau hinhören und Einzellaute herauszuhören versuchen (»Analyse«), mit ähnlich klingenden Lauten vergleichen und unterscheiden (»d«–»t«, »b«–»p« usw.).
3. Der Weg über das *Sprechen*: die sprechmotorische Lösungshilfe.
   Wörter deutlich sprechen, Einzellaute genau artikulieren, versuchen Hochdeutsch zu sprechen, dann wie unter 2. Hören und Sprechen sind eng miteinander verbunden.
4. Der Weg über die *Hand*: die schreibmotorische Lösungshilfe.
   Schwierige Wörter wiederholt aufschreiben; auch die Hand hat ein Gedächtnis. Die Vereinfachte Ausgangsschrift erleichtert ganz entscheidend das Aufgliedern der Wörter und damit die Unterscheidung der einzelnen Buchstaben. Beim Schreiben die Wörter leise mitsprechen, dann wie unter 3.
5. Der Weg über den *Kopf*: die logische Lösungshilfe (Sprachwissen und Sprachdenken).
   a) Rückgriff auf Rechtschreibregeln (Schärfung, Dehnung).
   b) Ableitungen, Wortverlängerungen (Wald / Wälder, kalt / kälter).
   c) Analogiebildungen, wichtig vom ersten Schuljahr an (z.B. mein – kein – sein).
   d) Nachdenken und Sprechen über besondere Schwierigkeiten, wie das »h« in »blühen« (aber: »Blüte«) oder das doppelte »oo« in »Zoo« usw.
6. Der Weg über das *Wörterbuch*: die technische Lösungshilfe.
   Erkennen und Einüben des alphabetischen Ordnungssystems von Wörterbüchern, ABC-Heften, Lernkarteien.

»Diese sechs verschiedenen Wege oder Lösungshilfen können wir den Kindern beim Erlernen der Rechtschreibung anbieten, in der Erwartung, daß sie mit der Zeit den für sie besonders geeigneten Weg selbst herausfinden.« (Nach Niedersteberg 1983, S. 36.)

- Beim Einprägen sollten dem Kind viele Lösungswege und Arbeitstechniken angeboten werden, damit möglichst viel behalten wird (über das Ohr, das Auge, die schreibende Hand, den Kopf und das Nachschlagen im Wörterbuch).
- Achten Sie darauf, daß das Lernen nicht durch »Verwirrspiele« zu Irrwegen führt und zur Raterei wird. Viele Materialien enthalten

Übungsformen, die oft Überforderung und Verunsicherung bewirken. (Neben den bereits angesprochenen gilt dies vor allem für Purzel- und Schachtelwörter oder Wortfetzen, fehlerhafte Texte oder Verunsicherungen durch Gegenüberstellung ähnlicher Wörter.)

● Halten Sie sich bei jüngeren Kindern an den Klassenwortschatz, der in der Schule verwendet und im Deutschunterricht eingeübt wird. Er setzt sich aus den häufigsten Wörter zusammen, die im Deutschen vorkommen, die für Kinder inhaltlich bedeutsam und für das Erlernen der Rechtschreibung wichtig sind, und zwar jeweils nach Klassenstufen geordnet.

● Zeigen Sie Ihrem Kind schon frühzeitig, wie es sich selbst Fehler durch das Benutzen von Wörterbüchern und Lexika ersparen kann, in der Grundschule natürlich nicht mit dem großen Duden, sondern mit einem für dieses Alter geeigneten Wörterbuch. Es ist gut, wenn Ihr Kind feststellt, daß auch Erwachsene nachgucken müssen.

● Belohnen Sie Ihr Kind für seine zusätzliche Arbeit. Erwarten Sie nicht, daß es schon nach kurzer Zeit des regelmäßigen und systematischen Übens in der Schule bessere Noten bekommt.

● Haben Sie und Ihr Kind Geduld. Eltern sollten nicht die häufig in der Schule anzutreffende Praxis unterstützen und den Kindern beweisen, was sie alles nicht können, sondern ihnen helfen, Erfolge zu haben. Sie fördern das Selbstvertrauen Ihres Kindes, wenn Sie seine Leistung und Anstrengungen loben, auch wenn nicht alles ganz richtig ist. Wer zu viel kritisiert oder die Aufmerksamkeit auf die Fehler lenkt, erreicht nur, daß das Kind in Zukunft interessanteren, aber schwierigeren Wörtern aus dem Weg gehen wird.

● Bei Aufsätzen und Geschichten sollte der Inhalt im Vordergrund stehen, wie bereits an anderer Stelle ausgeführt. Erst bei der späteren Überarbeitung geht es um die Lesbarkeit und damit um die äußere Form.

● Ermutigen Sie Ihr Kind, daß es sich angewöhnt, seine schriftlichen Arbeiten nach einer Pause noch einmal durchzulesen, bevor es sie aus der Hand gibt. Während dies für normale und gute Rechtschreiber selbstverständliche Routine ist, sind Kinder mit LRS oft so froh, die ungeliebte Tätigkeit hinter sich zu haben, daß sie diese Chance nicht mehr nutzen können. Bewährt hat sich der Trick, den Text vom Ende her Wort für Wort noch einmal durchzugehen, da dann mit veränderter Aufmerksamkeit gelesen wird und Fehler eher entdeckt werden.

● Unterstützen Sie das Lesen Ihres Kindes. Lesen fördert neben vielem anderen auch das Einprägen der Schriftbilder.

Schreibenlernen mit der Lernkartei

Die Arbeit mit einer Kartei, die die eigenen Fehlerwörter enthält, hat sich als effektivste, billigste und erfolgreichste Übungsmethode vielfach bewährt. Dazu gehört jedoch, daß regelmäßig und sorgfältig jeweils fünf bis zehn Minuten gearbeitet wird, was erfahrungsgemäß nur unter Mithilfe einer erwachsenen Person möglich ist.

Was wird benötigt?

Anzuschaffen sind:

- ein Karteikasten mit passenden Karteikarten in vier Farben (DIN A6 oder DIN A7);
- ein leeres Schreibheft
- sowie fünf Karten eines ABC-Registers zur Unterteilung. Die Rückseite der Registerkarten werden mit 1–4 und die fünfte Karte mit »fertig« beschriftet. Sie bilden den Rahmen für die Karteiarbeit.

Quelle für die Karteiarbeit sind die Fehler Ihres Kindes in Geschichten, Diktaten, Hausaufgaben, Briefen u.a.

Wie richte ich eine Kartei ein?

Zunächst muß festgelegt werden, welche Kartenfarbe welche Wortart bekommt, am besten so, wie es auch im Deutschunterricht üblich ist (z.B. alle Substantive auf rote, Verben auf blaue, Adjektive auf gelbe und alle anderen Wortarten auf weiße Karteikärtchen).

Nun werden die bisher fehlerhaften Wörter einzeln richtig und gut leserlich auf Karteikärtchen der entsprechenden Farbe geschrieben:

- Bei Substantiven (Namenwörtern) wird der Artikel (evtl. auch die Mehrzahl) ergänzt:
  z.B.   die Häuser
          das Haus
- bei Verben das Personalpronomen (persönliches Fürwort) und darunter die Grundform:
  z.B.   er geht   sie fährt
          gehen   fahren

- bei Adjektiven eventuell. die Verlängerungsform (bei Endungen »-ig«, »-lich«) oder ein verwandtes Wort, das die Schreibung näher erklärt: gefährlich (fahren), nächster (nach)

Die kritische Stelle im Wort, die den Fehler bewirkte, kann auch noch innerhalb des Wortes mit Farbe betont werden:

    z.B.   häßlich
              der Haß

Außerdem sollten Dehnung und Kürzung markiert werden: Die Länge des Vokals mit einem Strich. Wird er kurz gesprochen, wird darunter ein Punkt gesetzt:

    z.B.   er fährt (fahren) oder ihr eßt (essen).

Alle Karten kommen in das Fach vor der Nummer 1.

Wie wird geübt?

Mäßig, aber regelmäßig ist die Devise! Es sollte täglich (außer sonntags) fünf bis zehn Minuten geübt werden. Abhängig vom Behalten und erfolgreichen Wiedergeben nimmt Ihr Kind zwei bis fünf Karteikarten – später aus unterschiedlichen Fächern –, liest sie sich sorgfältig durch und entscheidet sich, nachdem über die Übung das Datum geschrieben oder gestempelt wurde, für eine der folgenden Übungen:

- Aus den ausgesuchten Wörtern wird ein Satz gebildet und geschrieben.
- Die Wörter werden gemischt untereinander in das Heft diktiert.
- Falls Ihr Kind allein übt, spricht es den selbstüberlegten Satz (oder die Wörter) erst langsam auf eine Kassette vor und schreibt in Etappen nach Gehör.

Ihr Kind soll nun seinen Text sorgfältig auf Fehler durchlesen, einmal von vorne, einmal wortweise vom Ende des Textes her (um sich vom Satzkontext zu lösen). Erst dann werden die Karteiwörter einzeln mit dem Text verglichen. Wurde ein Karteiwort fehlerfrei geschrieben, erhält die Karteikarte rechts oben rechts ein + und wandert ins nächste Fach (von 0 in 1, von 2 in 3 usw.); war es falsch, geht die Karte in Fach 0 zurück und erhält ein –.

Zur Festigung wird das nicht normgerecht geschriebene Wort dreimal richtig unter den Text geschrieben. Jetzt werden alle richtigen Wörter

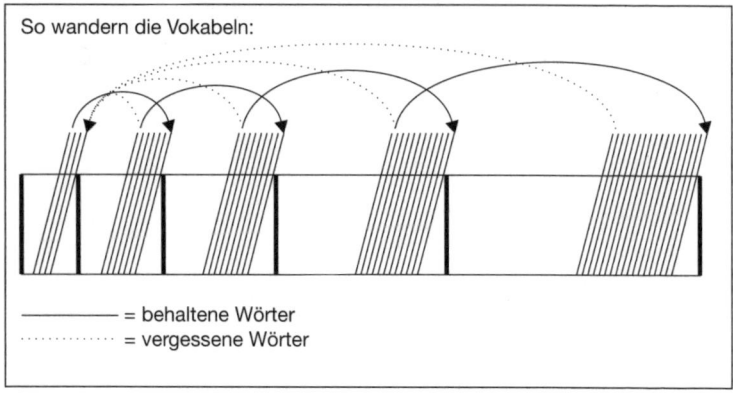

So wandern die Vokabeln:

————— = behaltene Wörter
············· = vergessene Wörter

gezählt und ihre Anzahl unter der Übung vermerkt (z.B. »6 von 8 Wörtern richtig, prima!«). Ein lustiger Stempel erhöht die Motivation ebenso wie ab und an ein Sticker oder ein zusätzliches Lob.

Wörter, die zumindest fünfmal richtig geschrieben wurden, bilden den eigenen verfügbaren Wortschatz. Sie sollten von Zeit zu Zeit gezählt werden und Anlaß für kleine Belohnungen sein.

Vokabellernen mit der Kartei

Nach einem ähnlichen Prinzip erfolgt das Erlernen von Vokabeln, nur daß hier auf die eine Kartenseite der deutsche Begriff geschrieben wird, auf die andere der fremdsprachliche. Nach dem Überlegen, Anschauen, Vergleichen und Schreiben sollte nach jedem Wort gleich verglichen und eventuell bei Fehlern dreimal der richtige Begriff geschrieben werden.

Tips für ältere Kinder

Auch hier ist die Lernkartei von größter Bedeutung. Da Diktate in den weiterführenden Schulen zumindest bis Klasse 8 leider immer noch breiten Raum, vor allem zur Leistungsmessung, einnehmen, brauchen gerade LRS-Kinder Unterstützung und Hilfe, auch wenn ihre Chancen bei den üblichen, meist sprachlich veralteten Diktaten trotz Übens nicht gut stehen.

Nach dem Grundsatz, daß nichts geschrieben werden sollte, was nicht zuvor gelesen und verstanden wurde, sollte Ihr Kind den zu schreibenden Text zunächst lesen und schwierige Wörter mit Ihnen besprechen.

Danach lesen Sie Satz für Satz langsam vor und brechen nach der vereinbarten Zeit ab, nicht ohne das Geschriebene sorgfältig durchzugehen, die richtigen Wörter zu zählen und Problemwörter zu besprechen und auf Karteikarten zu schreiben.

Ältere Schüler können die Fehler auch selbst suchen und anhand eines Fehlerprofils Übungsschwerpunkte erkennen.

Oftmals möchten Heranwachsende von den Eltern unabhängig werden und bearbeiten lieber selbständig ein käufliches Material.

Materialien zum Rechtschreiblernen

Der Grund für das ebenso reichhaltige wie verwirrende Angebot liegt auf der Hand: Das »Schulkreuz Rechtschreiben« – wie Konrad Duden es genannt hat – erhält bei zunehmendem Auslesedruck an unseren Schulen immer mehr Gewicht. Jede Hilfe erscheint lohnend – zumindest im kaufmännischen Sinn.

Der Markt wird beherrscht von Diktatsammlungen und Programmen, die für LRS-Kinder wenig geeignet sind. Kinder, die schreiben können, haben sicherlich Spaß und Vergnügen an solchen Heften. Schülerinnen und Schüler, die jedoch große Rechtschreibprobleme haben, die über keine oder nur bruchstückhafte Strategien verfügen, werden von solchen Heften zum Raten statt zum Überlegen verleitet.

Gibt es gute Rechtschreibsoftware?

Leider nein! Bei der Computersoftware sieht es bisher nicht viel besser aus. In einer Analyse von Computerprogrammen, die ich Mitte 1994 durchführte, fand ich kein Programm, das den Kriterien für gute Materialien standhielt. Ich glaube, daß die Entwicklung hier mehr zu differenzierten Textverarbeitungsprogrammen geht, wie sie z.B. Microsoft jetzt speziell für Kinder anbietet mit dem »Creative Writer«.

Können Kinder die Tastatur mit mehreren Fingern bedienen, macht das Schreiben von Geschichten, Einladungen, Plakaten u.a. am Computer Spaß. Bei Fehlern braucht nur jeweils ein bestimmte Buchstabe/Wort ersetzt zu werden, der Ausdruck ist sauber, und das Ergebnis sieht pro-

ERST DENKEN,

DANN SCHREIBEN !

fessionell aus. Längerfristiges Schreiben am Computer ist aber nur ge-währleistet, wenn das Kind lernt, mit möglichst vielen Fingern zu tippen. Sonst überwiegt schnell der Frust. Zudem ersetzt es das Schreiben von Hand nur zum Teil, da die Schreibung vieler Wörter quasi aus dem Handgedächtnis erfolgt und in der Schule unter Streß verfügbar sein sollte.

Überlegungen vor dem Kauf von Übungsmaterial

- Bevor Sie ein Material kaufen, erkundigen Sie sich, was zum häusli-chen Üben für Ihr Kind geeignet sein könnte, und überprüfen Sie es anhand der folgenden Kriterien.
- Prüfen Sie das Sortiment der Buchhandlungen.
- Falls keine geeigneten Materialien vorrätig sind, lassen Sie sich eine Auswahl – ohne Kaufverpflichtung – zur Ansicht vorlegen.
- Nehmen Sie sich Zeit, und lassen Sie die endgültige Auswahl Ihr Kind treffen, denn was nützt die Anschaffung, wenn das Material unter Druck lustlos bearbeitet wird.
- Preis, Aufmachung oder graphische Gestaltung sollten nicht im Vor-dergrund der Auswahl stehen sondern der Inhalt der Übungen. Neh-men Sie den Testbogen mit oder begrenzen Sie die Auswahl auf die empfohlenen Materialien.

Da ständig neue Materialien erscheinen bzw. ich auch nicht alle kenne, folgt ein Testbogen, der Ihnen die Auswahl erleichtern soll.

Kriterien zur Auswahl von Rechtschreibmaterialien / Software

1. *Allgemeine Informationen*

   Neben Autor(inn)en, Verlag und Preis sind oft Zusatzmaterialien wichtig: Lösungsheft, Kommentar oder bei Software das Begleitmaterial.

2. *Aufbau und Gestaltung*

   ☐ Welchen Umfang und welches Format hat das Material?
   ☐ Ist es bebildert (Fotos, Strichzeichnungen, Farbe)?
   ☐ Handelt es sich vorwiegend um das Schreiben einzelner Wörter oder ganzer Texte?
   ☐ In welcher Schriftart (Druckschrift, VA, LA, SAS) werden die Übungen angeboten?
   ☐ Findet ein Wechsel von Schreib- zu Druckschrift statt?
   ☐ Wie ist das Verhältnis Inhalt, Seitenzahl, Aufmachung und Preis?
   ☐ Enthält das Begleitmaterial bei Software alle notwendigen Informationen über Bedienung, Übungsformen, Lernziele?

3. *Übungsformen*

   ☐ Welches sind die vorherrschenden Übungsformen?
   ☐ Sind sie abwechslungsreich?
   ☐ Ganz wichtig: Sind die Übungen nach dem Prinzip der isolierten Schwierigkeiten und der Fehlervermeidung angeordnet?
   ☐ Sind die Übungen übersichtlich auf einer Seite angeordnet?
   ☐ Sind die Anleitungen verständlich und ohne Hilfe zu bearbeiten?
   ☐ Sind Kontrollmöglichkeiten eingeplant?
   ☐ Werden Anregungen für eigene Aktivitäten gegeben?
   ☐ Sind im Computerprogramm Wahlmöglichkeiten für inhaltliche Schwerpunkte und verschiedene Schwierigkeitsgrade vorgesehen?
   ☐ Kann die Bearbeitungsgeschwindigkeit verändert werden?

4. *Wortschatz*

   ☐ Liegt dem Material ein begrenzter Wortschatz zugrunde?
   ☐ Befindet sich eine Liste aller zu übenden Wörter im Anhang?

5. *Themen und Inhalt des Materials*

   ☐ Interessieren sie das Kind?

   ☐ Passen sie auf die Altersgruppe?

6. *Vermittlung von Arbeitstechniken und Lernstrategien*

   ☐ Werden bestimmte Arbeitstechniken vermittelt (Abschreiben, Nachschlagen, Diktieren, Arbeit mit dem Wörterbuch, Tippen u.a.)?

7. *Programmtechnische Fragen bei Software*

   ☐ Ist das Programm für Ihre Hardware geeignet?

   ☐ Ist es betriebssicher?

   ☐ Ist während des Ablaufs jederzeit eine Unterbrechung (ohne Abbruch) möglich?

   ☐ Sind einzelne Abschnitte wiederholbar bzw. überspringbar?

   ☐ Besteht die Möglichkeit, ein bestimmtes Menü abzurufen?

   ☐ Ist das Programm verzweigt angelegt?

   ☐ Können eigene Übungen und Aufgaben eingegeben werden?

   ☐ Liefert das Programm Fehleranalysen?

8. *Bildschirmgestaltung*

   ☐ Sind Texte und Graphik übersichtlich angeordnet?

   ☐ Werden die graphischen Mittel zur Verdeutlichung des Inhalts genutzt?

   ☐ Wird der deutsche Zeichensatz in Groß- und Kleinschreibung benutzt?

   ☐ Wie ist die Lesbarkeit?

Tips für die Auswahl von Übungsmaterialien

Am erfolgreichsten ist in allen Altersgruppen die regelmäßige Arbeit mit einer Rechtschreibkartei, mit der die eigenen Fehler aus Haus- und Arbeitsheften wiederholend gefestigt werden.

➤ *Arbeit mit der Lernkartei*

Individualisiertes Rechtschreibtraining für Problemschüler. Hessisches Institut für Lehrerfortbildung, Fuldatal/Kassel.

Stein, A.: Das Rechtschreibspiel. Kösel, München.

➤ *Schwerpunkt Grundschule*

(LA = Lateinische Ausgangsschrift, VA = Vereinfachte Ausgangsschrift, SAS = Schulausgangsschrift)

Achten Sie darauf, daß sich die Übungen auf den bekannten Klassenwortschatz konzentrieren!

99 Schmunzeldiktate/Schmunzeldiktate. 2.–9. Schuljahr. Beide bei Kone, Niederzier (LA).

Schreiben und Rechtschreiben. Schroedel, Hannover (LA, VA, SAS). (Als Lernhilfen fürs Elternhaus: Schroedel Praktikum »Schreiben und Rechtschreiben«. Diktate zum täglichen Üben, ab 3., 4. oder 5. Schuljahr.)

Wortlistentrainingsprogramm. Verlag für pädagogische Medien, Hamburg (LA, VA).

Zauberstift. Schreibspiele 1 und 2. Volk & Wissen, Berlin.

Für Lego-Fans gibt es seit kurzem ein Unterrichtsmaterial für den Leselern- und Rechtschreibunterricht: LEGO Composing Set, das über den Schroedel Verlag, Hannover, vertrieben wird.

➤ *Schwerpunkt Sekundarstufe I*

Bei den käuflichen Materialien handelt es sich schwerpunktmäßig um Diktatsammlungen, die Eltern mit der Aussicht auf schulische Lernerfolge zum Kauf verlocken sollen. Grund dafür sind die in allen Schulformen nach wie vor verwendeten und im Wortschatz völlig veralteten Diktatsammlungen, wie z.B. Jägels »Übungs-Prüfungsdiktate zur Rechtschreibung« oder »Der Weg zur sicheren Rechtschreibung«. Sinnvoller ist die systematische Behandlung einzelner Fehlerschwerpunkte, entweder mit gesonderten Heften (wie der Klett-Reihe »Die verflixte Rechtschreibung«) oder mit den Rechtschreib- und Grammatikübungsheften von Bünting/Eichler aus dem Schroedel-Verlag. Falls in der Klasse allerdings die obigen Diktatsammlungen verwendet werden, sollten Sie auch danach üben.

Die verflixte Rechtschreibung. Verschiedene Hefte zu individuellen Rechtschreibproblemen. Klett, Stuttgart (LA).

Rechtschreiben – aber mit Köpfchen 1. Veritas, Linz (Österreich).

Rechtschreiben 1–3. Arbeitshefte zum Erlernen und Üben der Rechtschreibung und Zeichensetzung. Schroedel, Hannover (LA, VA).

Training Deutsch für den Übergang ins Berufsleben. Klett, Stuttgart.

Wortlistentrainingsprogramm 5 und 6. Verlag für pädagogische Medien, Hamburg (LA, VA).

➤ *Schwerpunkt: Jugendliche und Erwachsene*

Friedrichs, R.: Rechtschreibung kurzgefaßt. Klett, Stuttgart.

Luik, G.: Stolpersteine. Schwierige Wörter und Kommas, die Ihnen manchmal zu schaffen machen. Geiger, Wiesbaden.

Kelle, A.: Fehlerfrei schreiben? Humboldt, München.

Nemitz, W.: So einfach sind Rechtschreiben und Zeichensetzung. Eine Hilfe zur Selbsthilfe. Herder, Freiburg.

➤ *Schwerpunkt Grammatik ab Sekundarstufe I*

Bünting, K.-D./Eichler, W.: Grammatik-Lexikon. Scriptor, Frankfurt a.M.

Bünting, K.-D./Eichler, W.: Grammatische Übungen 1–3. Sekundarbereich I. Schroedel, Hannover.

Jägel, W.-D.: Elementarwissen: Deutsche Grammatik. Schöningh, Paderborn.

Siems, H.-J.: Das verflixte Komma. Klett, Stuttgart.

Slizyk, W.: Grammatik – leicht gemacht. Arbeitsheft zur Grammatik für die Sekundarstufe I. Herder, Freiburg.

9. Ohne Vokabellernen geht es nicht – Hilfen für die Fremdsprachen

Beim Erlernen einer Fremdsprache geht es um das Hör- und Leseverstehen sowie das Sprechen und Schreiben. Wie soll ein Text erfaßt, richtig ausgesprochen und später noch fehlerfrei geschrieben werden, wenn die Vokabeln nicht geübt wurden? Obwohl jeder weiß, daß regelmäßiges und frühzeitiges Wiederholen Fehler vermeiden hilft, wird es gerade von Schülerinnen und Schülern, denen das Lesen und Schreiben schwerfällt, oft so lange weggeschoben, bis es Ärger mit den Eltern gibt und die Arbeit entsprechend schlecht ausfällt.

Muß es in den Fremdsprachen erneut Probleme geben?

Diese Frage läßt sich nicht eindeutig beantworten, da jedes Kind eine unterschiedliche Geschichte mitbringt. Kinder mit LRS im Deutschen haben oft auch Schwierigkeiten beim Erlernen einer fremden Sprache. Es gibt aber auch Schülerinnen und Schüler, die trotz großer Probleme mit der deutschen Orthographie weniger Mühe mit Fremdsprachen zeigen, da sie sich z.B. bei Englisch oder Französisch wegen der größeren Unterschiede zwischen Aussprache und Schreibung von Anfang an ganz anders konzentrieren und die Wörter gezielt einprägen. Außerdem wird in der Regel die erste Fremdsprache erst im Alter von neun oder zehn Jahren unter Einbezug des Schreibens unterrichtet; nun haben die Schülerinnen und Schüler ein anderes Sprachverständnis als am Schulanfang. Viele Kinder haben auch bereits durch die Musik, Fernsehen oder Urlaub positive Erfahrungen mit Englisch oder Französisch gemacht und können diese auf den Unterricht übertragen.

Gleich welche Fremdsprache gewählt wird, Eltern sollten von Anfang an – falls es die Schule nicht tut – auf das regelmäßige wiederholende Lernen der Vokabeln achten und dabei unterschiedliche Einprägemethoden ausprobieren. Alle Vokabeln, die nach zweimaligem schriftlichen Lernen nicht sitzen und fehlerfrei geschrieben werden können, sollten mit einer Vokabelkartei in Wiederholungsschleifen gesichert werden.

Seitenlanges Wiederholen der im Buch aufgelisteten Wörter kann damit entfallen!

Die wenigsten Fremdsprachenlehrerinnen und -lehrer haben sich bisher mit dem Problem der LRS beschäftigt und haben von daher zunächst wenig Verständnis. Da müssen oftmals die Eltern aufklären und auf die gesetzlichen Erleichterungen und Hilfen aufmerksam machen. Zugegebenermaßen ist es aber auch manchmal schwierig festzustellen, ob Falschschreibungen aufgrund von LRS oder Unsicherheiten in Grammatik oder nur halb gelernten Vokabeln herstammen. Hier hängt viel am persönlichen Kontakt zwischen Lehrkraft, Eltern und Kind.

Ist Latein als erste Fremdsprache die beste Wahl?

Oft wird LRS-Kindern, die das Gymnasium besuchen, das mehr lautgetreue Latein anstelle von Englisch als erste Fremdsprache empfohlen. Dies ist nicht unproblematisch. Diese Wahl sollte nur von Schülerinnen und Schülern mit sehr guten grammatikalischen Kenntnissen, hoher Abstraktionsfähigkeit, großer psychischer Belastbarkeit und Motivation getroffen werden, denn diese Entscheidung birgt eine besondere Gefahr in sich. Stellt sich nämlich heraus, daß das Gymnasium nicht die richtige Schulwahl war, so gibt es keine Alternativen, da Realschulen kein Latein anbieten. Das Nachholen des Stoffs einer anderen Fremdsprache stellt für die meisten Kinder eine sehr große Belastung dar. Bestehen noch Leseprobleme, so merkt das Kind rasch, daß auch Latein seine Tücken hat, da sich beim Verlesen oder Überlesen einzelner Buchstaben oder Silben ein ganz anderer Sinn ergibt.

Hinweise für erfolgreiches Lernen

Die folgenden Tips möchten helfen, daß der Unterricht Spaß macht und erfolgreich ist:

● Informieren Sie frühzeitig die Fachlehrerin/den Fachlehrer darüber, welche Schwierigkeiten Ihr Kind bisher im Deutschen hatte, z.B. ob es sich besonders schwer Wortbilder merken kann, ob es die Wörter nicht strukturieren kann oder das Lesen Sorge bereitet. Dies ist wichtig, da die Lehrwerke und auch die Unterrichtsstile variieren und nicht immer alle Lernwege angesprochen werden. Ist Ihr Kind z.B. ein

Typ, der mehr über das Auge lernt und sich nach Gehör nur mühsam Wörter einprägen kann, so kann es in einem zunächst überwiegend auf Hören und Sprechen angelegten Unterricht unnötige Schwierigkeiten bekommen, die durch das zusätzliche Angebot von schriftlichem Material aufgefangen werden könnten.

● Keine Fremdsprache kommt ohne Vokabellernen aus, auch wenn der Unterricht der Fremdsprache zunächst verstärkt mündlich abläuft und die Lehrkraft meint, die Vokabeln würden sich mit der Zeit einschleifen – ein Ansatz, der in den siebziger Jahren weit verbreitet war. Nach einer Anlaufzeit wird es erwartet, und Kinder mit Rechtschreibproblemen brauchen bekanntermaßen mehr Übung. Sie sollten von Anfang an mit Ihrem Kind die Vokabeln mit Hilfe der Lernkartei üben, die auf S. 178 erklärt wird, damit Ihr Kind seine Vokabeln richtig schreiben lernt und versteht. Bei diesem System werden alle Wahrnehmungskanäle einbezogen: das Auge beim Lesen, das Ohr und die Hand beim Schreiben nach Diktat, der Kopf beim Nachdenken über die Schreibweise.

Aber bitte nicht so:

> *Dirk* hat in der sechsten Klasse Schwierigkeiten mit der deutschen und englischen Orthographie. Seine Mutter fragt ihn täglich mit Hilfe seiner Lernkartei Vokabeln ab und wundert sich, daß er zwar die Übersetzung kennt, die Fehlerzahl aber nicht abnimmt, eher größer wird. Was macht sie falsch? Sie meint es besonders gut und läßt ihn neben die englischen Übersetzung auch den deutschen Begriff schreiben. Da aber diese beiden Sprachen ähnlich sind, tritt das Gegenteil des Beabsichtigten ein, *Dirk* gerät ganz durcheinander.

● Zu jedem Lehrwerk gibt es Zusatzmaterialien: Arbeitshefte, Kassetten mit Textteilen und Liedern, kleine Lesetexte, ein Lehrerhandbuch, Tests, ja sogar Computerprogramme mit den entsprechenden Vokabeln. Nutzen Sie die für Ihr Kind sinnvollen Erleichterungen!

● Ohne Grammatikkenntnisse sind in den Fremdsprachen langfristig keine zufriedenstellenden Ergebnisse zu erreichen. Es ist daher wichtig, daß Ihr Kind von Anfang an die Strukturen der Fremdsprache versteht. Hier unterscheiden sich die Lehrwerke erheblich voneinander, und manchmal kommt man ohne eine spezielle Grammatik zum Lehrwerk nicht aus. Da sich auch die Bezeichnungen der Wortarten, Satzteile etc. ändern, ist es sinnvoll, eine Anschaffung erst nach Rücksprache mit der Schule zu machen.

- Selbst wenn die eigentlich überwundenen Probleme beim Schreiben doch in der Fremdsprache auftreten und trotz Lernkartei mehr Fehler entstehen, so können diese durch eine aktive mündliche Mitarbeit – die immerhin 50% der Note ausmacht – wettgemacht werden. Durch Musik, Fernsehen und Videos haben die meisten Kinder und Jugendlichen heute eine weit bessere englische oder französische Aussprache als frühere Generationen; Radio- und Fernsehsendungen bieten zusätzliche kostenlose Lernprogramme und fremdsprachliche Sendungen.

- Da bekanntermaßen dann am besten gelernt wird, wenn die Sache Spaß macht, sollten Sie alles Spielerische unterstützen und Ihrem Kind Freude an der Fremdsprache vermitteln. Viele Kinder haben ja bereits »spielend« in der Grundschule erste Kontakte mit Frühenglisch oder Frühfranzösisch gehabt und damit einen positiven Bezug zu einer anderen Sprache bekommen. Fördern Sie Aktivitäten wie Briefwechsel mit anderssprachigen Kindern, Schüleraustausch, Reisen, bei denen die Kinder auch die Notwendigkeit, in der fremden Sprache zu sprechen, erleben.

- Nutzen Sie die Vielfalt der Lernangebote, und suchen Sie das aus, was dem Lernstil Ihres Kindes am besten entspricht. Im Fernsehen und im Rundfunk werden regelmäßig fremdsprachliche Programme und fremdsprachige Filme dargeboten, Volkshochschulen und private Träger veranstalten Kurse. Kassetten- und Videoprogramme ergänzen die Auswahl. Seit einigen Jahren werden von verschiedenen Verlagen auch Superlearning-Sprachprogramme in den meisten modernen Sprachen sowie Latein angeboten.

Materialien

Zum Sprachenlernen gibt es heute gerade für jüngere Schülerinnen und Schüler vielfältiges spielerisch aufbereitetes Material. Der Polyglott Verlag hat z.B. eine Serie an Kinderreiseführern mit Dialogen und Informationen für Großbritannien, Frankreich, Spanien und Italien unter »Mein erster Polyglott« herausgebracht. Langenscheidt hat neben »Englisch kinderleicht« und verschiedenen Bildwörterbüchern nun auch zwei Wörterbücher mit Super Mario bzw. Little Dino aufgefrischt und gleichzeitig mit Rätseln und Redewendungen bereichert.

Da Fremdsprach-Lernprogramme teuer sind, vor allem die Superlearningprogramme, sollten Sie sich vor dem Kauf Zeit nehmen, um sie sorgfältig auf ihren Wortschatz, die Aufmachung, die Übungsformen und Darstellung zu überprüfen. Bei Kassetten sollten Sie, falls kein Rückgaberecht nach dem Hören besteht, zunächst einen preiswerten Einführungskurs anschaffen. Nähere Informationen über den Fachverband DGSL, Hermann-Löns-Str. 5, 57250 Netphen.

BBC English hat eine ganze Palette an Videos, Hörkassetten, Heften, Arbeitsbüchern und Elternanweisungen in seinem Programm.

Einige Lehrmittelverlage bieten vielfältige, für jüngere Kinder häufig spielerisch aufgebaute Materialien, wie z.B. Cornelsen & Oxford University Press, Klett & Eli (Sprachzeitschriften), Hueber oder der Beltz Verlag mit seinen Lerntrainern zu verschiedenen Sprachen.

Natürlich gibt es auch Brettspiele wie z.B. Scrabble in der entsprechenden Fremdsprachenfassung; die meisten Jugendlichen fühlen sich allerdings mehr zu den Computer-Abenteuerspielen hingezogen, deren Texte in der Regel im Englischen sowieso witziger sind. CD-ROM wird in den nächsten Jahren vielfältige Lese-Animations-Programme bieten.

Zeitschriften und Comics wie Asterix oder Calvin & Hobbes motivieren auch viele Kinder und Jugendliche. Für jüngere Leser gibt es auch Taschenbücher mit kurzen Krimis wie z.B. von Press bei Ravensburg, in denen selbst schwierige Wörter auf Deutsch erklärt werden, ältere können auf das große Angebot ausländischer Taschenbücher oder Lektüren zurückgreifen.

10. Lernen, wie man lernt –
   Lern- und Arbeitstechniken

Was sind Lern- und Arbeitstechniken?

Lernen klappt nicht nach dem Gießkannenprinzip oder mit einem Nürnberger Trichter, denn Kinder lernen unterschiedlich.

Die zum erfolgreichen Lernen nötigen Lern- und Arbeitstechniken sind nach Schräder-Naef »Techniken, Einstellungen und Gewohnheiten ..., die der Auswahl, dem Erwerb, der Verarbeitung und dem Weitergeben von Wissensstoff dienen, dem selbständigen und rationellen Arbeiten, der Zusammenarbeit und der sinnvollen Planung und Gestaltung der eigenen Zeit« (1987, S. 11).

Was vermittelt die Schule?

Beobachtungen im Klassenraum und vor allem von Kindern mit Lernstörungen zeigen, daß vielen Kindern sinnvolle und effektive Lern- und Arbeitstechniken fehlen, um selbständig, verantwortlich, ökonomisch und erfolgreich lernen zu können – trotz entsprechender kognitiver Voraussetzungen.

Statt dessen entwickeln sie sogenannte »Lernkrücken«, d.h. den Lernerfolg behindernde Strategien. Ott zählt dazu in seinem Lesetraining u.a die Unterstützung durch einen Finger, Bleistift oder Lineal (anstelle eines durchsichtigen Folienpfeils) oder eine falsche Lesehaltung, die den Blutkreislauf abschnürt und das Atmen behindert.

Zur besseren Veranschaulichung einige Beispiele für Lernen als Problem:

Olivers Mutter versteht die vielen Fehler im geübten Diktat nicht, zu Hause waren es mit jedem Üben immer weniger geworden. Die Beobachtung der Lehrerin zeigt, daß er noch im Ranzen räumt oder ein Schreibgerät sucht, während der Rest der Klasse schon schreibt, und so gerät er unter Streß. Dazu kommen noch Zweifel über die richtige Schreibweise, und schon sieht das Resultat für Oliver frustrierend aus. Unrationelles Arbeiten und falsche Zeiteinteilung sowie Vermeidungsverhalten verstärken die Unsicherheiten in der Rechtschreibung.

Ilonka sitzt stundenlang an der Vorbereitung für die Sachkundearbeit und kann nicht begreifen, daß ihr nichts mehr einfällt, als sie am nächsten Morgen die Fragen beantworten soll. Ihre Probleme sind fehlende Lernpausen, mangelnde Auseinandersetzung mit dem Inhalt und falsche Arbeitsvorbereitung (fehlende Wiederholungsschleifen) sowie Angst, die im entscheidenden Moment blockiert.

Mario erledigt pflichtbewußt seine Lese-Hausaufgaben, weiß aber hinterher auf Rückfragen wenig und oft Falsches zum Inhalt zu berichten. Seine Lehrerin glaubt ihm nicht, daß er gelesen hat. Ihrer Meinung nach sei er nur faul und wolle nicht üben. Seine Schwierigkeiten sind fehlende sinnverstehende Lesefähigkeit oder unzureichende Lesestrategien, um je nach Textart die angemessene Lesestrategie einzusetzen.

Claudia paukt nachmittags seitenweise Englischvokabeln, beim Test am nächsten Morgen ist alles wie weggeblasen. Sie kennt keine sinnvolle Arbeitsplanung, hat ihre eigene Merkfähigkeit überschätzt und verfügt nicht über sinnvolle Hilfen zum Behalten.

Der Psychologe Weinert bringt im Funkkolleg Pädagogische Psychologie die Unterschiede auf den Punkt: »Wenn jemand etwas lernt oder eine schwierige Aufgabe löst, so kann er dabei planvoll vorgehen, er kann sich geschickt anstellen, kann geeignete Hilfsmittel benutzen, effektive Lösungsverfahren anwenden, vorausgegangene Erfahrungen zweckmäßig verwerten und sich wirksamer Einprägungstechniken bedienen; er kann aber auch planlos, unsystematisch, ungeschickt und ineffektiv herumprobieren. Die Lernleistung wird davon in jedem Fall entscheidend beeinflußt werden.« (S. 699)

Im Gegensatz zur Wirtschaft werden in der Schule und im Studium Fragen, »wie« jedes Kind am besten lernt, bisher leider kaum thematisiert, es bleibt jedem selbst überlasssen bzw. wird vorausgesetzt. Es geht nur um das »Was«, um die Lerninhalte und den Wissensstoff. Kinder müssen lernen, ohne das Lernen zu lernen.

Freude am Lernen und Lernerfolge hängen aber auch in hohem Maß davon ab, ob der Lernstoff in angemessener Zeit bearbeitet und später auch abgerufen werden kann, sonst verschwinden Lust, Konzentration und Motivation. Schulunlust und Lernschwierigkeiten sind eine Folge. Da Umlernen schwieriger als Neulernen ist, sollten Eltern bereits vom Schulanfang an darauf achten, daß ihrem Kind im Unterricht Hilfen für erfolgreiches Lernen vermittelt werden, z.B. von Anfang an beim Schreibenlernen auf richtiges Ausführen der Bewegungen zu schauen oder die Arbeit mit Karteien, Wörterbüchern, Hausaufgabenheft, Wochenplan einzuüben.

Um welche Erkenntnisse der Lernpsychologie geht es?

Leider werden die Erkenntnisse der Lernpsychologie in den meisten Schulen viel zuwenig im Unterricht vermittelt, sie sind wohl auch vielen Lehrer(inne)n unbekannt. Visualisierungstechniken, das Einbeziehen aller Sinne (Eingangskanäle), die Rolle des Gedächtnisses mit der unterschiedlichen Speicherung im Ultrakurz-, Kurzzeit- oder Langzeitgedächtnis, die Hindernisse beim direkten Nacheinanderlernen von Ähnlichem (z.B. Rechtschreibung), das scheint an vielen Schulen unbekannt zu sein. Wo werden schlechte Lesegewohnheiten wie leises Mitsprechen oder Benutzen des Fingers ausgemerzt und Methoden des schnelleren Lesens – und Verstehens – im Unterricht vermittelt, das Behalten des Gelesenen z.B. mit der 5-Schritte-Lesemethode (vgl. Kapitel 7) verbessert, wie es jedes Lernmethodikbuch empfiehlt? In welchen Klassen werden Kinder systematisch in die Karteiarbeit eingeführt, ist die Orientierung im Wörterbuch tägliche Routine? Warum wissen Lehrer und Schüler so wenig von der Rolle der sog. »Ranschburgschen Hemmung« , die Lernerfolge trotz Übens zunichte macht?

Kinder und Jugendliche (und leider auch Lehrer und Lehrerinnen) wissen oft nicht um die Bedeutung von

- Pausen beim Lernen,
- übersichtlicher Heftführung,
- Wiederholungsschleifen statt große Lernblöcke,
- der Rolle der Ernährung für das Lernen,
- dem individuell unterschiedlichen Tages- und Lernrhythmus,
- den äußeren Bedingungen am Arbeitsplatz,
- der Rolle von Musik beim Lernen,
- dem richtigen Mitschreiben, der Gestaltung von Berichten, Protokollen, Karteien und Notizen u.a.

Da es eine Reihe sehr guter Bücher für die unterschiedlichen Altersgruppen gibt, hier nur ein paar kurze Anmerkungen zu den wichtigsten Punkten:

Welcher Lerntyp ist Ihr Kind?

An einigen Beispielen soll gezeigt werden, wie unterschiedliche Kinder lernen. Die Situation kennen Sie sicherlich: »Das Gedicht lernt ihr bis nächsten Mittwoch« – diese Aufforderung löst bei Kindern sehr unterschiedliche Empfindungen aus. Hilfen fürs Erlernen werden den Kindern höchst selten an die Hand gegeben.

> *Claudia* gehört zu den wenigen Glücklichen, die sich das Gedicht nur zwei-, dreimal durchlesen und einmal zur Probe aufsagen müssen, um am nächsten Morgen vor der Klasse glänzen zu können.

Bei *Rolf* geht es nicht so leicht. Er haßte Gedichte, weil sie ihn so viel Zeit kosteten, er sie sich und der Mutter immer wieder langsam vorlas und trotzdem nichts hängenblieb. Leichter geht es, seitdem er begriffen hat, daß er nach dem Durchlesen mit jemandem über den Inhalt und die Reimwörter sprechen muß. Gerät er ins Stocken, braucht er eine Handbewegung, um sich an die jeweilige Zeile zu erinnern.

Nils wiederum braucht zum Auswendiglernen Bewegung. Er muß sich das Gedicht mit dem Zettel in der Hand Vers für Vers erlaufen. Selbst beim Aufsagen kann er nicht still stehen.

Florians Leseprobleme erschwerten auch das Auswendiglernen. Seitdem er sich das Gedicht langsam auf Kassette vorspricht und sie immer wieder in Etappen abhört und nachspricht, klappt es viel besser.

Umbertos Lehrerin hat eine Kombination von Lern- und Behaltenshilfen in ihren Unterricht eingebaut, die Gedichtelernen zum Vergnügen machen: Zunächst läßt sie die Kinder in ganz entspannter Haltung, den Kopf aufliegend oder mit geschlossenen Augen, das Gedicht hören, damit sie sich den Inhalt vorstellen können. Danach tauschen sie ihre Gedanken dazu aus, dann liest sie es ein zweites Mal vor. Die Kinder beginnen, langsam mitzusprechen. Dies wiederholt sie ein drittes oder viertes Mal. Das Mitsprechen ist freiwillig. Manche Kinder können das Gedicht danach bereits auswendig aufsagen. Den Kindern, die es über das Mitlesen und Hören noch nicht genügend erfaßt haben, bietet sie Bewegungen an, die angelehnt sind an die Eurythmie der Waldorf-Pädagogik.

Entscheidend für den Erfolg ist das Wissen und richtige Anwenden der eigenen Lerndisposition durch möglichst vielfältige Techniken.

Je mehr unterschiedliche Lernwege angesprochen werden, um so eher ist gewährleistet, daß der Lernstoff auch verarbeitet und gespeichert wird, wie die Graphik auf der nächsten Seite veranschaulicht.

Je jünger Kinder sind, um so wichtiger ist die Anregung möglichst vieler Sinne beim Lernen, das Lernen mit »Kopf, Herz, Hand und Bauch«. Grundschulkinder »begreifen« oder »erfahren« die Welt meist durch konkretes Tun, erst nach und nach entwickeln sie – abhängig von Informationsaufnahme und -verarbeitung – eigenständige differenzier-

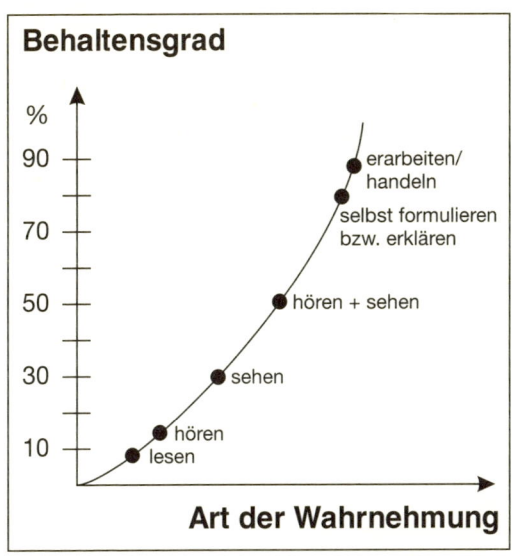

Behaltensgrad

%
90 — ● erarbeiten/ handeln
● selbst formulieren
70 — bzw. erklären
50 — ● hören + sehen
30 — ● sehen
● hören
10 — ● lesen

Art der Wahrnehmung

te Lernstrategien. Vester folgerte aufgrund amerikanischer Untersuchungen, daß sich aufgrund von Anlage und von Umwelteinflüssen bei jedem Menschen unterschiedliche Grundmuster im Gehirn ausbilden. Je vielfältiger neue Informationen angeboten werden, desto größer ist die Chance, daß diese zunächst im Ultrakurz-, dann im Kurz- und schließlich im Langzeitgedächtnis verankert werden. Manche Menschen lernen schneller, wenn sie den Lernstoff über das Auge aufnehmen, andere über das Gehör, andere wieder über das Verknüpfen mit bereits Bekanntem. Allerdings gibt es »Wechselwirkungen, die sowohl vom Lernstoff, von der Umgebung, von den individuellen Assoziationen, Gefühlen und Gewohnheiten als auch von der so unterschiedlichen Reaktion des vegetativen Systems ... ausgehen« (Vester 1978, S. 98).

»Solange ein Schüler nicht weiß, daß er eine Information immer für seinen eigenen Lerntyp aufbereiten muß, weil eben der jeweilige Unterricht meist nur einen von vielen verschiedenen Lerntypen anspricht, so lange wird er sich beim Lernen verkrampfen. Er wird Komplexe haben, wenn er nicht zufällig jener spezielle Lerntyp ist wie vielleicht sein Nachbar, der beim Zuhören schon alles begreift. Er wird noch so lange Schwierigkeiten haben, bis er seine eigenen Lernmöglichkeiten verstanden hat.« (Vester 1978, S. 104)

Je mehr unterschiedliche Lernwege im Unterricht angesprochen werden, um so eher ist gewährleistet, daß der Lernstoff von allen Schülern und Schülerinnen verarbeitet und gespeichert wird. Zwar werden wissenschaftliche Behauptungen widersprüchlich diskutiert, nach denen die beiden Hirnhälften unterschiedlich arbeiten sollen und durch beidseitige Aktivierung Möglichkeiten von »multisensorischem Lernen« geschaffen werden können. Richtig ist, daß eine positive Erwartungshaltung Lernprozesse fördert, indem negative Lernbarrieren durch Entspannung und Internalisierung von positiven Bildern abgebaut werden.

Klappt das Lernen im Schlaf?

Abgeleitet aus der Hirnhälftentheorie versprechen seit einigen Jahren neue Lernmethodikrichtungen schnelleres und besseres Behalten unter Schlagwörtern wie Superlearning, Suggestopädie, Brainlinks, Gehirn-Jogging, Edu-Kineseologie, NLP, Lernen im Thetabereich, Lernen mit Mind-Machines, Brain-Relax ...

Alle werben mit sanftem, »mühelosen« Lernen ohne Streß. Am weitesten verbreitet sind Fremdsprachenprogramme, daneben werden auch Kassetten zur Entspannung, zum Angstabbau, generellen Lernanstieg, Verbesserung der Gedächtnisleistung u.a. angeboten. Zwar stellten Langzeituntersuchungen kaum Lernunterschiede im Fremdsprachenlernen zwischen konventionellem Lernen und Superlearning fest, trotzdem können solche Fremdsprachenkassetten oder -programme für LRS-Kinder und -Jugendliche in zweifacher Weise von positivem Nutzen sein. Zum einen enthalten alle Programme Entspannungsübungen, die auf viele andere Situationen übertragbar sind. Zum anderen sind einige Programme motivierend gestaltet, durch das Unterlegen mit Musik angenehm zu hören, und die Vokabeln und Satzmuster prägen sich durch wiederholtes Hören gut ein. Positiv sind einsprachige Programme, die auch das Denken in der Fremdsprache fördern. Sie sind häufig praxisbezogener als der Schulunterricht. Allerdings gibt es große Qualitäts- und Preisunterschiede. Da die Superlearnprogramme teuer sind, ist es ratsam, sich vor dem Kauf die Zeit zum Probehören einer Kassette zu nehmen oder zunächst eine Demokassette bestellen.

Dem Slogan »Mühelos lernen« sollte mißtraut werden. Ohne entsprechenden Zeitaufwand geht es auch bei dieser Methode nicht, und sei es nur zum wiederholten Hören der Kassetten und Studium des Begleittextes. Ein weiterer Nachteil ist, daß sich der Aufbau der Programme selten mit den schulischen Unterrichtswerken und den im Unterricht verwendeten Vokabeln, Satzmustern und der Grammatik deckt.

Gewarnt wird ...

von Vertretern aus Wissenschaft und Politik vor sogenannten Sublimi-
nals-Programmen, die im Handel als Kassetten oder in sogenannten
»Mind-Salons« oder »Brain-Relax-Studios« Streßabbau oder gesteigerte
Lebensenergie versprechen (Psychologie heute, 5/1990; »Zeit« vom
16.3.90). Ihre unterschwelligen Botschaften, sogenannte Suggestionen,
sind unhörbar in Musik oder Naturgeräusche verpackt und können
durch ihre Manipulationsmöglichkeiten in Bezug auf Unterbewußtseins
Risiken für den Benutzer bergen.

Auch tummeln sich auf dem Markt der Lerntechniken Sekten wie die
Scientology, deren Methoden zu persönlichkeitsveränderndem Verhalten führen können und denen deshalb mit großer Vorsicht zu begegnen
ist.

Hilft die Arbeit mit der Lernkartei?

Eine der Methoden, um möglichst viele Lernwege anzuspechen, ist die
Arbeit mit einer selbstgebastelten oder gekauften Lernkartei (ausführlich
in Kapitel 8, S. 160). Sie fördert das Behalten in vielen Bereichen: vom
Einüben der Rechtschreibung über das Erlernen fremdsprachiger Vokabeln, Matheaufgaben bis zu Sachkundebegriffen. Der Lernstoff wird in
kleine Portionen zerlegt, das Kind bestimmt selbst den Übungsumfang
und das Lerntempo. Der Lernerfolg wird direkt greif- und sichtbar in der
Anzahl der erfolgreich erarbeiteten Karten. Dies wirkt sich auch positiv
auf die Motivation aus.

 **Lesetip**

Schräder-Naef, R.: Rationeller Lernen lernen. Ratschläge und Übungen für
alle Wißbegierigen. Beltz, Weinheim und Basel.
Stein, A.: Das Rechtschreibspiel. Fehler verstehen und beseitigen. Kösel,
München.

Wie sieht sinnvolles Üben aus?

In Kapitel 5 haben Sie bereits einige Hinweise für das Üben mit Ihrem Kind erhalten. Wenn Sie nun den nachstehenden Tips des erfahrenen Pädagogen Odenbach (1963, leicht bearbeitet) folgen, kann eigentlich nichts schiefgehen.

● Ohne Übungsbereitschaft kein Übungserfolg. Wenn nicht ein Minimum von Übungsantrieb vorhanden ist, kann nichts erreicht werden.
● Das Erlebnis des Erfolgs weckt neue Übungsbereitschaft.
● Das Üben in sinnvollen Zusammenhängen ist erfolgreicher als das Üben zerstückten Wissens. Dieses wie auch das nächste Gesetz gründet in dem allgemeinen Prinzip der Gestaltpsychologie »Lernen durch Einsicht«.
● Von der Klarheit und Intensität des ersten Eindrucks hängt das Behalten ab. Bei einsichtigem Lernen läßt sich das wiederholende Üben stark einschränken.
● Das durch Selbständigkeit Erworbene hat größere Aussicht, behalten zu werden als das lediglich vom Lehrer Übernommene.
● Der Übungserfolg wird durch Wiederholungen gesichert. Diese Wiederholungen sollen nicht Abzüge vom gleichen Klischee sein, sondern den Lernstoff in möglichst verschiedene Situationen übertragen. Kurze, über einen längeren Zeitraum verteilte Wiederholungen sind bei weitem ergiebiger als langes, gehäuftes Üben.
● Die ersten Übungen und Wiederholungen müssen möglichst bald nach der Neueinführung stattfinden, da die Behaltenskurve gerade in den ersten Tagen stark fällt.
● Wenn auch jüngere Kinder in monotoner Weise lange üben können, so weckt doch ganz allgemein der Wechsel in der Übungsform neue Übungsbereitschaft und bringt daher auch größeren Übungserfolg. Übungen ohne Abwechslung führen zur Übersättigung und damit zum Erlöschen der Übungsbereitschaft.
● Beim Einprägen muß auf die verschiedenen Vorstellungstypen der Kinder Rücksicht genommen werden – visuell, akustisch, motorisch –, indem Auge und Ohr, Sprechen und Bewegung, wo immer es möglich ist, beteiligt werden.
● Schleichen sich mit der Übung Fehler ein, ohne sofort korrigiert zu werden, so werden sie im Verlauf des weiteren Übens bestärkt und beeinträchtigen den Lernerfolg oder heben ihn auf.

- Kinder, die schnell lernen, vergessen oft schneller als Kinder, die langsam lernen. »Wer schnell lernt, vergißt auch schnell!« Das rasche Lernen hat keinen vorteilhaften Einfluß auf das dauernde Behalten.
- Es ist verkehrt, den natürlichen Entwicklungsrhythmus durch forciertes Üben beschleunigen zu wollen. Die Vertiefungsphasen mit scheinbarem Stillstand des Lernfortschritts müssen beachtet werden.
- Übungsfähigkeit und Übungsfertigkeit nehmen mit zunehmendem Alter ab. Im allgemeinen lernen Kinder langsamer als Erwachsene, behalten aber das Gelernte besser.

Zum erfolgreichen Lernen gehört z.B. auch, sich rasch im Wörterbuch oder Lexikon orientieren zu können. Je früher und je systematischer dies Kinder in spielerischer Form im Unterricht einüben und anwenden, um so größer wird die Sicherheit beim Schreiben. Falls Sie als Eltern merken, daß es dort versäumt wird, so sollten Sie die Lehrerin oder den Lehrer darauf hinweisen.

Aufmerksamkeit und Konzentration als Problem

Arbeitet ein Kind überhastet, unreflektiert und kontrolliert es seine Aufgaben nicht, so kann es die vielfältigen schulischen und häuslichen Anforderungen häufig nicht ausreichend bewältigen. Überhastetes Arbeiten und fehlendes Verständnis der Aufgabenstellungen führt zu anhaltenden Mißerfolgen und Versagen.

Die Gründe, warum manche Kinder – und Familien – unter Aufmerksamkeits- und/oder Konzentrationsstörungen leiden, sind vielfältig, z.B. Überforderung oder Unterforderung im Unterricht und/oder zu Hause, Angst vor dem Lehrer/der Lehrerin oder den Eltern, ein negatives Selbstbild »Ich kann ja sowieso nichts!«, das Gefühl, von den Eltern abgelehnt zu sein, Reizüberflutung oder auch organische Gründe.

»Chaotisch«, »Zappelphilipp«, »hyperaktiv« oder seit neuestem »aufmerksamkeitsgestört (ADD)« sind einige der Zuschreibungen, die auf diese Kinder passen. Eltern sollten sich überlegen, aus welchem »gewichtigen Grund«, wie Bettelheim (1994, S. 89) sagt, ihr Kind dieses Verhalten braucht, z.B. um überhaupt wahrgenommen zu werden gegenüber dem lieben, angepaßten Bruder, dem auch noch alles so leicht fällt. Das bedeutet, daß Eltern auch überlegen müssen, wie sie ungünstige Bedingungen verändern können, eventuell sogar mit Unterstützung von Fachleuten einer Beratungsstelle im Rahmen einer Familientherapie. Vorübergehend helfen manchmal auch Methoden, die das Kind in den Mittelpunkt der Beachtung bringen, wie eine Diät oder Kur, langfristig braucht das Kind aber Liebe, Bestätigung und Akzeptanz. Gewarnt werden muß auf jeden Fall vor einer Lösung des Problems mit Hilfe von Medikamenten, wie es leider immer wieder vorkommt und selbst von einigen Ärzten empfohlen wird.

 **Tip**

Kinder mit Konzentrationsschwierigkeiten benötigen

- viel Zuwendung und das Gefühl, geliebt zu werden,
- Hilfen zur Entspannung und Bewegung (Kapitel 11),
- Hilfen zur Organisation ihres Lernens,
- regelmäßige Pausen,
- Ausschalten von Ablenkungen,
- Wissen, wie Fehler vermieden werden können.

 **Lesetip**

Da es sich hier jedoch insgesamt um ein ähnlich komplexes Problem von Ursachen, Erscheinungsformen und Hilfsmöglichkeiten wie bei LRS handelt, verweise ich auf einige neuere Veröffentlichungen für Eltern:

Bettelheim, B.: Ein Leben für Kinder. dtv, München.
Bornhaupt, B. von / Hurrelmann, K.: Kinder im Streß! Beltz, Weinheim.
Voss, R. / Wirtz, R.: Keine Pillen für den Zappelphilipp. Alternativen im Umgang mit unruhigen Kindern. Rowohlt, Reinbek.
Turecki, S. / Tonner, L.: Das lebhafte Kind. Fordernd und begabt. Knaur, München.
Wagner, I.: Aufmerksamkeitstraining mit impulsiven Kindern. Klotz, Eschborn.

Als Kinderbuch aus der Feder einer betroffenen Mutter:
Rusch, R.: Zappelhannes. Anrich, Kevelaer.

Gibt es Hilfen zur besseren Zeitplanung?

Lehrerinnen und Lehrer müßten mehr berücksichtigen, daß Kinder unterschiedlich lange für die Erledigung gleicher Aufgaben brauchen. Hier sind es wieder vor allem Kinder und Jugendliche mit Schwierigkeiten beim Lernen, die Hilfen brauchen, um mit ihrer Zeit sinnvoll umzugehen, da sie ja sowieso weniger Freizeit als andere haben. Zum richtigen Lernen gehört das Führen eines Hausaufgabenheftes, Timers oder Blöckchens mit den entsprechenden Abkürzungen und Motivationshilfen, wie Durchstreichen nach Erledigung der Aufgabe, farblichem Absetzen wichtiger Termine/Arbeiten u.a., sowie ein Zeitplan, der aussagt, wann man was in welcher Zeit vorbereiten, üben oder erarbeiten muß. Dazu helfen Tages- und Wochenplaner. Je übersichtlicher und plakativer diese gestaltet sind, um so eher wird die Hilfe angenommen. Die richtige Wahl der Zeit für die Hausaufgaben wird leider oft weniger vom Biorhythmus oder Ausgeruhtsein, sondern von den »Freizeit«aktivitäten und »Terminen« bestimmt.

Nora wird sich schlecht auf die Deutschaufgaben konzentrieren, wenn sie weiß, daß ihre Freundin vor der Tür mit dem Fahrrad wartet oder zur gleichen Zeit eine »wichtige« Serie im Fernsehen läuft.

Die Zeitplanung wird in zunehmendem Maß wichtig, je älter die Kinder werden, vor allem bei den Hausaufgaben, in der Vorbereitung auf Arbeiten oder Abfragungen sowie in der Erledigung von längerfristig angesetzten Projekten. Der Stoff muß zunächst erarbeitet werden und sich auch noch in wiederholenden Schleifen setzen können, um dann zur Verfügung zu stehen. Am Abend vor einer Arbeit, wie bei *Ilonka*, oder am gleichen Morgen nützt das Pauken wenig, sondern wirkt eher störend.

Auch ist die Frage, wann die Schulaufgaben am besten zu erledigen sind, je nach Lerntyp und Tagesrhythmus sehr unterschiedlich zu beantworten. Manche Kinder brauchen nach der Schule erst eine Phase des Abschaltens, andere jedoch sind noch so konzentrationsfähig, daß sie sie direkt erledigen möchten.

 **Tip**

- Mit Hilfe eines Kurses richtige Strategien des Lernens und Übens kennenlernen und ausprobieren.
- Eine Zeitlang gemeinsam mit dem Kind in einer Tabelle genau Buch führen über den Tagesablauf. Kinder wundern sich dann oft, wie subjektiv ihre eigene Zeiteinschätzung war. Ungeliebtes erscheint ewig, Lieblingsbeschäftigungen vergehen im Flug.
- Tagesablauf neu planen, abgestimmt auf den eigenen Lerntyp und Zeitrhythmus.
- Ausprobieren, in welcher Abfolge die Aufgabenerledigung am günstigsten ist und mit dem Unangenehmsten oder Leichtesten beginnen.
- Sich für Erfolge belohnen.
- Fällt das Durchhalten schwer, mit den Eltern Verträge mit Belohnung abschließen.

Für wen lernt Ihr Kind?

Sicherlich ist es oft zunächst einfacher, Fragen von Kindern rasch zu beantworten (z.B. »Wie schreibt man ...?« oder »Wo finde ich ...?«). Langfristig profitiert ein Kind aber mehr davon, wenn es die Verantwortung selbst übernimmt und lernt, sich selbst zu helfen, z.B. durch Nachschlagen im Wörterbuch, Sachregister oder Lexikon. Das muß allerdings rasch und ökonomisch gehen. Ohne Übung klappt das nicht! In spielerischer Form läßt es sich gut anhand der Interessengebiete und Hobbys trainieren.

Spiele wie »Dudenkönig« (Otto Maier) oder »Das verrückte Lexikonspiel« (Noris) erleichtern das Zurechtfinden im Duden/Lexikon und können mit der ganzen Familie gespielt werden. Ein anderes beliebtes Spiel ist, in einem Lexikon oder Wörterbuch bestimmte Begriffe zu suchen.

Besorgte Eltern, die ständig bei den Schularbeiten danebensitzen und alle Lernschritte kontrollieren, erreichen nur, daß ihr Kind unselbständig bleibt und auf ständige Überwachung angewiesen ist. Solche Kinder glauben mit der Zeit auch, daß sie für Eltern und Schule und nicht für sich selbst lernen.

Nachhilfe macht unselbständig

Eine Gefahr besteht auch in langfristiger Nachhilfe. Manches Kind schaltet dann im Unterricht ab, da es sich darauf verläßt, daß zu Hause jemand den Stoff erklärt. Ein Trugschluß! Damit werden wichtige Informationsdetails versäumt, die sich spätestens bei den Arbeiten rächen – ganz abgesehen von der fehlenden mündlichen Mitarbeit.

 **Tip**

Kinder sollen ihre Informationen möglichst selbständig beschaffen und eine wißbegierige Fragehaltung entwickeln – wie sie sie ja meist in der Vorschulzeit hatten und dann verloren haben. Es ist immer sinnvoller, im Unterricht nachzufragen, wenn man etwas nicht versteht, als zu Hause erst lange zu überlegen und im Zweifelsfalle das Falsche zu machen.

Fazit

Kinder, vor allem die mit Schwierigkeiten beim Lernen, brauchen Hilfen zur Organisation des Lernens und Arbeitens besonders nötig, um Freude am Lernen und Erfolge zu gewinnen.

Der Unterschied zwischen Erfolgreichen und Versagern liegt zum Teil darin, daß letztere die falschen Lerntechniken haben, nie daran, daß sie nicht lernen wollen. Wie überall im Leben, so gilt auch hier: »Gewußt wie!«

Wo finden Eltern Rat?

Inzwischen gibt es für ältere Schüler und Schülerinnen und fürs Studium vielfältige Lerntechnik- und Arbeitsmethodikbücher und -programme. Einige Titel sind im Anhang aufgeführt. Von Volkshochschulen, privaten und öffentlichen Institutionen und Verbänden werden an vielen Orten solche Kurse angeboten, manchmal auch in Verbindung mit Urlaub, wie z.B. vom Studienhaus St. Blasien. Ob sie etwas taugen, läßt sich oft nur durch genaues Lesen der Unterlagen und Nachfrage bei früheren Teilnehmerinnen und Teilnehmern in Erfahrung bringen. Vorsicht ist von besonderer Bedeutung, da sich in diesem Markt auch Sekten tummeln.

 **Lesetip**

Endres, W. u.a.: Lernen mit Kniff und Pfiff. Kleine Lernmethodik für Schüler von 9 bis 13 Jahren. Beltz, Weinheim und Basel.

Endres, W. u.a.: So macht Lernen Spaß. Beltz, Weinheim und Basel.

Endres, W./Althoff, D.: Das Anti-Pauk-Buch. Lerntricks für Schüler. Beltz, Weinheim und Basel.

Hülshoff, F./Kaldewey, R.: TOP-TRAINING: Erfolgreich lernen und arbeiten. Klett, Stuttgart (für die Oberstufe).

Keller, G./Thewalt, B.: So helfe ich meinem Schulkind. Quelle & Meyer, Heidelberg.

Kowalczyk, W./Ottich, K.: Schülern auf die Sprünge helfen, Lern- und Arbeitstechniken für den Schulerfolg. Rowohlt, Reinbek.

Müller, E.: Hilfe gegen Schulstreß. Übungsanleitungen zu Autogenem Training, Atemgymnastik und Meditation für Kinder und Jugendliche. Rowohlt, Reinbek.

Schräder-Naef, R.: Der Lern-Trainer für die Oberstufe. Beltz, Weinheim und Basel.

Sedlak, F.: Stopp den Lernproblemen. Ein Ratgeber für Eltern, Lehrer und Schüler. Österreichischer Bundesverlag, Wien.

Speichert, H.: Richtig üben macht den Meister. Rowohlt, Reinbek.

Vester, F.: Denken, Lernen, Vergessen. dtv, München.

11. Das tut gut!
Hilfen zur An- und Entspannung

Immer häufiger klagen Eltern und Lehrer/innen über abgelenkte und unkonzentrierte Kinder. In der Lehrerfortbildung haben Entspannungsübungen, Spiele und Lieder zur Konzentration Hochkonjunktur, weil man von ihnen Hilfen für ruhigeren und vor allem erfolgreicheren Unterricht erwartet. Bücher und Kurse mit Anleitungen zum Autogenen Training, zur Konzentration, zur Meditation sind seit einigen Jahren Verkaufsrenner. Das gilt auch für Kurse oder Urlaube, die diese Themen zum Inhalt haben. Ist das auch wieder so eine Masche, oder ist etwas dran? Können solche Übungen auch Kindern mit LRS helfen?

Ihre Tochter kommt aus der Schule. Sie sehen ihr schon von weitem an, daß die Deutscharbeit wohl wieder danebengegangen ist. Sie nehmen sich vor, diesmal nicht gleich loszuschimpfen, sondern ruhig zu bleiben. Doch als Sie das Heft mit den vielen rot markierten Fehlern in Händen halten, lassen Sie Ihr Kind Ihre Enttäuschung in Worten und Ausdruck fühlen. Hinterher ärgern Sie sich, denn es ist Ihnen ja klar, daß Ihr Kind viel mehr als Sie unter seinen Schwierigkeiten leidet. Wären Ihnen Entspannungsübungen vertraut gewesen, so hätten Sie Ihrem Kind und sich eine Menge Streß ersparen können. Sie hätten tief durchgeatmet, um Ihren Kopf frei zu bekommen und zur inneren Ruhe zu finden. Dann hätten Sie versucht, Ihre negativen Gefühle zur Arbeit durch eine positive Haltung gegenüber Ihrem Kind auszugleichen.

Patrick schreibt heute eine Englischarbeit. Bis kurz vor der Arbeit hatte er eigentlich ein ganz gutes Gefühl. Er hatte die Vokabeln gelernt, sie regelmäßig mit der Kartei wiederholt, die Grammatik saß auch ganz gut, und plötzlich ist absolute Leere im Gehirn, alles wie weggeblasen! Sein ungutes Gefühl bestätigt sich dann auch im Ergebnis. Seinem Freund *Jan* ging es zu Beginn der Stunde ähnlich, doch konnte er sich rasch von seinen negativen Gedanken befreien und sie durch positive ersetzen: »Ich schaffe es. Ich habe mich gut vorbereitet ...« Ihre Wirkung unterstützte er durch einige Übungen der »Progressiven Muskelentspannung« nach Jacobson. Der Lernstoff sichtete sich, *Jan* wurde ruhiger und konnte die Arbeit zu seiner eigenen Zufriedenheit beenden.

Was dürfen Sie nicht erwarten?

Entspannungstechniken sind weder ein Allheilmittel noch eine Wunderdroge. Weder »heilen« sie Krankheiten noch können damit fehlende Einsichten in Lernprozesse, z.B. beim Lesen und (Recht-)Schreiben, vermittelt werden. Angst macht dumm, sagt das Sprichwort zu Recht. Gehäufte Fehleranzahl gegen Ende einer Arbeit, Blackout beim Vokabeltest oder Gedichtaufsagen, Flimmern vor den Augen oder Atemnot beim Vorlesen können vermieden werden.

Was können solche Übungen bewirken?

Entspannungstechniken können helfen, Verspannungen zu lösen, die innere Bereitschaft und Einstellung zum Leben und Lernen zu verändern. So werden Lernerfolge ermöglicht und schwierige Situationen besser bewältigt.

Statt mit Medikamenten sollten es Eltern bei Schulangst, Denkblokkaden, innerer Spannungen, Nervosität, Schlafstörungen, Überaktivität oder anderen körperlichen oder seelischen Streßsymptomen ihres Kindes zunächst einmal mit einem Kurs in Entspannungsübungen oder Grundübungen des Autogenen Trainings versuchen. Vielleicht verhelfen sie Ihrem Kind so zum besseren Umgang mit Streß, zu einer gelasseneren Einstellung zum Leben und wecken durch Phantasiegeschichten oder -reisen und Malen sein kreatives Potential. Dazu gehört auch das »Lernen im entspannten Feld«, bei dem z.B. Fremdsprachen in Verbindung mit Entspannungsübungen und geeigneter Musik unter dem Schlagwort »Superlearning« angeboten werden (siehe Kapitel 11).

Sinnvoll ist es, wenn ihr Kind solche Übungen regelmäßig in seine Hausaufgaben einbaut, denn nur dann sind sie im Ernstfall der Arbeit auch abrufbar. Inzwischen bauen einige Lehrer Entspannungsübungen in den Schulalltag ein, weil sich gezeigt hat, daß sie zur Konzentrations- und Leistungssteigerung führen und die Lernfähigkeit verbessern. Die Kolleginnen, die kurze Ruhephasen oder Musik in ihre Diktate einbauen, haben festgestellt, daß gerade die schwachen Rechtschreiber deutlich weniger Fehler machen.

Vielleicht informieren Sie sich selbst anhand eines Kurses oder eines Buchs über die verschiedenen Verfahren und probieren sie selbst einmal aus, vielleicht auch zusammen mit Ihrem Kind.

Was hilft?

Bevor Ihr Kind seine Hausaufgaben oder zusätzliche Übungen beginnt, sollte sicher sein, daß es körperlich in bestmöglicher Form ist. Wie sagten schon die alten Lateiner: Gesunder Geist in gesundem Körper.

 **Tip**

Hier einige Tips aus unserer Praxis:

- Ein paar Runden mit dem Fahrrad oder den Rollerskates an der frischen Luft ums Karrée fahren.
- Seilspringen – fällt zunächst manchem Kind schwer, kann aber langsam durch Üben erlernt werden. Dazu gibt es Reime, oder es kann einfach zählen, wie viele Male es ohne Absetzen hüpfen kann.
- Sanfte Musik anstellen, bequem aufs Bett legen, Augen schließen, tief einatmen und dabei an etwas Schönes denken. Man kann z.B. auf eine Phantasiereise gehen oder sich vorstellen – wie es oft auch auf Superlearningkassetten zur Entspannung angeboten wird – auf einer grünen Wiese im Sonnenschein zu liegen, das Gras zu riechen, die Vögel zu hören und sich am Leben zu freuen.
- Noch ein weiterer Vorschlag: 5 Minuten Bewegung – mit Musik oder ohne – zur Entspannung, vor allem des Kopfs und Schulter-Nakkenbereichs, der bei Streß am meisten in Mitleidenschaft gezogen wird. Jede Übung ca. 5–10 mal. Hier einige Übungen zur Auswahl:

  - Zunächst kurz auf der Stelle laufen, dann die Füße nach hinten zum Po hin abwechselnd anziehen, danach Knie zur Brust ziehen. Ausschütteln. Jetzt die Arme mehrmals wie Flügel ausbreiten und über die Körpermitte zurückfallen lassen. Danach abwechselnd die Knie zur Brust ziehen. Das gleiche geht auch mit Abwechslung: linkes Knie zum rechten Ellbogen, rechtes Knie zum linken.
  - Auf die Fußspitzen stellen und abwechselnd mit gestreckten Armen ganz lang machen, danach kräftig die Arme ausschütteln. Zur Lockerung der Schultern diese fünfmal nach hinten, dann nach vorne kreisen lassen.
  - Arme zur Seite waagerecht ausstrecken, Ellbogen anwinkeln und Unterarme erst gleichzeitig, dann abwechselnd 5 x nach oben und unten bewegen (wie eine Marionette).
  - Kinn auf die Brust senken und langsam den Hals abwechselnd nach rechts und links drehen. Lockern.
  - Zum Abschluß nochmals auf die Zehenspitzen gehen und sich kräftig ausschütteln.

»Ich kann mich nicht konzentrieren ...

Dann leg erst mal eine kleine Pause ein, in der du all die störenden Gedanken abschüttelst. Hier sind ein paar Tips dafür:

TIP 1:

Am einfachsten ist es, wenn du eine kurze Pause einlegst, indem du dreimal tief Luft holst – dreimal tief durch die Nase ein- und ausatmest. Wenn du dabei noch die Augen zumachst, spürst du besonders gut, wie ruhig du wirst.

TIP 2:

- Setz dich entspannt aufrecht hin, und reibe deine Handinnenflächen aneinander, bis sie richtig warm sind. Stell dir vor, du formst eine Kugel.
- Leg nun die Hände mit der warmen Innenseite auf deine Augen.
- Atme ruhig und regelmäßig durch die Nase ein und aus, und genieße die entspannende Wärme, die von den Händen auf die Augen übergeht.
- Nach etwa einer Minute läßt du die Hände locker in den Schoß sinken und öffnest ganz allmählich die Augen.

TIP 3:

- Setz dich entspannt aufrecht hin, und schließe die Augen.
- Nun setzt du deine vier Fingerkuppen (Zeigefinger, Mittelfinger, Ringfinger, kleiner Finger) einer jeden Hand unterhalb des Haaransatzes auf die Stirn auf.
- Beim Ausatmen fährst du mit den Fingerkuppen nach unten über dein Gesicht und deinen Hals, bis hin zur Brust. So kannst du alle Verspannungen aus deinem Gesicht wegnehmen.
- Beim Einatmen setzt du wieder oben an.
- Nach einer halben Minute läßt du die Hände locker in den Schoß fallen und öffnest ganz allmählich die Augen.

TIP 4:

- Setz dich entspannt aufrecht hin.
- Nun massiere mit den vier Fingerkuppen (Zeigefinger, Mittelfinger, Ringfinger, kleiner Finger) einer jeden Hand systematisch die Kopfhaut. Die Daumen ruhen an den Schädelseiten.
- Wenn du mit sanftem, leichten Druck massierst, dann wird deine Kopfhaut gut durchblutet, und du kannst dich viel besser konzentrieren.
- Wenn du deine Augen schließt, kannst du das angenehme, belebende Gefühl genießen.«

(A. Malycha, DLZ 7/95)

Empfehlung einer Expertin

Fragen an Else Müller, Therapeutin für Atemtherapie, Autogenes Training und Meditation, Frankfurt a.M.

Welche Entspannungstechniken eignen sich besonders gut für Kinder mit Lernproblemen?

Müller: Am bekanntesten ist das Autogene Training. Es kann Kindern helfen, mit Schulängsten besser umzugehen. Die Angst vor Klassenarbeiten und Noten blockiert die Konzentrations- und Denkfähigkeit des Kindes. Ich habe in meinem Autogenen Training für Kinder die Einzelübungen in Symbole gefaßt. Die Schwere in den Armen wird zum Beispiel mit dem Tragen eines schweren Koffers verbunden, die Schwere in Nacken und Schultern mit einem Rucksack auf dem Rücken. Die Sonne als Symbol für Wärme erleichtert das Wärmeerlebnis in den jeweils angesprochenen Körperteilen.

        »Stell dir vor, du trägst mit deiner rechten Hand einen ganz schweren Koffer. Fühle nun deine Hand und deinen Arm. Deine Hand und dein Arm sind ganz schwer. Du stellst den Koffer nach einer Weile ab. Du fühlst dich ganz erleichtert. Deine Hand und dein Arm sind gelöst und ganz entspannt.«

        Wirkungsvolle Hilfen können auch Atemübungen sein, möglichst verbunden mit formelhaften Vorsätzen, oder vielerlei meditative Übungen.

Was bewirken sie?

Müller: Sie »ent-spannen« zunächst das Kind ganzheitlich. Es wird befähigt, sich zu konzentrieren, in innerer Ruhe nachzudenken und das Gelernte sicher wiederzugeben. Die somit erfahrenen Erfolge bestärken das Kind im Selbstvertrauen in sein eigenes Können.

Können Eltern Entspannungsübungen allein mit ihrem Kind durchführen?

Müller: Sicherlich können Eltern sie mit Hilfe guter Anleitungsbücher mit ihren Kindern durchführen, vor allem, wenn die Kinder schon einmal einen Kursus unter fachlicher Leitung gemacht haben.

Zu bedenken ist allerdings, daß die Gefahr besteht, daß Eltern über das Vermitteln von Entspannungsübungen zusätzlich ihre »Macht« ausbauen können und den Leistungsdruck auf das Kind damit noch verstärken.

Wer bietet solche Kurse an?

Müller: Volkshochschulen, kinderärztliche und therapeutische Praxen sowie kirchliche Institutionen bieten oft Kurse in Autogenem Training an, seltener meditative Methoden oder kindgerechtes Atemtraining.

Wo können sich Eltern oder Jugendliche informieren?

Müller: Bei den obengenannten Institutionen.

 **Lesetip**

Friedrich, S. / Friebel, V.: Entspannung für Kinder. Übungen zur Konzentration und gegen Ängste. Rowohlt Verlag, Reinbek.
Jacobson, E.: Entspannung als Therapie. Progressive Relaxation in Theorie und Praxis. Pfeiffer, München.
Kruse, W.: Entspannung. Autogenes Training für Kinder. Deutscher Ärzte-Verlag, Köln.
Müller, E.: Hilfe gegen Schulstreß. Übungsanleitungen zu Autogenem Training, Atemgymnastik und Meditation für Kinder und Jugendliche. Rowohlt Verlag, Reinbek.
Richter, W. / Pieritz, R.: Keine Angst vor Klassenarbeiten. Ein Übungsprogramm mit Tonkassette. Beltz, Weinheim und Basel.
Rücker-Vogler, U.: Kinder können entspannt lernen. Don Bosco, München.
Teml, H.: Entspannt lernen. Streßabbau, Lernförderung und ganzheitliche Erziehung. Veritas Verlag, Linz.

Teil IV: Therapien

Wir hatten zufiele Hausaufgaben auf.
und meine alte Lehrerin hat so für benotet.
Sie hat so viel gemäkert.
Sie hat mich angeschrien.
Sie war unfair.
Meine Schwester ärgert mich so.
Dann hau ich sie, dann grieg ich den ärger.
Mich nervt es das ich so immer anguckhöhen
werde. Mich nervt es daß ich lesen mus.
Meine Eltern sagen mach die mach das mach jenes
und dann sagen sie ich wäre faul.

(Simone, 10)

12. Professionelle Hilfe wird notwendig

In der Einleitung wurde darauf hingewiesen, daß dieser Band vorbeugende Maßnahmen und Hilfen zur frühzeitigen häuslichen Unterstützung bei verlangsamter Lese- und Schreibentwicklung geben will, keinesfalls aber als Trainingsprogrammm gedacht ist. Es wurde bereits ausführlich auf die schulrechtlichen Bestimmungen und schulischen Fördermaßnahmen eingegangen. Auch wenn es manche Lehrer und Lehrerinnen nicht wahrhaben wollen, in allen Bundesländern haben Kinder mit Problemen beim Schriftspracherwerb Anspruch auf Hilfe!

Leider haben aber mancherorts Lehrerinnen und Lehrer immer noch zu wenig Verständnis für die Lernprobleme dieser Kinder. Entweder vertrösten sie beunruhigte Eltern, daß sich die Schwierigkeiten von selbst auswachsen – und lassen damit wichtige Entwicklungsphasen ungenützt verstreichen –, oder sie suchen, anstatt bei sich selbst, Erklärungen für die Probleme im Kind: Es sei faul, wolle nicht lernen, sei desinteressiert, unruhig ... bis hin zu: Es gehöre in die Sonderschule.

Ein Kind merkt sehr wohl, wenn es abgelehnt wird und keinen Erfolg beim Lernen hat. Damit verstärken sich seine Probleme und beeinträchtigen das Selbstwertgefühl und die Gesundheit. Spätestens jetzt sollte unbedingt Rat bei Fachleuten eingeholt werden. Einige alarmierende Auffälligkeiten wie Vermeiden, Schwindeln, Vergessen von Hausaufgaben, Bauch- oder Kopfschmerzen, Rückzug von Freunden u.a. habe ich in der Einleitung aufgezählt.

Wo finde ich Rat und Hilfe für mein Kind?

Oft helfen bereits Gespräche mit einer neutralen Stelle, bei der Eltern und das betroffene Kind über ihre Belastungen sprechen können und eine Rückmeldung erhalten, ob die Einschätzung der Schwierigkeiten richtig war oder ob es sich um normale Entwicklungsschritte handelt. Dafür sind die Mitarbeiter und Mitarbeiterinnen der Schulpsychologischen Dienste (Schülerhilfe) oder Erziehungsberatungsstellen da, deren

Rat kostenlos ist. Diese Stellen führen allerdings keine LRS-Therapien durch, sondern beraten Eltern und Kinder. Schulpsycholog(inn)en und Lehrer(innen) dürfen übrigens keine Empfehlungen für bestimmte außerschulische Fördereinrichtungen geben.

Stehen Sorgen um den Rückstand eines Kindes in der Entwicklung des Lesens und Schreibens im Vordergrund, würde ich den Rat einer darauf spezialisierten LRS-Therapieeinrichtung suchen. Ärzt(inn)en und Psycholog(inn)en fehlt die entsprechende Ausbildung. Zwar kann eine solche Beratung nicht kostenlos sein, aber Sie erhalten neben einer neutralen Einschätzung in der Regel gleich Anregungen zur Selbsthilfe. Die Sorge, daß dort die Probleme Ihres Kindes aus Geschäftssinn vielleicht dramatisiert werden, besteht bei seriösen Einrichtungen nicht, da eher Wartezeiten für einen Therapieplatz die Regel sind.

Selbstverständlich sollten Sie Ihr Kind auch ärztlich untersuchen lassen, um abzuklären, ob irgendwelche organischen Störungen oder verschleppten Krankheiten Mitverursacher für die schulischen Schwierigkeiten sein könnten. Dazu gehört immer die Überprüfung des Hör- und Sehvermögens. Falls die Familie und das Kind großen seelischen Belastungen ausgesetzt ist (Unfälle, Trennungen, Scheidung u.a.), sollte in einer psychologischen oder kinderpsychiatrischen Praxis Rat und Hilfe gesucht werden.

Da ein Kind kaum mehrere Therapien gleichzeitig bewältigen kann, muß dort angesetzt werden, wo die Probleme am größten sind. Allerdings ist darauf zu achten, daß z.B. bei einer Familien- oder Spieltherapie die gestörten Lernprozesse nicht bagatellisiert werden und unbehandelt bleiben. Dies kann im Einzelfall für die schulische Karriere eines Kindes gravierende Folgen haben. Aus diesem Anliegen heraus hat sich als Kombinationstherapie die »Integrative Lerntherapie« entwickelt.

Welche therapeutischen Qualifikationen sind notwendig?

Die therapeutischen Ansätze mögen verschieden sein, wichtig ist – neben der fachlichen Qualifikation – vor allem die Liebe zum Kind und der Glaube, daß es es schaffen kann, mit seinen Schwierigkeiten fertig zu werden. Da LRS jedoch zunächst einmal Störungen im Schriftspracherwerb sind, müssen alle Therapeuten/innen auch in diesem Bereich qualifiziert sein, d.h., sie müssen den Nachweis eines Fachstudiums (Staatsexamen für Grundschule, Diplompädagogik mit Schwerpunkt Schule und da wiederum Erstlesen/Erstschreiben, Germanistik mit Schwerpunkt Schriftsprache) oder ähnliche Zusatzqualifikationen vorweisen. Um die Probleme, die im Zusammenhang mit Lern- und Leistungsstörungen entstehen, dauerhaft beheben zu können, sind neben fundiertem Wissen im Schriftspracherwerb auch psychologische und psychotherapeutische Qualifikationen nötig (Gesprächs-, Verhaltens-, Familien- und Spieltherapie, Entspannungstechniken, psychomotorische Kenntnisse u.a.)

Je nach persönlicher Entwicklungsgeschichte, Alter und Problem der betroffenen Kinder und Jugendlichen müssen individuell unterschiedliche Schwerpunkte in der Therapie gesetzt werden.

Wie finde ich die passende Einrichtung?

- Adressen von Beratungsstellen und therapeutischen Praxen finden Sie am besten über persönliche Empfehlungen. Erkundigen Sie sich im Bekanntenkreis. Sie glauben ja gar nicht, wie viele Familien ähnliche Probleme haben.
- Lassen Sie Ihr Kind in der Klasse/Schule bei Mitschülern und Mitschülerinnen und Freunden fragen, wer wohin »gern und mit Erfolg« zur Förderung geht.
- Versuchen Sie beim Gespräch mit Lehrerinnen/Lehrern in Erfahrung zu bringen, ob sie Kinder im Unterricht haben, bei denen außerschulische Maßnahmen erfolgreich geholfen haben. Von hier bis zum Kontakt mit der entsprechenden Praxis ist meist ein kleiner Schritt.
- Erscheint Ihnen eine Anzeige in der Zeitung oder eine Werbebroschüre interessant, so vereinbaren Sie eine Beratung, in der Ihr Kind, Sie und eventuell die Familie die Atmosphäre der Praxis und das Knowhow der Therapeut(inn)en kennenlernen können.

Was kostet eine Therapie?

Für außerschulische Fördermaßnahmen gibt es keine festen Honorarsätze wie z.B. für ärztliche Leistungen. Eine qualifizierte integrative LRS-Therapie hat ihren Preis, inzwischen zahlt man aber für Handwerker oder Automechaniker bereits höhere Stundenlöhne. Hier jedoch geht es um die seelische Gesundheit und Zukunft Ihres Kindes.

Eltern sollten bei der Suche nach der geeigneten Kraft Wert auf eine solide wissenschaftliche Ausbildung an einer anerkannten Hochschule

Checkliste für die Auswahl der Therapieeinrichtung

☐ Empfinden Ihr Kind und Sie die Atmosphäre der Praxis als angenehm und vertrauensvoll?

☐ Wie wirkt der Therapeut/die Therapeutin auf Ihr Kind (und Sie), und welche Qualifikationen liegen vor? (Vorsicht: Pädagoge oder Psychologe kann sich jeder nennen!)

☐ Ist für die Therapiedauer die gleiche Bezugsperson sichergestellt?

☐ Wie geht man mit Ihnen und Ihrem Kind um? Stehen die individuellen Probleme Ihres Kindes im Mittelpunkt der Therapie? Werden Sie als Eltern einbezogen?

☐ Ist die Kontaktaufnahme und Absprache mit den Lehrkräften Ihres Kindes vorgesehen?

☐ Welche Therapieform (einzeln, Gruppe) und inhaltliche Ausrichtung/Kombinationen (Psychotherapie, Lerntherapie, Spieltherapie, Psychagogik, Autogenes Training, Motopädie ...) wird angeboten?

☐ Falls Gruppentherapie vorgesehen ist: Nach welchen Kriterien wird die Größe und Auswahl getroffen?

☐ Sind in der Praxis vielfältige Materialien und Medien vorhanden, die auch eingesetzt werden?

☐ Wieviel Wochenstunden (45, 50, 60 Minuten, Einzel-, Doppelstunde) sind für Ihr Kind vorgesehen? Welche Ferienregelung gilt?

☐ Welche Stunden-, Monatshonorare kommen auf Sie zu? Wie sind die Ferienzeiten geregelt? Müssen Sie langfristige Verträge abschließen?

☐ Wie lange wird die Therapie voraussichtlich dauern?

☐ Können Finanzierungszuschüsse vom Jugendamt, dem Arbeitgeber oder den Krankenkassen eingeplant werden?

legen. Zusatzqualifikationen und kontinuierliche Weiterbildung sollten selbstverständlich sein. In die Stundenhonorare fließen jedoch auch Leistungen ein, die zunächst nicht sichtbar sind, die die Qualität der Therapie aber prägen: intensive Beschäftigung mit Ihrem Kind in der Planung und Nachbereitung der Therapiezeit, Berichte, Aufzeichnung der Therapieverläufe, vielfältige Materialien und Spiele. Das Stundenhonorar wird u.a. auch von den Mieten und Umlagen mitbestimmt, die regional sehr unterschiedlich sind. Zum Vergleich der Honorarkosten ist es wichtig zu wissen, ob die Ferien mitbezahlt oder nur die effektiv gehaltenen Stunden berechnet werden. Und schließlich gibt es Unterschiede zwischen Einzel-, Zweier- oder Gruppentherapien. Der Fachverband für Integrative Lerntherapie geht von durchschnittlich 100 bis 150 Stunden für eine Einzeltherapie bei gravierenden Lese-Rechtschreib-Problemen aus, für die zwischen DM 10.000 und 15.000 anzusetzen sind.

Wer übernimmt die Kosten einer Therapie?

Wünschenswert wäre es, wenn Deutschland eine ähnliche Kostenregelung hätte wie die Schweiz. Dort übernimmt die Invalidenversicherung in der Regel die Therapiekosten, sofern die Auffälligkeiten vor dem neunten Lebensjahr diagnostiziert und in Behandlung genommen werden.

Bei uns – wie fast überall sonst – müssen leider im Regelfall die Eltern die Kosten für außerschulische Hilfen selbst tragen. So bleibt oft als einzige Entlastung die Möglichkeit, die finanziellen Aufwendungen als außergewöhnliche Belastung steuerlich geltend zu machen. Bei gravierenden und umfassenden Störungen mit Auswirkungen auf das Selbstwertgefühl kann die Kostenübernahme einer Therapie in Einzelfällen auch über das zuständige Sozialamt/Jugendamt nach dem Kinder- und Jugendhilfegesetz (KJHG) bzw. über das Bundessozialhilfegesetz (BSHG) beantragt und abgerechnet werden (vgl. S. 103).

Was passiert in einer LRS-Therapie?

»Liebe, Hilfe von einem Menschen, der dafür ausgebildet worden ist, Lernbehinderungen abzubauen, jede Stunde mit einem Erfolgserlebnis beenden und ein sicherer Ort« sind nach Mary Mac Cracken notwendig, um Kindern mit Schwierigkeiten beim Lesen- und Schreibenlernen zu helfen. Auch wenn sich die therapeutischen Schulen und inhaltlichen

Schwerpunkte unterscheiden, das Wesentliche ist die Liebe zum Kind und der feste Glaube, daß es seine Schwierigkeiten meistern kann.

Wie bereits mehrfach angesprochen, brauchen diese Kinder mehr als nur eine Nachhilfe im Problembereich, andererseits kann eine Psycho-, Spiel-, Sensomotorik-, Moto- oder andere Therapie ohne die passende Didaktik die fehlenden Lese- und Rechtschreibfertigkeiten nicht herbeizaubern. Nur ein integratives Vorgehem wird dauerhaft helfen können, das unterschiedliche therapeutische Richtungen und methodisch-didaktische Ansätze der Pädagogik / Sprachwisse nschaft verbindet.

Stundenprotokolle aus einer integrativen Psycho- und Lerntherapie

Es ist einleuchtend, daß sich dieser Ansatz in jedem Einzelfall und jeder Stunde unterschiedlich gestaltet, da die Inhalte weitgehend vom Kind und seinen Bedürfnissen bestimmt werden und die therapeutische Aufgabe darin besteht, auf eine Balance aus Spiel, Gespräch, Entspannung und Lernen zu achten.

Die folgenden Kurzprotokolle stammen vom selben Tag, beide Mädchen besuchen die fünfte Jahrgangsstufe und kommen jeweils zwei Stunden – aber damit sind die Gemeinsamkeiten bereits erschöpft. Die Namen wurden geändert.

Katja

Katja, zehn Jahre, ist die jüngste von drei Geschwistern. Wegen ihrer Körperlänge wurde sie bereits mit fünfeinhalb Jahren eingeschult. Die Grundschulzeit wurde immer wieder von längeren Krankheitsphasen unterbrochen, im vierten Schuljahr versäumte sie fast ein Drittel des Unterrichts. Lese- und vor allem Rechtschreibprobleme begleiteten die Grundschulzeit. Trotzdem waren die Eltern und sie selbst nicht zu einer freiwilligen Wiederholung der vierten Klasse zu bewegen, das Übergangszeugnis zum Gymnasium war reichlich geschönt. So mußte sie im Gymnasium im ersten Jahr viele Mißerfolge in Kauf nehmen und erleben, wie sie langsam von den Klassenkameradinnen ausgegrenzt wurde. Die Therapiestunden halfen ihr, die Enttäuschungen und Wut zu verarbeiten und in Spielen abzureagieren – und nebenbei langsam einen verfügbaren Schreibwortschatz aufzubauen; an der grundsätzlichen Situation änderte sich jedoch erst etwas, als die Eltern und sie selbst die Notwendigkeit einer Klassenwiederholung akzeptieren konnten.

➤ *Erzählen, Spielen*

Katja kommt direkt nach dem Unterricht. Beim gemeinsamen Essen und Trinken berichtet sie von den neuesten Ereignissen zu Hause und aus der Schule, diesmal ausführlich von einem Schulausflug mit vielen Hindernissen. Durch Nachfragen zeige ich nicht nur mein Interesse, sondern helfe ihr auch zu klarerem sprachlichem Ausdruck.

Das ausgeliehene Buch »Rennschwein Rudi Rüssel« von Uwe Timm hat sie zu Hause vor lauter Begeisterung ausgelesen, obwohl wir nach dem Anlesen nur ein weiteres Kapitel vereinbart hatten. Es wird nach einem Bericht in ihrem Lesepaß mit Datum aufgenommen und aus unserer Ausleihe ausgestrichen. Danach tobt sie sich bei »Looping Louie« (MB-Spiel) kräftig aus, verteidigt ihre Hühner gegen das kreisende Flugzeug und haut kräftig drauf. Beim Stand von 4 : 2 brechen wir ab.

➤ *Lesen, Schreiben*

Da als Deutscharbeit ein Aufsatz angekündigt ist, hat sie sich in der Vorwoche zwei Geschichtenanfänge ausgesucht und weitergeschrieben. Beim Vorlesen fällt auf, daß ihre Pointen originell, aber sehr kurz ausfallen. Die Lehrer hätten ihre phantasievolle, ausführliche Erzählweise immer kritisiert, hat sie als Erklärung parat. Zur Bearbeitung braucht sie noch Unterstützung, damit sie sprachliche Ungereimtheiten und Wortwiederholungen durch eigene Vorschläge ersetzen kann, die Endlossätze durch Punkte oder Kommas untergliedert und auf Rechtschreibfehler durch Punkte am Seitenrand aufmerksam gemacht wird. Während sie überlegt und die richtige Schreibweise in ihrem Heft ausprobiert, nehme ich die Fehlerwörter direkt in die Kartei auf:

– »grät« als »er kräht – krähen« auf eine blaue Verbkarte, das »k« rot markiert und unter das »äh« ein Strich für Dehnung;
– »erzelung« als »die Erzählung« auf eine rote Substantivkarte, unter das »äh« einen Strich und darunter als Ableitungshilfe »die Zahl«.
Es folgen noch drei bis vier andere Karten.

Katja hat bis auf »kräht« ihre Fehler selbst gefunden, den Text korrigiert und die falschen Wörter dreimal richtig geschrieben. Beide Texte werden, mit Stempeln und positiven Anmerkungen versehen, weggepackt, nachdem wir zusammen noch ein Bild für eine neue Geschichte ausgewählt und kopiert haben.

Beim Kontrollieren des Hausaufgabenhefts stellt sie fest, daß sie unbedingt noch mit mir ihre Deutschaufgabe durchgehen will, obwohl wir eigentlich am Computer das Abenteuer von »Monkey Island« weiterlösen wollten.

➤ *Schreiben, Spielen*

Während sie ihre Aufgabe vorschreibt, überfliege ich die Geschichte im Deutschbuch. Ihre Antwort fällt wieder sehr knapp aus, sie läßt sich noch zu einer notwendigen Ergänzung überreden. Sie freut sich besonders, daß alles fehlerfrei ist. Mit *Oliver*, der eine Viertelstunde zu früh kommt, spielen wir auf ihren Vorschlag hin das Schreibspiel »Onkel Otto plätschert heute lustig in der Badewanne«. Die beiden mögen es, weil sie den Frust über ihre Geschwister in komischen, phantastischen Sätzen loswerden können; ich, weil sie nebenher grammatikalisch richtige Satzmuster einüben.

➤ *Beratung mit der Mutter*

Mit der Mutter kann ich noch kurz meine Beobachtungen zur Lernmotivation austauschen und bin beruhigt, daß *Katja* auch zu Hause ausgeglichener ist, weniger Fehler macht und wieder gern zur Schule geht.

Nina (später, am selben Tag)

Nina, zwölf Jahre, kommt seit drei Monaten wegen mangelnden Selbstwertgefühls und großer Rückstände in ihrer Schreibentwicklung und im mathematischen Denken. Sie hat bereits die vierte Klasse freiwillig wiederholt und besucht jetzt die erste Klasse einer integrierten Gesamtschule. Die Mutter hat ihr aufgrund eigener Erlebnisse in ihrer Jugend wenig Freiräume geben können, beide leiden unter Korpulenz. Die Mutter führt jetzt regelmäßige Gespräche in der Erziehungsberatungsstelle, eine Vorbedingung für die Bewilligung der Kostenübernahme für ihre Tochter. In der vergangenen Woche haben wir Möglichkeiten überlegt und ausprobiert, wie sie sich gegen einen Jungen in ihrer Klasse wehren lernt, der sie immer wieder ärgert und schlägt, obwohl er viel kleiner ist als sie.

➤ *Sprechen, Spielen*

Heute muß sie gleich berichten, wie sie sich bei der ersten Gelegenheit gewehrt hat. *Manuel* sei so überrascht gewesen, daß sie erst mal Ruhe hatte. Doch es gibt ein neues Problem, das mit dem Sportunterricht zusammenhängt. Ich lasse sie berichten, was sie so im Sportunterricht erlebt. Es ist wenig Positives dabei: Sie werde verlacht, weil sie zu dick sei, werde nicht beim Ballspielen angespielt, das Schwimmen klappe auch noch nicht. Wir überlegen gemeinsam, welchen Sport sie denn gern machen würde, und tragen der Mutter erneut auf, sich doch um einen Schwimmkurs zu kümmern. Für die morgige Stunde soll erst einmal ein Verband die schmerzende Hand schützen.

Bevor wir ihre Karteiarbeit und Matheprobleme angehen, holt sie ihr Lieblingsspiel »MonsterMix« (Parker-Spiele). Die 27 Karten werden in drei Reihen gelegt. Ziel ist es, als erster fünf Monster, die sich in drei Dingen unterscheiden, zu erkennen und mit einer Fliegenpatsche zu holen. Es fällt ihr nicht leicht, aber sie siegt auch dieses Mal wieder.

➤ *Lesen, Schreiben, Lerntechniken*

An Karteiarbeit hat sie in einer Woche nur zwei Sätze geschrieben. Sie will ohne die Mutter allein üben. Auch mit dem älteren Bruder klappe das nicht, der helfe ihr aber bei Englisch. Der Emanzipationsprozeß ist wichtiger als ein paar Fehler, die wir gemeinsam verbessern können. Sie bildet mit drei Karteiwörtern einen Satz, schreibt und sieht alles nach. Sieben von neun Wörtern sind richtig, die beiden Fehler werden besprochen und dreimal richtig geschrieben.

➤ *Mathematik*

Da *Nina* beim Addieren und Subtrahieren noch immer die Finger benutzt, spielen wir »Schnuff« (Ravensburger Spiele), ein Kopfrechenspiel, bei dem es darum geht, möglichst unter festgelegten Zehnerzahlen zu bleiben oder Chips abgeben zu müssen. Wir üben einige Minuten mit Stecksteinen, damit ihr die jeweilige Ergänzung zum Zehner ohne Finger gelingt, und malen ein Poster mit der Summenformel für ihr Zimmer. Sie nimmt zehn Steckwürfel zum Üben mit.

➤ *Verhaltensänderung, Hobbys*

Dann holt sie aus ihrem Mäppchen einen kleinen Zettel, auf dem sie täglich Buch geführt hat, wie oft sie sich in der vergangenen Woche gemeldet hat (mit Strich) und wie oft sie drangenommen wurde (mit x). Bilanz einer Woche: achtmal gemeldet, zweimal drangekommen. Für Nina ist das bereits ein sichtbarer Fortschritt, zumal sie einmal von der Lehrerin gelobt wurde. Als Belohnung erhält sie die versprochenen Münzen, und ich schreibe eine neue Liste für die nächste Woche. Ihr Ziel ist es, sich jeden Tag zweimal zu melden und einmal dranzukommen.

Sie hat ihre Muschel- und Gesteinssammlung mitgebracht und zeigt ihre Schätze. Ich verspreche, bis zum nächsten Mal ein Buch zu besorgen, damit wir die uns unbekannten Steine richtig zuordnen können, eine weitere Anregung um Lesen.

Beispiele von Therapiekonzepten

Institut für Lernförderung,
Praxis für pädagogisch-psychologische Therapien,
60487 Frankfurt a.M.

Das Konzept unserer integrativen psycho- und lerntherapeutischen Arbeit umfaßt folgende Bereiche:

- Gespräche;
- Spielen – Malen – Bewegen;
- Entspannung;
- Lern- und Arbeitstechniken;
- Lesen – Schreiben – Rechtschreiben – Mathematik – Fremdsprachen (je nach Leistungsstörung);
- Beratung der Bezugspersonen, Lehrer und Lehrerinnen;
- Zusammenarbeit mit anderen Institutionen, Ärzten und Ärztinnen.

Die Kinder oder Jugendlichen kommen zunächst einmal wöchentlich zwei Stunden allein. Diese Phase dauert in der Regel – abhängig von den individuellen Problemen – ca. ein Jahr. Nicht die Schwächen, sondern die individuellen Stärken und Hobbys bilden den Ausgangspunkt. Im Spiel, Malen, aber auch in Lese- und Schreibsituationen erleben die Kinder durch die Passung der Aufgabenstellungen sofortige Erfolgsrückmeldung. Hat das Kind Sicherheit in vielfältigen Situationen erworben und ist das Selbstwertgefühl so weit stabilisiert, daß ein Kind auch im Spiel verlieren kann, folgt oft eine »Abnabelungsphase«, in der es diese im Schonraum der Therapie mit einem anderen Kind erproben kann, bevor es auf sich selbst gestellt seinen Weg geht. Diese Arbeit wird ständig förderdiagnostisch überprüft. Die Schwere und Ausprägung der Lern- und Verhaltensauffälligkeiten bestimmen die Förderschwerpunkte. Ohne Einbezug der Erziehungsberechtigten kann die Arbeit mit dem Kind nicht dauerhaft erfolgreich sein. Deshalb sind Gespräche und Absprachen mit den Eltern so wichtig, desgleichen Kontakte zu den Lehrern und Lehrerinnen, da ein abgestimmtes Vorgehen den Therapieerfolg unterstützt. Die Inhalte und Methoden wiederum werden im Kollegenteam laufend weiterentwickelt.

Zunächst muß das Kind Vertrauen zur Therapeutin/zum Therapeuten entwickeln und sein Selbstwertgefühl und Selbstvertrauen gestärkt werden. Aus diesem Grund orientiert sich unsere Arbeit zunächst an den Stärken und Interessen der Kinder. Bilder-, Kinder- und Jugendbücher zu unterschiedlichsten Themen und eine umfangreiche Spielesammlung unterstützen diese Arbeit. Leistungsdruck und emotionale Belastungen werden in der Therapie zunächst weitestgehend ausgeklammert. Neben spiel- und gesprächstherapeutischen Maßnahmen sind in die Arbeit motivierende Übungen zum Aufbau der schriftsprachlichen Fertigkeiten integriert, wie die individuelle Fehlerarbeit, eingebettet in das Schreiben von freien Texten, der Aufbau eines verfügbaren Wortschatzes, die Vermittlung von Einsichten in die Regelungen der deutschen Rechtschreibung und Grammatik. Vielfältige Medien und Techniken erleichtern das Lernen.

Kinderzentrum für
Entwicklungs- und Lerntherapie
(Dr. Löffler/Dr. Meyer-Schepers),
44803 Bochum und 44135 Dortmund.

Diagnose und Beratung
Hauptziel der Diagnose- und Beratungstätigkeit ist es, Lese-Rechtschreib-Schwierigkeiten (LRS) möglichst frühzeitig zu erkennen, um sensible Phasen in der Entwicklung eines Kindes nicht ungenützt verstreichen zu lassen. Lese- und Rechtschreibprobleme dürfen nicht als Entwicklungsverzögerung (»Spätentwickler«) betrachtet werden, welche

sich mit der Zeit von selbst »auswachsen« würde. Daher ist es wichtig, daß Kinder mit auffallend häufigen und hartnäckigen Fehlleistungen beim Lesen und Schreiben auf LRS untersucht werden. Eine rechtzeitige Förderung ist nicht nur für die kognitive, sondern auch für die Persönlichkeitsentwicklung und das seelische Wohlbefinden des Kindes von entscheidender Bedeutung. Aufgrund einer abgestuften Diagnostik wird dann ein Gesamtbild erstellt.

Therapie
Die betroffenen Kinder und Jugendlichen sind in der Regel mehrfach beeinträchtigt. Neben den Schwierigkeiten im Schriftsprachlichen schaffen Leistungskonkurrenz und Leistungsbeurteilung in der Schule für diese Kinder eine stark belastende Situation, die das Selbstwertgefühl und die Lernmotivation zusätzlich schädigen kann. Je nach den individuellen Problemfeldern werden entsprechende Therapieformen gewählt. Darunter fallen begleitende spielerische Übungen, z.B. zur Schulung der Wahrnehmung, des Problemlöseverhaltens oder der Konzentration, genauso wie ausgewählte verhaltenstherapeutische Verfahren oder gesprächstherapeutische Sitzungen für Klienten, die durch die Leistungsschwäche psychisch erheblich beeinträchtigt sind.

Das LautAnalytische RechtschreibSystem (LARS)
bildet den Kern des Behandlungsprogramms. Es ist in mehrjähriger Forschungsarbeit entstanden und stellt eine sprachwissenschaftlich begründete Vermittlung der deutschen Orthographie unter kognitionstheoretischen Gesichtspunkten des spezifischen Lernprozesses hinsichtlich des Schriftsprachlichen dar.

Das erste der Teilziele der Therapie besteht in der Verbesserung der Leistungsmotivation und des Arbeitsstils im Bereich des Lesens und Schreibens; Mißerfolgserlebnisse und Schulmüdigkeit müssen kompensiert werden. Das zweite bildet die Schulung der orthographisch relevanten Wahrnehmungsfähigkeit und Artikulationstechniken. Mit dem Abbau angstindizierter Fehlleistungen muß die Selbstsicherheit gefestigt werden, um die Anwendung der gelernten Operationen in Streß- und Prüfungssituationen zu erreichen. Der letzte und oft langwierigste Schritt ist schließlich der von der bewußten Anwendung dieser Techniken zum automatisierten Rechtschreiben und Lesen.

Grundvoraussetzung für diese Arbeit sind Umstände, die das Vertrauen des Kindes zu dem Therapeuten / der Therapeutin und die Motivation zum eigenen Therapieerfolg fördern. Dazu gehört selbstverständlich die

Vermeidung aller Formen des Leistungsdrucks und emotional belasten-
der Situationen in der Therapie. Im Kinderzentrum wird deshalb die
Förderung in der Regel in Form von Einzeltherapien und Partnerthera-
pien mit zwei Kindern durchgeführt, was je nach Art und Ausprägung
der vorliegenden Beeinträchtigungen entschieden werden muß. Der
Umfang der Therapie ist einheitlich: Im allgemeinen findet einmal wöchentlich eine Therapiesitzung statt. Sie wird durch ein häusliches Trainingsprogramm begleitet und fortgesetzt und dauert mindestens zwei
Jahre.

Anstelle eines Schlußwortes:
Gespräch mit einem Betroffenen

Sirius erinnert sich

Frage:	Bis vor einem halben Jahr kamst du regelmäßig donnerstags zwei Stunden zu mir. Wie geht es dir inzwischen?
Sirius:	Jetzt sehr gut, sowohl in der Schule als auch privat.
Frage:	Wie war das, als du vor zwei Jahren zum ersten Mal zu uns kamst?
Sirius:	Da war alles ziemlich katastrophal, außer in den naturwissenschaftlichen Fächern. Hauptprobleme waren Deutsch und Latein. Ich konnte nur langsam lesen und machte viele Fehler. Und die Arbeiten!
Frage:	War das bereits in der Grundschule so?
Sirius:	Ja. Es hat sich außer meiner Klassenlehrerin niemand besonders darum gekümmert. Es gab auch keinen Förderunterricht.
Frage:	Wie hast du dann doch lesen gelernt?
Sirius:	Mit Zeitschriften. Erst Micky Maus, dann längere Texte.
Frage:	Wie verlief der Wechsel aufs Gymnasium?
Sirius:	Zunächst ging es mir in Deutsch schlecht. Erst in der Mittelstufe, als ich zu dir kam, wurde es besser.
Frage:	Gab es am Gymnasium Förderunterricht?
Sirius:	Nein, ich wurde auch erst von der Benotung freigestellt, nachdem du meine Eltern über den Erlaß aufgeklärt hast.
Frage:	Ich erinnere mich, daß du beim ersten Besuch nicht sehr begeistert warst. Wie kamt ihr zu uns?
Sirius:	Meine Mutter hatte die Anschrift von Bekannten, deren Kind hier war. Ich wollte eigentlich nicht kommen, ich hatte Angst.
Frage:	Ich erinnere mich, daß dein Vater wegen der Blockade in Latein kam.
Sirius:	Ja, Latein, das war mein Angstgegner. Ich konnte mir einfach die Worte und ihre Bedeutung nicht merken und panikte dann in den Arbeiten. Das übertrug sich dann auf alle Arbeiten.
Frage:	Wie reagierten deine Eltern auf die Schwierigkeiten?

Sirius:	In der Grundschule war das kein Problem, denn es gab ja keine Fünfen und Sechsen. Sie fanden meine Leistungen zwar nicht gerade gut, aber sie nahmen sie nicht so ernst. Ab der dritten Klasse bekam ich dann in Deutsch Nachhilfe.
Frage:	Was wurde dort gemacht?
Sirius:	Wir haben gelesen und Diktat geübt, aber es half nicht sehr viel in den Arbeiten.
Frage:	Bei Therapiebeginn ging dein Lesen langsam, aber du konntest den Sinn erfassen, während deine Rechtschreibung katastrophal war, vor allem in Diktaten. An was erinnerst du dich?
Sirius:	In den ersten Monaten haben wir viel gespielt und mit der Lernkartei geübt.
Frage:	Hat dir das geholfen?
Sirius:	Ja, ich denke schon. Am interessantesten war die Geschichte mit dem »Kannibalenspiel«. Ich hatte mich in den Ferien gelangweilt und einfach mit dem Entwurf begonnen. Die Idee war nach einem Film geboren. Die Spielidee blieb neun Wochen lang unser Hauptthema in der Therapie.
Frage:	Ich glaube, du hast bei den vielen Spielanleitungen, die wir für die Anleitung gelesen haben, immer mehr deine Leseprobleme verloren. Erinnerst du dich noch, wie wir den Text erarbeitet haben?
Sirius:	Klar, das war am Computer, da konnte man die Fehler schnell löschen und drüberschreiben. Vor allem hatte ich schon immer Spaß am Schreibmaschinenschreiben. Wir haben einen Speicherplatz reserviert, »Sks«, und haben erst mal losgelegt. Die Geschichte kam mal schneller, mal langsamer voran. Schwierig war es, die Sätze so zu schreiben, daß der Inhalt von anderen, vor allem jüngeren, Kindern verstanden wurde. Gut war, daß das Spiel dann immer wieder getestet wurde. Als es fertig war, haben wir es an zwei Verlage geschickt, die es allerdings leider ablehnten.
Frage:	Auf diese Weise hast du gleich gelernt, wie man einen Geschäftsbrief schreibt!
Sirius:	Dann kam der Knüller, als du im Frühstücksfernsehen von einem Spielewettbewerb »Spiel der Woche« hörtest und ich mein Spiel einschickte, obwohl der Einsendeschluß eigentlich schon vorbei war. Es hat ihnen aber so gut gefallen, daß ich den ersten Preis bekam. Sie machten ein Fernsehinterview, und ich bekam ein Spiel als Preis.

Frage: Da ist also einmal die Erfolgsstory mit dem Spiel. Ich konnte beobachten, daß du beim Schreiben deine Rechtschreibprobleme in den Griff bekamst. Zunächst schriebst du, wie es dir einfiel, aber beim Durchlesen lerntest du immer stärker die vorher anhand der Karteikarten eingeübten Regelungen der deutschen Rechtschreibung anzuwenden. Wie reagierte die Schule auf die Therapie?

Sirius: In der sechsten Klasse bekamen wir in Deutsch eine Referendarin, die sehr viel Verständnis für meine Probleme aufbrachte. Bei ihr bekam ich trotz der Fehler meist eine Zwei. Ich fiel jetzt endlich unter den LRS-Erlaß, und meine Fehler wurden nicht mehr benotet. Nach einem Jahr konnten dann die anderen Lehrer nichts mehr dagegen machen, vorher war ihnen das Problem unbekannt. Interessant ist, daß ich zum Vorbild wurde. In meiner Klasse gab es nämlich noch zwei LRS-Schüler, die ebenfalls erst nicht mehr benotet wurden, als wir es durchgesetzt hatten. Das war für die anderen eine große Hilfe.

Frage: Die Zusammenarbeit mit der Referendarin habe ich in bester Erinnerung. Du wurdest dann auch immer selbstsicherer?

Sirius: Ja, aber es gab auch Einbrüche. Ich erinnere mich an einen Aufsatz, in dem ich 60 Fehler hatte und trotzdem eine Drei bekam. Die Verbesserung danach war eine Qual. Vor allem die vielen Nebensätze und Kommafehler. Wir haben die Verbesserungen immer hier gemacht. Aus Wut über die zusätzliche Arbeit habe ich dann im nächsten Diktat den Lehrer geschockt, weil ich nur vier Fehler machte.

Frage: Ist dein Stil inzwischen besser geworden?

Sirius: Klar. Die Sätze sind überschaubarer geworden. Rechtschreibfehler mache ich heute viel weniger, Kommas und Ausdruck werden heute eher angestrichen.

Frage: Nach 150 Stunden haben wir die Therapie beendet.

Sirius: Ja. Inzwischen hatte ich zweimal wöchentlich Kampfsporttraining. Außerdem ging es mir schulisch und privat so gut , daß ich allein klarkam. Ich kann jetzt gut mit den Fehlern umgehen, werde auch benotet. Mündliche Mitarbeit und der Inhalt der Aufsätze und Erörterungen gleichen meine Fehler aus.

Frage: Benutzt du die hier vermittelten Lerntechniken noch?

Sirius: Manchmal, vor Arbeiten und Abfragungen. Inzwischen kann ich Vokabeln besser behalten. Die wahnsinnige Angst vor Arbeiten ist weg. Wenn sie vor mir liegt, ist es okay.

Frage: Würdest du einem Schüler mit ähnlichen Problemen zu einer
          Therapie raten?

Sirius: Es kommt drauf an, was für ein Typ das ist, ob er es annehmen
          würde. Mir hat es auf jeden Fall sehr geholfen. Ich finde, Eltern
          sollten das Problem nicht so tragisch nehmen, auch wenn das
          Kind mal eine sechs schreibt. Ich versteh ja, daß es sie aufregt,
          aber das hilft doch nichts. Sie sollten ihr Kind nicht schlagen
          oder krasse Verbote erteilen, wie es einem Mitschüler geht. Die
          Eltern fordern einfach gute Noten, da bekommt das Kind nur
          noch mehr Angst, und je mehr es panikt, um so schlechter wird
          es auf jeden Fall. Nicht, daß die Eltern jetzt antiautoritär wer-
          den sollen, Strafe ist nicht gut, Verständnis und Hilfe wären
          besser.

Teil V: Anhang

Fachausdrücke

Alphabetschrift
Schriftsystem, in dem einzelne Schriftzeichen (Buchstaben) die Laute eines Wortes wiedergeben. So ist es möglich, aus relativ wenigen, nämlich 26, Buchstaben unendlich viele Wörter zu bilden. Allerdings entsprechen Laut- und Schriftzeichen einander nicht eindeutig (»e« kann ein kurzes, langes, offenes oder dumpfes »e« bezeichnen, und »f«, »v«, »ph« klingen ebenso gleich wie »x« »chs« und »cks«). Hierin liegt eine der Hauptschwierigkeiten der (deutschen) Rechtschreibung. Noch schwieriger allerdings sind Bilder- oder Begriffsschriften, in denen jedes Wort mit einem besonderen Bild- oder Schriftzeichen wiedergegeben wird (Hieroglyphen, Chinesisch und Japanisch). Eine fast unübersehbare Menge an Schriftzeichen wird hierzu benötigt, so daß Lesen und Schreiben fast zu einer Geheimwissenschaft wird.

Autogenes Training
Selbstentspannung im Gegensatz zu fremdgesteuerter Hypnose oder Suggestion.

Binnendifferenzierung
Unterricht, in dem einzelne Kinder oder Gruppen im Klassenverband an unterschiedlichen Inhalten arbeiten im Gegensatz zu »äußerer Differenzierung« nach Leistungsklassen und -kursen oder unterschiedlichen Schulformen (Homogene Gruppe).

Cerebrale Dysfunktion
Gehirnstörung.

Didaktik
Wissenschaft vom Lehren und Lernen.

Dyslexie
Teilweiser Verlust schon vorhandener Lesefähigkeit. In den USA verwendeter Sammelbegriff für Lese-Rechtschreib-Schwierigkeiten.

Homogene Gruppe
Gleich leistungsfähige bzw. im Gleichschritt lernende Kinder.

Integrative Therapie
Ansatz zur Behebung von Lese- und Rechtschreibschwierigkeiten im Zusammenhang mit anderen psychischen bzw. körperlichen Beschwerden und auch sozialen Belastungen, die sowohl als (Mit-)Ursachen wie als Folgen oder Begleiterscheinungen von LRS auftreten können.

KMK: Ständige Konferenz der Kultusminister der Bundesländer (kurz: Kultusministerkonferenz).

Legasthenie
Griech.: Lese-Schwäche. Begriff, unter dem seit 1928 sehr unterschiedliche Formen von Versagen im Schriftspracherwerb, meist im medizinischen Denken, verstanden wurden.

Lernkartei
Hilfsmittel zum selbständigen und selbstüberprüfenden Lernen.

LRS
Lese- und Rechtschreib-Schwierigkeiten oder -Schwäche.

Methodik
Wissenschaft von den Lehr- und Unterrichtsverfahren.

Motivieren
Anregen, Lernprozesse in Gang setzen.

Psychoorganisches Syndrom
Vielfältige seelische Störungen durch verzögerte Entwicklung der funktionalen Hirnorgane.

Psychosomatisch
Körperlich und seelisch zusammenhängend, gegenseitig aufeinander einwirkend.

Psychoreaktiv
Seelisch zurückwirkend.

Ranschburgsche Hemmung
Blockierung des Gedächtnisses beim Erlernen bzw. Merken einander ähnlicher Wörter, z.B. »das Mal« und »das Mahl« (weit verbreiteter Fehler in Rechtschreibübungen).

Schriftsystem
Siehe Alphabetschrift.

Auflösungen der Tests

S. 19

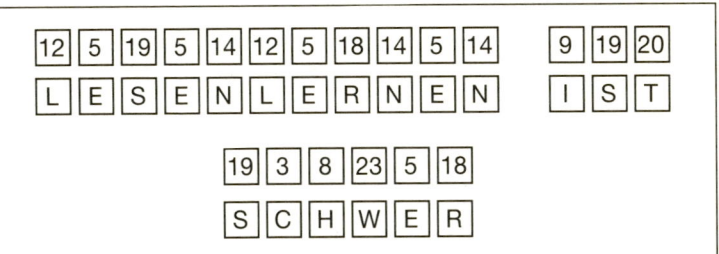

Die Ziffern entsprechen der Stellung der Buchstaben im Alphabet:
1 = A, 26 = Z

S. 20

Finden Sie die Fehler?

Nach Berichtigung der 75 Fehler müßte das Rechtschreibrätsel folgendermaßen aussehen:

1. Irgend jemand fläzte sich auf dem Diwan neben dem Büfett [oder Buffet], ein anderer rekelte [oder räkelte] sich rhythmisch auf der Matratze, ein dritter planschte im Becken.

2. Man stand Schlange und kopf, lief Ski und eis, schob Kegel, sprach Englisch, und wer diät gelebt und hausgehalten hatte, hielt jetzt hof.

3. Auf gut deutsch heißt das, die libysche Firma hat Pleite gemacht, aber die selbständigen Mitarbeiter konnten ihre Schäfchen ins trockene bringen.

4. Alles mögliche deutete darauf hin, daß sich etwas Ähnliches wiederholen wird, obwohl alles Erdenkliche getan wurde, etwas Derartiges zu verhindern und alles zu annullieren.

5. In einem nahe gelegenen Haus fand sich das nächstgelegene Telefon [oder Telephon], im Portemonnaie der numerierte Bon.

6. Im Zenit ihres Ruhms wagte sie die Prophezeiung, man werde trotz minuziöser [oder minutiöser] Prüfung weiter im dunkeln tappen und aufs Beste hoffen, und insoweit werde alles beim alten bleiben.

7. Auch wer aufs Ganze geht und überschwenglich sein Bestes tut, tut manchmal unrecht, hält es aber gern für Rechtens.

8. Er war statt dessen bemüht, den zugrundeliegenden Konflikt – also den Konflikt, der ihrem Dissens zugrunde liegt und allen angst macht – zu entschärfen, und infolgedessen kam er mit allen ins reine.

9. Wie kein zweiter hat sich der Diskutant dafür stark gemacht, auch die weniger brillanten Reflexionen der Koryphäen ernst zu nehmen.

10. Daß es not tut, alles wieder instand zu setzen, darf ein einzelner nicht in Frage stellen.

Worttrennungen:
Ex-amen; Exo-tik; Hekt-ar; igno-riert; Land-au-er; Lin-ole-um;
Psych-ia-ter; Psy-cho-lo-ge; päd-ago-gisch; pä-do-phil;
Päd-erast; So-wjet; Syn-onym.

Auszug aus den

Grundsätzen zur Förderung von Schülern mit besonderen Schwierigkeiten beim Erlernen des Lesens und des Rechtschreibens

(Beschluß der Kultusministerkonferenz vom 20.4.1978)

Es gibt Schüler, die besondere Schwierigkeiten im Lesen und Rechtschreiben haben. Ausmaß, Erscheinungsbild, Zustandekommen und Folgen solcher Schwierigkeiten wurden in den letzten Jahren unter der Bezeichnung »Legasthenie« ausführlich diskutiert und untersucht. Die umfangreiche pädagogische, psychologische und medizinische Forschung auf diesem Gebiet hat noch viele Fragen offengelassen. Unbestritten ist jedoch, daß Fördermaßnahmen für Schüler notwendig sind, die besondere Schwierigkeiten im Lesen und Rechtschreiben haben.

Die nachstehenden Grundsätze sollen dazu beitragen, die von den Kultusverwaltungen getroffenen Regelungen der Fördermaßnahmen für Schüler mit besonderen Schwierigkeiten im Lesen und Rechtschreiben einander anzugleichen und zu verbessern und damit für diese Schüler bessere Chancen zu schaffen, auftretende Schwierigkeiten beim Erlernen des Lesens und Rechtschreibens zu überwinden.

1. **Lesen- und Schreibenlernen als Aufgabe der Schule**

   Der Beherrschung der Schriftsprache kommt für die sprachliche Verständigung, für den Erwerb von Wissen und Informationen, für den Zugang zum Beruf und für das Berufsleben besondere Bedeutung zu. Das Lesen und Schreiben zu lehren gehört daher zu den Hauptaufgaben der Grundschule, und es ist ihre pädagogische Aufgabe, dafür zu sorgen, daß möglichst wenige Schüler gegenüber diesen Grundanforderungen versagen.

   Um besondere Schwierigkeiten im Lesen und Rechtschreiben zu vermeiden oder zu überwinden, ist es nötig:
   – diejenigen Fertigkeiten und Fähigkeiten systematisch zu entwickeln, die Voraussetzung für das Erlernen des Lesens und Schreibens sind;
   – die Lehrgänge und den Unterricht für das Erlernen des Lesens und Rechtschreibens ständig weiter zu verbessern;
   – Schüler zusätzlich zu fördern, die trotz eines fachgerechten Unterrichts besondere Schwierigkeiten beim Erlernen des Lesens und Rechtschreibens haben.

2. **Lesen- und Schreibenlernen**

2.1 *Voraussetzungen*

   Das Erlernen des Lesens und des Schreibens vollzieht sich in einem differenzierten Prozeß. Zu den Voraussetzungen gehören besonders Sprach-

und Sprechfähigkeiten, Fähigkeiten der optischen und akustischen Wahrnehmung und Differenzierung, der rhythmischen Gliederungsfähigkeit,
des Symbolverständnisses und der feinmotorischen Fertigkeiten der
Hand.

Wichtig sind aber auch allgemeinere Lernvoraussetzungen wie Selbstvertrauen, Freude am Lernen, Konzentrationsfähigkeit, Merkfähigkeit, intel-
lektuelle Neugierde, Denkfähigkeit, Kommunikations- und Kooperati-
onsfähigkeit.

Weil die Schulanfänger unterschiedliche Lernvoraussetzungen mitbrin
gen, hat der Lehrer zu Beginn der Jahrgangsstufe 1 die Ausgangslage zu
berücksichtigen. Soweit die Kinder die erwarteten Fertigkeiten und Fähigkeiten im Vorschulalter nicht erworben haben, müssen diese im Unterricht systematisch entwickelt werden.

2.2 *Unterricht*

Ein sorgfältig durchgeführter Erstlese- und Schreibunterricht, in dem die
einzelnen Stufen und Phasen des Lese- und Schreiblehrgangs gründlich
abgesichert sind, ist die entscheidende Grundlage, ein Versagen im Lesen
und Schreiben zu verhindern.

Dabei muß sich der Unterricht an den unterschiedlichen Lernvoraussetzungen, dem individuellen Lernverhalten und Lerntempo orientieren.
Der Rechtschreibunterricht sollte in angemessener Weise in den Sprach-
und Sachunterricht einbezogen werden. Daneben sollten Versuche ange-
stellt werden, ob sich der Rechtschreibunterricht auf einen Grundwortschatz beziehen kann.

Individualisierung des Unterrichts wird vor allem durch differenzierende
Maßnahmen wie Binnendifferenzierung und Förderunterricht erreicht.
In den »Empfehlungen zur Arbeit in der Grundschule« (Beschluß der
Ständigen Konferenz der Kultusminister der Länder in der Bundesrepu-
blik Deutschland vom 2. Juli 1970) sind die verschiedenen Möglichkeiten
der Differenzierung dargelegt.

Förderunterricht sollte in den Jahrgangsstufen 1 und 2 dann angesetzt
werden, wenn sich trotz Binnendifferenzierung bei Schülern besondere
Schwierigkeiten im Erlernen des Lesens/Rechtschreibens zeigen, sofern
nicht ihre Sonderschulbedürftigkeit erwiesen ist. Zu empfehlen sind zeitlich begrenzte, in der Zusammensetzung wechselnde Gruppen.

Es ist zu erwarten, daß in dem Maße, wie der Erstlese- und Schreibunter
richt in den Anfangsjahrgängen der Grundschule systematisch und sachgerecht erteilt wird, die Anzahl derjenigen Schüler sich verringert, die nach
der Jahrgangsstufe 2 besonderer Fördermaßnahmen bedürfen.

3. **Fördermaßnahmen**

Fördermaßnahmen haben größere Aussicht auf Erfolg, wenn die Ursachen der Lernschwierigkeiten erkannt sind. Die bloße Feststellung des
Ausmaßes von Versagen, zum Beispiel durch normorientierte Tests, reicht
nicht aus.

Ausgangspunkt für Fördermaßnahmen sind daher die Beobachtungen des
Lehrers zum sprachlichen, kognitiven, emotional-sozialen und zum mo-

torischen Entwicklungsstand sowie zur Sinnestüchtigkeit des einzelnen Schülers mit Lernschwierigkeiten.

In einzelnen Fällen wird es nötig sein, die Beobachtungen durch gezielte Untersuchungen zu ergänzen. Soweit der Klassenlehrer/Klassenl eiter oder der Fachlehrer für Deutsch Untersuchungen nicht selbst durchführen kann, sollten besonders fachkundige Lehrer (z.B. Förderkursleiter, Beratungslehrer, Sonderschullehrer) damit beauftragt werden. Gegebenenfalls sollte der Schulpsychologe und/oder der Schularzt eingeschaltet werden. In besonderen Fällen sind den Erziehungsberechtigten ohrenärztliche, augenärztliche und andere Spezialuntersuchungen zu empfehlen.

Die pädagogische Entscheidung über die Förderbedürftigkeit des einzelnen Schülers und über Art und Umfang der Fördermaßnahmen trifft im Rahmen der geltenden Bestimmungen die Schule. Die Bestimmungen über die Umschulung/Überweisung in die Sonderschule bleiben davon unberührt.

3.1 *Allgemeine Fördermaßnahmen*

In den Jahrgangsstufen 3 und 4 sind erforderlichenfalls die Maßnahmen der Binnendifferenzierung fortzuführen.

Die klasseninterne Förderung sollte vor besonderen Fördermaßnahmen in Erwägung gezogen werden, weil

– Schüler mit Lernschwierigkeiten in der gewohnten sozialen Umgebung bleiben;

– sämtlichen Schüler durch Einzel, Partner- und Gruppenarbeit Möglichkeiten zu gegenseitiger Hilfe und zu sozialem Handeln eröffnet werden;

– den Schülern mit Lernschwierigkeiten spezielle Übungen im unmittelbaren Zusammenhang mit dem Deutschunterricht angeboten werden;

– die förderbedürftigen Schüler zeitlich nicht durch zusätzliche Unterrichtsstunden belastet werden.

3.2 *Besondere Fördermaßnahmen*

Besondere Fördermaßnahmen sollen für Schüler vorgesehen werden, die die Ziele des Lese- und/oder Rechtschreibunterrichts der Jahrgangsstufe 2 noch nicht erreicht haben, sowie für Schüler der Jahrgangsstufen 3 und 4, deren Leistungen im Lesen und/oder Rechtschreiben über einen Zeitraum von mindestens drei Monaten hinweg schlechter als ausreichend bewertet werden. Zur Objektivierung der Leistungsbewertung sind gegebenenfalls auch informelle und standardisierte Tests heranzuziehen.

Besondere Fördermaßnahmen können in klasseninternen, klassenübergreifenden und in Ausnahmefällen in jahrgangsstufenübergreifenden und schulübergreifenden Gruppen durchgeführt werden. Das ist im Rahmen von Verfügungsstunden oder in zusätzlichen Fördergruppen möglich.

Fördergruppen sollten nach Möglichkeit aus Schülern der gleichen Jahrgangsstufe gebildet werden. Sie sollen in der Regel vier bis acht Schüler umfassen.

Die Zahl der Förderstunden sollte je nach Bedarf zwei bis fünf Wochenstunden betragen. Sie können sowohl parallel zum entsprechenden Regelunterricht der Klasse als auch zusätzlich erteilt werden. Die zusätzliche Belastung des einzelnen Schülers sollte zwei Wochenstunden nicht überschreiten.

Die Zusammenarbeit zwischen Klassenlehrer/Klassenl eiter, Fachlehrer für Deutsch und dem Lehrer der Fördergruppe ist eine wichtige Voraussetzung für eine erfolgreiche Hilfe.

Besondere Fördermaßnahmen sind zusätzliches Lese- und Rechtschreibtraining:

– Das Lesetraining dient in Verbindung mit Maßnahmen zur allgemeinen Sprachförderung vor allem dazu, Lesehemmungen abzubauen, die Lesefertigkeit zu steigern und die Schüler zum sinnentnehmenden Lesen zu befähigen. Motivierendes Lesematerial soll zur selbständigen Beschäftigung mit Büchern anregen.

Das Rechtschreibtraining soll dem Schüler helfen, seine Lücken in der Rechtschreibung zu schließen. Rechtschreibtraining ist um so erfolgreicher, je systematischer es aufgebaut ist.

Es umfaßt unter anderem auch Besonderheiten der rechtschreibbezogenen Übungen, z.B. Training der Merkfähigkeit, Einüben von Regeln, Wortsammlungen unter Sach- und Rechtschreibgesichtspunkten, Übungen im Benutzen von Wörterbüchern, Ableitung der Rechtschreibung aus der Wortgeschichte und Sammeln von Wortfamilien.

Für Schüler, deren besondere Schwierigkeiten im Lesen und/oder Rechtschreiben bis zum Ende der Grundschule nicht behoben werden konnten, sind in den Jahrgangsstufen 5 und 6 die Maßnahmen der Binnendifferenzierung fortzuführen.

Soweit binnendifferenzierende Maßnahmen, insbesondere bei großen Schwierigkeiten im Rechtschreiben, nicht ausreichen, können entsprechende besondere Fördermaßnahmen fortgesetzt werden.

Es ist davon auszugehen, daß durch die Förderung in den Jahrgangsstufen 1 bis 6 Schwierigkeiten im Lesen und Rechtschreiben im wesentlichen behoben sind. Soweit bei einzelnen Schülern besondere Schwierigkeiten im Rechtschreiben auch noch nach Jahrgangsstufe 6 vorhanden sind, soll die Schule weiterhin versuchen, diese durch geeignete Maßnahmen zu beheben.

4. **Leistungsfeststellung und -bewertung**

Auch Schüler mit besonderen Schwierigkeiten im Lesen und Rechtschreiben unterliegen grundsätzlich den für alle Schüler geltenden Maßstäben der Leistungsbewertung.

4.1 Bei Schülern, für die besondere Fördermaßnahmen vorzusehen sind, gilt – allenfalls bis zur Jahrgangsstufe 6 – zusätzlich folgendes:

4.1.1 Der Lehrer soll nach seinem pädagogischen Ermessen die Leistungserhebung dem aktuellen Leistungsstand des einzelnen Schülers anpassen. Zur Feststellung des Lernfortschritts sind mündliche und schriftliche Übungen, Klassenarbeiten und informelle Verfahren heranzuziehen sowie Beobachtungen zu nutzen, wie sich der Schüler beim Lesen und Schreiben verhält und ob und wie er Hilfsmittel (z.B. Wörterbuch, Wörterliste) u.a. Hilfen (z.B. Partner- und Gruppengespräche) nutzt.

4.1.2 Die Bewertung der Leistungen im Lesen und Rechtschreiben geschieht unter pädagogischen Gesichtspunkten. Das kann z.b. bedeuten:
- die Leistung wird nur verbal und ohne Bezug zum herkömmlichen Notensystem beurteilt;
- die Leistung wird durch Noten und zusätzlich durch eine verbale Aussage beurteilt.

4.1.3 Diese Prinzipien gelten grundsätzlich auch für die Halbjahres- und Jahreszeugnisse. Sollten Lesen und Rechtschreiben nicht gesondert ausgewiesen werden, sind sie bei der Festsetzung der Deutschnote zurückhaltend zu gewichten.

4.2 Besondere Schwierigkeiten im Rechtschreiben allein dürfen kein Grund sein, bei sonst angemessener Gesamtleistung einen Schüler vom Übergang an eine weiterführende Schule auszuschließen.

4.3 Abgangs- und Abschlußzeugnisse werden nach den für alle Schüler geltenden Bestimmungen erteilt.

5. Zusammenarbeit mit den Erziehungsberechtigten

Die Erziehungsberechtigten von Schülern mit besonderen Schwierigkeiten im Lesen und Rechtschreiben sollen über Erscheinungsformen und Ursachen der Schwierigkeiten und die Möglichkeit, sie zu überwinden, informiert werden. Ihnen sind Hinweise auf die jeweils angewandte Lese- und Rechtschreibmethode, auf die besonderen Lehr- und Lernmittel, auf häusliche Übungsmöglichkeiten, geeignete Fördermaterialien, Motivationshilfen und Leistungsanforderungen zu geben. Die Erziehungsberechtigten sind über schulische Fördermaßnahmen und deren Verlauf frühzeitig zu unterrichten. Im Einzelfall sollten Hinweise für eine psychologische Untersuchung gegeben werden.

Auszug aus der Internationalen Klassifikation psychischer Störungen (ICD-10) der Weltgesundheitsorganisation

F81.0 Lese- und Rechtschreibstörung

Das Hauptmerkmal dieser Störung ist eine umschriebene und eindeutige Beeinträchtigung in der Entwicklung der Lesefertigkeiten, die nicht allein durch das Entwicklungsalter, durch Visus-Probleme oder unangemessene Beschulung erklärbar ist. Das Leseverständnis, die Fähigkeit, gelesene Worte wiederzuerkennen, vorzulesen und die Leistungen bei Aufgaben, für welche Lesefähigkeit benötigt wird, können sämtlich betroffen sein. Mit Lesestörungen gehen häufig Rechtschreibstörungen einher. Diese persistieren oft bis in die Adoleszenz, auch wenn im Lesen einige Fortschritte gemacht wurden. Kinder mit einer umschriebenen Lese- und Rechtschreibstörung haben in der Vorgeschichte häufig eine umschriebene Entwicklungsstörung des Sprechens und der Sprache. Eine sorgfältige Beurteilung der Sprachfunktionen deckt oft entsprechende subtile gegenwärtige Probleme auf. Zusätzlich zum schulischen Mißerfolg sind mangelhafte Teilnahme am Unterricht und soziale Anpassungsprobleme häufige Komplikationen, besonders in den späteren Hauptschul- und den Sekundarschuljahren. Die Störung wird in allen bekannten Sprachen gefunden, jedoch herrscht Unsicherheit darüber, ob ihre Häufigkeit durch die Art der Sprache und die Art der geschriebenen Schrift beeinflußt wird.

Diagnostische Leitlinien:

Die Leseleistungen des Kindes müssen unter dem Niveau liegen, das aufgrund des Alters, der allgemeinen Intelligenz und der Beschulung zu erwarten ist. Dies wird am besten auf der Grundlage eines individuell angewendeten standardisierten Testverfahrens zur Prüfung des Lesens, der Lesegenauigkeit und des Leseverständnisses beurteilt. Die spezielle Art des Leseproblems hängt ab vom erwarteten Niveau der Leseleistungen, von der Sprache und vom Schrifttyp. In den frühen Stadien des Erlernens einer alphabetischen Schrift kann es Schwierigkeiten geben, das Alphabet aufzusagen, die Buchstaben korrekt zu benennen, einfache Wortreime zu bilden und bei der Analyse oder der Kategorisierung von Lauten (trotz normaler Hörschärfe). Später können dann Fehler beim Vorlesen auftreten, die sich zeigen als

1. Auslassen, Ersetzen, Verdrehungen oder Hinzufügen von Worten oder Wortteilen.
2. Niedrige Lesegeschwindigkeit.
3. Startschwierigkeiten beim Vorlesen, langes Zögern oder Verlieren der Zeile im Text und ungenaues Phrasieren.
4. Vertauschung von Wörtern im Satz oder von Buchstaben in den Wörtern.

Ebenso zeigen sich Defizite im Leseverständnis z.B. in:
5. Einer Unfähigkeit, Gelesenes wiederzugeben.
6. Einer Unfähigkeit, aus Gelesenem Schlüsse zu ziehen oder Zusammenhänge zu sehen.
7. Im Gebrauch allgemeinen Wissens als Hintergrundinformation anstelle von Information aus einer Geschichte beim Beantworten von Fragen über die gelesene Geschichte.

In der späteren Kindheit und im Erwachsenenalter sind die Rechtschreibprobleme meist größer als Defizite in der Lesefähigkeit. Charakteristischerweise zeigen die Rechtschreibschwierigkeiten Fehler in der phonetischen Genauigkeit, und es scheint, daß Lese- wie Rechtschreibstörungen sich zum Teil von einer Störung in der phonologischen Analyse herleiten. Über die Natur und Häufigkeit von Rechtschreibfehlern bei Kindern, die eine nicht-phonetische Sprache lesen, und über die Fehlertypen bei nicht-alphabetischen Schriften ist wenig bekannt.

Umschriebenen Entwicklungsstörungen des Lesens geht meist eine Vorgeschiche von Entwicklungsstörungen des Sprechens oder der Sprache voraus. In anderen Fällen kann das Kind die Sprachentwicklung im normalen Alter durchlaufen haben, jedoch noch Schwierigkeiten bei der Informationsverarbeitung akustischer Reize haben, die sich in Problemen der Klangkategorisierung, beim Reimen und möglicherweise in Defiziten der Sprach-Laut-Unterscheidung, beim Behalten akustischer Sequenzen und der akustischen Assoziation zeigen. In einigen Fällen können darüber hinaus Probleme bei der visuellen Informationsverarbeitung bestehen (der Buchstabenunterscheidung) und bei der akustischen Differenzierung; jedoch sind diese Probleme bei Kindern, die gerade damit beginnen, lesen zu lernen, häufig, und aus diesem Grunde wahrscheinlich nicht ursächlich mit der mangelnden Lesefähigkeit verknüpft. Aufmerksamkeitsschwierigkeiten, oft begleitet von Überaktivität und Impulsivität, sind ebenfalls häufig. Das genaue Muster von Schwierigkeiten in der Entwicklung im Vorschulalter variiert stark von Kind zu Kind, ebenso ihr Schweregrad; dennoch sind solche Probleme meist vorhanden.

Begleitende emotionale und Verhaltensstörungen sind ebenfalls während des Schulalters vorhanden. Emotionale Probleme kommen häufiger während der frühen Schulzeit vor, Störungen des Sozialverhaltens und Hyperaktivitätssyndrome treten eher in der späteren Kindheit und in der Adoleszenz auf. Ein niedriges Selbstwertgefühl ist häufig, ebenso wie Anpassungsprobleme in der Schule und in der Beziehung zu Gleichaltrigen.

Weiterführende Leseempfehlungen

Elternbücher

Andresen, U.: So dumm sind sie nicht. Von der Würde der Kinder in der Schule. Beltz Quadriga, Weinheim/Berlin.

Bettelheim, B.: Ein Leben für Kinder. Deutsche Verlags-Anstalt, Stuttgart

Bettelheim, B.: Zeiten mit Kindern. Herder spektrum, Freiburg.

Bornhaupt, B.v./Hurrelmann, K.: Kinder im Streß?! Ein Ratgeber für die Lebensprobleme der 6- bis 16jährigen. Beltz Quadriga, Weinheim/Berlin.

Brüggebors, G.: So spricht mein Kind richtig. Rowohlt Verlag, Reinbek

Dolto, F.: Alltagsprobleme mit Kindern und Jugendlichen. Beltz Quadriga, Weinheim/Berlin.

Kohler, B.: Eltern-Ratgeber Hausaufgaben. Helfen – aber wie? Beltz, Weinheim und Basel.

Naegele, I.M./Portmann, R./Kalb P. (Hrsg.): Eltern-Ratgeber Schulanfang. Beltz Quadriga, Weinheim/Berlin.

Preuschoff, G.: Von 6 bis 9. Alltag mit Schulkindern. Papyrossa, Köln.

Sedlak, F.: Stopp den Lernproblemen. Österreichischer Bundesverlag, Wien.

Kindertherapieberichte

Von den Therapieberichten, die in den letzten Jahren erschienen sind und Eltern Mut machen wollen, betreffen neben den bereits erwähnten Büchern von Bettelheim z. B. die folgenden die Probleme von LRS-Kindern:

Grüttner, T.: Helfen bei Legasthenie. Rowohlt Verlag, Reinbek.

MacCracken, M.: Charlie, Eric und das ABC des Herzens. Fischer Verlag, Frankfurt a.M.

Nützliche Anschriften

In den entsprechenden Kapiteln wurden bereits eine Reihe von Anschriften gegeben. Hier einige zusätzliche, die Ihnen vielleicht weiterhelfen können:

Arbeitskreis für Jugendliteratur e.V., Elisabethstr. 16, 80796 München, Tel. 089/1684052

Arbeitskreis Grundschule e.V., Schloßstr. 29, 60486 Frankfurt a.M., Tel. 069/776006

BDP, Berufsverband Deutscher Psychologen e.V., Heilsbachstr. 22, 53123 Bonn, Tel. 0228/641054

BDDP, Berufsverband Deutscher Diplom-Pädago(inn)en e.V., Bundesgeschäftsstelle, Richard-Wagner-Str. 11–13, 28209 Bremen, Tel. 0421/349224

Bundeskonferenz für Erziehungsberatung e.V., Amalienstr. 6, 90763 Fürth, Tel. 0911/977140

Bundesvereinigung Stotterer-Selbsthilfe e.V., Kasparstr. 4, 50670 Köln, Tel. 0221/730731

Fachverband für Integrative Lerntherapie e.V., Geschäftsstelle, Obere Str. 45, 72119 Ammerbuch, Tel. 07073/1659

Interessenvertretung für Linkshänder – ONRSI, Sendlinger Str. 17, 80331 München, Tel. 089/268614

Kindernetzwerk für kranke und behinderte Kinder und Jugendliche e.V., Hanauer Str. 15, 63739 Aschaffenburg, Tel. 06021/12030, Fax 06021/12446

»Nummer gegen Kummer«: Sorgentelefon des Deutschen Kinderschutzbundes. Bundeseinheitliche Telefonnummer 01308/11103

Schulpsychologische Dienste im örtlichen Telefonbuch, z.T. unter Schulen/Schulamt

Stiftung Lesen e.V., Fischtorplatz 23, 55116 Mainz, Tel. 06131/230888

Verzeichnis der Kinder- und Jugendtelefone/Sorgentelefone des Deutschen Kinderschutzbundes und anderer Träger ist erhältlich bei BAG (Bundesarbeitsgemeinschaft Kinder- und Jugendtelefon), Domagkweg 8, 42109 Wuppertal, Tel. 0202/754465

Anschriften der Kultusministerien

Baden-Württemberg
Ministerium für Kultus und Sport, Neues Schloß,
Schloßplatz 1, 70173 Stuttgart

Bayern
Bayerisches Staatsministerium für Unterricht und Kultus,
Salvatorstr. 2, 80333 München

Berlin
Senatsverwaltung für Schule, Berufsausbildung und Sport,
Bredtschneiderstr. 5, 14957 Berlin

Brandenburg
Ministerium für Bildung, Jugend und Sport,
Heinrich-Mann-Allee 107, 14473 Potsdam

Bremen
Senator für Bildung, Wissenschaft und Kunst,
Rembertiring 8–12, 28195 Bremen

Hamburg
Behörde für Schule, Jugend und Berufsbildung,
Hamburger Str. 31, 22083 Hamburg

Hessen
Hessisches Kultusministerium, Luisenplatz 10, 65185 Wiesbaden

Mecklenburg-Vorpommern
Kultusministerium, Werderstr. 124, 19055 Schwerin

Niedersachsen
Niedersächsisches Kultusministerum,
Am Schiffgraben 12, 30159 Hannover

Nordrhein-Westfalen
Kultusministerium, Völklinger Str. 49, 40221 Düsseldorf

Rheinland-Pfalz
Ministerium für Bildung und Kultur, Mittlere Bleiche 61, 55116 Mainz

Saarland
Ministerium für Bildung und Sport,
Hohenzollernstr. 60, 66117 Saarbrücken

Sachsen
Sächsisches Staatsministerium für Kultus, Archivstr. 5, 01097 Dresden

Sachsen-Anhalt
Kultusministerium, Breiter Weg 31, 39104 Magdeburg

Schleswig-Holstein
Ministerium für Frauen, Bildung, Weiterbildung und Sport,
Gartenstr. 6, 39104 Kiel

Thüringen
Thüringer Kultusministerium, Werner-Seelenbinder-Str. 1, 99096 Erfurt

Literaturverzeichnis

Bettelheim, B.: Ein Leben für Kinder. Erziehung in unserer Zeit. Deutsche Verlagsanstalt, Stuttgart.

Bettelheim, B.: Zeiten mit Kindern. Herder Spektrum, Freiburg 1994.

Bettelheim, B./Zelan, K.: Kinder brauchen Bücher. Deutsche Verlags-Anstalt, Stuttgart.

Betz, D./Breuninger, H.: Teufelskreis Lernstörungen. Psychologie Verlags Union, München.

Bosch, B.: Grundlagen des Erstleseunterrichts. Reprint der 1. Auflage. Arbeitskreis Grundschule, Frankfurt a.M.

Brügelmann, H.: Schulanfang: 10 Tips für Eltern. In: Regenbogen-Lesekiste. Verlag Pädagogische Medien, Hamburg.

Bundessozialhilfegesetz – Lehr- und Praxiskommentar. Gesetzstand 1.7.85. 2., bearb. Aufl., Beltz, Weinheim und Basel.

Duden, K.: Vollständiges orhographisches Wörterbuch der deutschen Sprache. Verlag des Bibliographischen Instituts, Leibzig.

Erichson, Ch.: Rechtschreiben mit Uli oder der Beitrag eines Fehlerteufels zum Rechtschreibenlernen. In: Naegele/Valtin (Hrsg.): Rechtschreibunterricht in den Klassen 1–6. Arbeitskreis Grundschule, Frankfurt a.M. (Neubearbeitung 1994).

Gelb, I.J.: Von der Keilschrift zum Alphabet. Kohlhammer, Stuttgart.

Heidtmann, H.: Kriterien zur Beurteilung von Hörspiel- und Literaturkassetten für Kinder und Jugendliche. In: Materialien Jugendliteratur und Medien. Heft 19. VJA 1988.

Huston, A.M.: Understanding Dyslexia. A Practical Approach for Parents and Teachers. Madison Books, Lanham/New York.

Internationale Klassifikation Psychischer Störungen (ICD-10). 2., korr. Aufl., Huber, Bern.

Jacobson, E.: Entspannung als Therapie. Pfeiffer, München.

Kästner, E.: Kästner für Erwachsene. Ausgewählte Schriften Band 4: Als ich ein kleiner Junge war. Atrium Verlag, Zürich.

Kallbach, K. (Hrsg.): Hören – Lesen – Hören. Kassetten für Kinder. Mensch & Leben, Bad Homburg.

Klages, S.: Mein Freund Emil. Beltz & Gelberg, Weinheim.

Kleßmann, E.: Christiane. Goethes Geliebte und Gefährtin. Artemis & Winkler, Zürich.

Kohler, B.: Eltern-Ratgeber Hausaufgaben. Helfen – aber wie? Beltz, Weinheim und Basel.

Linder, M.: Über Legasthenie. In: Zeitschrift für Kinderpsychologie 18/ 1951, H. 4.

MacCracken, M.: Charlie, Eric und das ABC des Herzens. Fischer, Frankfurt a.m.

Malycha, A.: Entdeckungsreise durch das selbständige Lernen. Geschwister-Scholl-Gymnasium Lüdenscheid – Erprobungsstufe –.
In: Deutsche Lehrerzeitung 7/95, S. 5.

Müller, E.: Hilfe gegen Schulstreß. Rowohlt, Reinbek.

Müller-Wolf, H.M.: Persönlichkeitsmerkmale von Legasthenikern. Der »Teufelskreis« der Legasthenie. In: Fernstudienlehrgang Legasthenie, Studienbrief 2. DIFF, Weinheim.

Naegele, I.M.: Schulversagen in Lesen und Rechtschreiben (LRS I). Beltz Quadriga, Weinheim/Berlin.

Naegele, I.M.: Häusliche Hilfen bei Lese- und Rechtschreib-Schwierigkeiten (LRS II). Beltz Quadriga, Weinheim/Berlin.

Naegele, I.M./Haarmann, D.: Darf ich mitspielen? Beltz, Weinheim.

Naegele, I.M./Portmann, R. (Hrsg.): Lese- und Rechtschreib-Schwierigkeiten in der Sekundarstufe I. Beltz, Weinheim.

Naegele, I.M./Portmann, R./Kalb, P. (Hrsg.): Eltern-Ratgeber Schulanfang. Beltz Quadriga, Weinheim/Berlin.

Naegele, I.M./Valtin, R. (Hrsg.): Rechtschreibunterricht in den Klassen 1–6. Arbeitskreis Grundschule, Frankfurt a.M. (Neubearbeitung 1994).

Naegele, I.M./Valtin, R. (Hrsg.): LRS in den Klassen 1–10. Beltz, Weinheim.

Niedersteberg, I.: Aufbau eines Grundwortschatzes – Klasse 1 und 2. CVK, Bielefeld.

Odenbach, K.: Die Übung im Unterricht. Westermann, Braunschweig

Paul, D.: Das Linkshänderbuch. Knaur, München.

Ranschburg, P.: Die Lese- und Schreibstörungen des Kindesalters. Verlag C. Marhold, Halle.

Ott, E.: Der Lese-Freund. Lentz, München.

Rockefeller, N.: Don't Accept Anyone's Verdict That You Are Lazy, Stupid or Retarded. TV Guide (16.10.1978).

Ruß, H.J.: Legasthenie und Hochbegabung. Schelzky & Jeep, Berlin.

Schräder-Naef, R.: Schüler lernen Lernen. Beltz, Weinheim.

Schräder-Naef, R.: Rationeller Lernen lernen. Beltz, Weinheim 1987.

Sirch, K.: Rechtschreibunterricht. Klett, Stuttgart.

Springer, K.: Ich seh dich. Lesebuch für einen individuellen, entwicklungsfördernden und heilsamen Unterricht. Veritas, Linz (Österreich).

Süselbeck, G.: Das Diktat wird abgeschafft – was nun? In: Grundschule, H. 10 / 1991, und Praxis Schule 5–10, Westermann, Braunschweig, H. 4/1991.

Timm, U.: Rennschwein Rudi Rüssel. dtv, München.

Valtin, R./Naegele, I.M. (Hrsg.): Schreiben ist wichtig. Arbeitskreis Grundschule, Frankfurt a.M.

Valtin, R.: Schriftspracherwerb als Entwicklungsprozeß. In: Grundschule. Westermann, Braunschweig, H. 12/1988.

Valtin, R.: Erstunterricht mit Großbuchstaben. In: Grundschule. Westermann, Braunschweig, H. 7+8/1990.

Vester, F.: Denken, Lernen, Vergessen. dtv, München

Weinert, F.E.: Lernübertragung. In: Weinert u.a.: Funk-Kolleg Pädagogische Psychologie 1 und 2. Fischer, Frankfurt a.M.

Weltgesundheitsorganisation: Internationale Klassifikation psychischer Störungen: ICD-10, Kapitel VCF); klinisch-diagnostische Leitlinien. 2., korr. Aufl., H. Huber Verlag, Bern, Göttingen 1993.

Zimmer, D.E.: Die Elektrifizierung der Sprache. Haffmanns, Zürich.

Schulanfang

Ingrid M. Naegele / Rosemarie
Portmann / Peter E. Kalb (Hrsg.)

Schulanfang

Hilfen für Elternhaus, Kindergarten und Schule.
198 Seiten. Broschiert.
DM 24,80 / öS 184,– / sFr 24,80
ISBN 3-407-83124-2

Ein Ratgeber für Elternhaus,
Kindergarten und Schule mit
vielen wichtigen Tips, Hilfen und
Informationen zur Einschulung.

Grundschulfachleute schreiben
über den Übergang vom Kindergarten zur Grundschule,
Schulanmeldung, Schulreife
und Schulreifeuntersuchung,
erster Schultag, die ersten
Wochen in der Schule, Hilfen
für Eltern ausländischer Schulanfänger, Bücher zum Schulanfang für Kinder und Eltern.

*Aus den Pressestimmen
zur 1. Auflage:*

»Der Ratgeber kann dank seiner
gut durchdachten Vielfalt hauptsächlich zweierlei erreichen: er
kann Eltern und Kindern einen
Schulstreß ersparen, der sich
schon im Vorfeld einstellt, und
er kann zu tatkräftiger Initiative
ermuntern.«
(spielen und lernen)

»Eine umfassende Information
über die pädagogischen Probleme rund um den Schulanfang.«
(Leben und Erziehen)

BELTZ

Preisänderungen vorbehalten

Beltz Verlag · Postfach 100154 · 69441 Weinheim   B0019

Hausaufgaben

Britta Kohler

Hausaufgaben

Helfen – aber wie?
239 Seiten. Broschiert.
DM 22,–/öS 163,–/sFr 22,–
ISBN 3-407-83126-9

»Helfen – aber wie?« lautet
das Thema dieses Buches, und
»Helfen – aber nicht zuviel!« eine
erste Antwort. Wann, wo und wie
Kinder am besten ihre Hausaufgaben machen, wie ihre Eltern sie
sinnvoll dabei unterstützen können
und was vielleicht dahinter steckt,
wenn Hausaufgaben zum Problem

werden – das sind Fragen, um die
es in diesem Buch für Eltern etwa
6- bis 14jähriger Kinder geht. Dabei sind die Tips und Anregungen
so formuliert, daß sie auch für andere Betreuer, z.B. für Mitarbeiter
bei Hausaufgabengruppen, eine
wirksame Hilfe bedeuten können.

*Aus den Pressestimmen
zur 1. Auflage:*

»Er bietet in verständlicher Sprache und unter Einbeziehung psy-
chologischer, medizinischer und
pädagogischer Erkenntnisse konkrete und detaillierte Hilfen, Tips
und Anregungen ... ein hilfreicher
Ratgeber für Eltern 6- bis 14jähri-
ger Schülerinnen und Schüler.«
*(Lehrer Journal Grundschul
Magazin)*

»In acht übersichtlich gestalteten
und leicht lesbaren Kapiteln gibt
die Autorin praktische, unschul-
meisterliche Hinweise, die man
an Elternabenden mit den Eltern
diskutieren könnte.«
*(»Schulpraxis«, Zeitschrift des
Bernischen Lehrervereins, Bern)*

Preisänderungen vorbehalten

Beltz Verlag · Postfach 100154 · 69441 Weinheim

B0020